傅斯年

一生志業研究

歐陽哲生——著

目　次

傅斯年一生的志業及其理想
——《傅斯年全集》序言

在民國時期的知識分子中，傅斯年是一個極具個性，而又充滿矛盾的奇特結合體。他長期在北大學習、工作，對北大師生有著相當重要的影響力，被視為自由派大本營北大的代表性人物之一。他又承接傳統的正統觀念，與南京國民政府保持密切的關係，因此在1949年這個關鍵性的轉折年代，與胡適、錢穆一起被毛澤東點名為反動政府「只能控制」的幾個代表。[1]他力主以西方的現代化為樣板，反對所謂「國粹」，反對讀經，主張廢除「國醫」，成為「五四」以後在文化領域最激進的現代化路線的推動者。他又最具民族主義思想，堅定抵禦日寇侵略，毫不含糊地抗議蘇俄沙文主義政策，維護國家利益，是近代中國民族主義最有力的代表之一。他是純然學術的真正維護者，一生致力於發展科學的歷史學、語言學、考古學，為此付出了畢生的心血。他亦政亦學，不畏權門豪族，言談舉止中充滿「知識的傲慢」，有一股「雖千萬人，吾往矣」的精神氣概，時人有「傅大炮」之譽。他事必躬親，治事威嚴，為人行政有德國人那種一絲不苟的徹底性

---

[1] 毛澤東：〈丟掉幻想，準備鬥爭〉，《毛澤東選集》第4卷，北京：人民出版社，1991年6月版，第1485頁。

精神，是現代學術機構管理的科學典範。他又致力於剷除社會不平等，體恤下層百姓的民情，為此謀求民主與社會主義相結合。這些看似矛盾、趨於兩極的選擇奇妙的集於傅斯年一身，醞釀一種極至化的表現，使他常常出人意料地產生一些爆炸性的言行。「縱橫天岸馬，俊逸人中龍。」這是他的才氣和風格的一幅貼切肖像。

傅斯年只活了五十五歲（1896～1950）。比起他的三位北大師友劉半農（1891～1934）、丁文江（1887～1936）、錢玄同（1887～1938）來說，歲數要長；而與後逝的胡適（1891～1962）、陳寅恪（1890～1968）、李濟（1896～1979）、顧頡剛（1893～1980）、趙元任（1892～1982）諸友來說，他又走得過早。他曾是這一學術精英群體聚合的紐帶性人物。他跌宕多姿的一生經歷了三個階段：（一）學術準備期（1896～1926），從他入小學，上中學，進大學預科、本科，直到赴歐留學，這是他的學生時代。在新文化運動中他開始嶄露頭角，在留學時代他形成了自己治史的學術志趣。（二）學術成熟期（1927～1937），這一階段他先後在中山大學、北京大學任教，並創建中山大學語言歷史研究所、中央研究院歷史語言研究所。他的學術著作大都完成於這一階段。他自稱：「吾這職業，非官非學，無半月以上可以連續為我自由之時間」。[2]說明瞭他奔波於學術與行政之間的匆忙。（三）行政工作期（1937～1950），這一階段他除繼續擔任中央研究院史語所所長一職外，另還擔任過中研院總幹事、北大文科研究所所長、西南聯大校務委員、北大代理校長和台大校長

---

[2]　傅斯年：《性命古訓辨證》序。《傅斯年全集》第2卷，長沙：湖南教育出版社，2003年9月版，第502頁。

等教育、學術行政職務，並以社會名流的身份擔任過國民參政會參政員、政治協商會議委員、立法委員等政職，他的重心明顯轉向以學術、教育的行政工作為主，甚至捲入一些重要政治活動。[3] 早在「五四」時期，蔡元培先生即題贈「山平水遠蒼茫外，地闢天開指顧中」，[4] 寄望於他做一番開天闢地的事業。傅斯年留學歸國後，他的留德同學陳寅恪亦賦詩「今生事業餘田舍，天下英雄獨使君」。[5] 鼓勵他主持復興中國人文學術的大業。為不辜負師友的期盼，他一生奔走勞碌，因此而過早地耗盡了自己天才般的能量。

傅斯年的一生剛好跨越了二十世紀上半段，這正是中國一個極其混亂而又充滿變革性的年代。「三十年河東，三十年河西」這句俗語，遠不足以我們形容這個時期的歷史變數之速，由此而導致評判傅斯年的兩極對立，甚至多極差異，也不足為怪。時人以「譽滿天下，謗滿天下」來說明對傅斯年所牽涉的是非關係和人事糾紛難以評判。但我們不能忘記，作為學術界、教育界的一個重量級的歷史人物，傅斯年在他曾經生活、學習、工作過的地方，刻下了深深的痕跡，以至於我們無法輕視他作為歷史的存在。北大是中國的最高學府，作為民國時期北大派的代表之一，

---

[3] 關於傅斯年的一生，胡適將傅斯年思想分為「學生時代的思想」、「壯年時代的思想」和「晚年的思想」，但胡適未段分壯年和晚年之間的具體時間，參見胡適：〈傅孟真先生的思想〉，原載1952年12月21日臺北《新生報》。又收入《胡適作品集》第25冊，臺北：遠流出版公司，1986年3月出版，第53-63頁。

[4] 此題詞收入王汎森、杜正勝：《傅斯年文物資料選輯》，臺北：中研院史語所，1995年12月16日出版，第31頁。

[5] 〈寄傅斯年〉，《陳寅恪集‧詩集》，北京：三聯書店，2001年5月版，第18頁。

傅斯年那狂狷獨立的行世風格、盡忠報國的民族情懷,已深深的熔鑄於北大人的歷史傳統之中。中央研究院曾是中國的最高學術機構,作為中研院第一大所——史語所的創建者和初期領導者,傅斯年那威儀嚴苛的「老虎」作風、嚴格把關的治所戒規,已成為史語所學派的一種象徵。歷史上的人物有兩種情形,一種是在生前享有高位和名譽,他們利用自己的權力和地位發揮影響,但其事功和業績可能是平平而已,這種人死後的影響力自然是迅速萎縮;還有一種人是生前並未享高位,也不擁有重權,但以其個人的卓越成就和特有的感召力,在生前死後都產生巨大的影響,傅斯年屬於後者。胡適說:「他無論在什麼地方,總是一個力量。」「他這樣的人,無論在什麼地方都能發揮其領袖的才幹。他有學問,有辦事能力,有人格,有思想,有膽量;敢說話,敢說老實話,這許多才性使他到處成為有力量的人。」[6]在一個看不到多少希望的歷史時期,一個人有一個閃光的亮點就足以使人難忘,何況傅斯年一生有接連不斷的大手筆表現。當我們仔細探求二十世紀上半期中國現代化艱難行進的線索,就不難發現傅斯年在這一過程中的不凡表現。

「孟真是人間一個最稀有的天才。他的記憶力最強,理解力也最強。他能做最細密的繡花針工夫,他又有最大膽的大刀闊斧本領。他是最能做學問的學人,同時他又是最能辦事、最有組織才幹的天生領袖人物。他的情感最有熱力,往往帶有爆炸性的;同時他又是最溫柔、最富於理智、最有條理的一個可愛可親的

6　胡適:〈傅孟真先生的思想〉,原載1952年12月21日臺北《新生報》。收入《胡適作品集》第25冊,臺北:遠流出版公司,1986年3月出版,第54頁。

人。這都是人世間最難得合併在一個人身上的才性,而我們的孟真確能一身兼有這些最難兼有的品性與才能。」[7]這是五十年前胡適對傅斯年的一段評語。作為乃師兼好友的胡適生性並不好走極端,知人論世,在此一口氣用了十四個「最」字來表彰傅斯年,足見其對傅的人格和才性的推許。[8]在傅斯年逝世後的半個世紀中,海內外有關傅斯年的追思、紀念性的文字持續不斷,但這些追憶不約而同地都是為胡適的這段評語補充注腳。[9]

　　研究和評判歷史人物是歷史學中的一個傳統項目。但這一項目並不因為歷史悠久,而為我們能駕輕就熟的掌握。恰恰相反,由於歷史長河的延伸,累積於歷史人物的人為因素越來越多,使得我們對歷史人物的認識和評判越來越容易依賴於主觀的能動性。一般來說,時間的間隔對歷史的認識更具科學的價值。這是因為時間的距離感可以產生兩個效果:一是可以排除當事人的各

[7]　胡適:〈傅孟真先生遺著〉序,收入《傅孟真先生集》第一冊,臺北:台灣大學,1952年12月出版。

[8]　胡適一生寫過的紀念性文字中,對三人的情感表達最為強烈:徐志摩、丁文江、傅斯年,這三人可謂胡適的至友。

[9]　有關紀念傅斯年結集的文字有:《傅所長紀念特刊》,臺北:中研院史語所,1951年3月出版。《傅故校長哀挽錄》,臺北:台灣大學,1951年出版。蔡尚東編選:《長眠傅園下的巨漢》,臺北:故鄉文化出版事業經紀公司,1979年3月29日出版。《傅孟真先生傳記資料》(3冊),臺北:天一出版社影印出版。《傅斯年》,濟南:山東人民出版社,1991年8月出版。《傅斯年、董作賓先生百歲紀念專刊》,臺北:中國上古秦漢學會,1995年12月出版。《台大歷史學報》第20期《傅故校長孟真先生百齡紀念論文集》,臺北:台灣大學歷史系,1996年11月。王為松編:《傅斯年印象》,上海:學林出版社,1997年12月出版。王富仁、石興澤編:《名人筆下的傅斯年、傅斯年筆下的名人》,上海:東方出版中心,1997年7月出版。

種是非關係，不因個人的恩怨而產生對認識對象的隨意褒貶；二是隨著歷史的延伸，人們所依存的社會環境超越了歷史的存在，因而對歷史的認識天然地站在更高的起點上。然這兩種可能的實現也有一個必需的前提，這就是對歷史資料的充分掌握。沒有歷史資料，歷史研究將成為無源之水。缺乏歷史資料，將導致我們對歷史認識產生許多盲點。今天我們來討論傅斯年，從歷史的角度來說，應已具備了許多前人不曾具備的學術的、社會的、史料的諸種條件，因此我們應有足夠的勇氣和信心超越前人的認識水準，以我們現今所具有的歷史涵養和認識能力，對其做出合乎時代高度的判斷。

一、早期的學術準備

傅斯年的學生時代經歷了三個階段[10]：第一個階段為學前、小學、中學階段（1913年夏以前），此段現存資料甚少。[11]第二個階段為北大預科、本科階段（1913年夏～1919年夏），此段可資研究的材料甚多，除北大保留的教務檔案可備查外，還有他的同

---

[10] 有關傅斯年學生時代的分期，何茲全先生亦分三段，即1901～1908，在家鄉讀私塾和小學；1909～1919，在天津讀中學，在北大讀預科、本科；1920～1926，在英、德留學。參見何茲全：《民族與古代中國史》前言，石家莊：河北教育出版社，2002年8月出版，第21-22頁。

[11] 有關傅斯年的這一段學生生活，參見英千里：〈回憶幼年時代的傅校長〉，原載1951年1月8日《台大校刊》第101期。

學羅家倫、顧頡剛、毛子水、俞平伯等人的回憶和日記，[12]以及傅斯年本人在《新青年》、《新潮》發表的大量作品。第三個階段為在英國、德國留學階段（1920～1926）。[13]其中在北大這一段，他獲得了優質的人文教育，投入新文化的激流，成為時代浪潮中的一個風雲人物；在留學時期，他廣泛涉獵西方自然科學和社會科學，開始醞釀自己的學術思想。

1913年夏，傅斯年考入北京大學預科。當時的北京大學預科分二類（1915年9月以後改為二部），[14]一類偏重文史，二類偏重於自然科學。傅斯年選擇了一類，因他英文程度較好，被編在一類英文甲班。北京大學的前身是京師大學堂，京師大學堂是從同文館發展而來。由於這一歷史關係，北京大學預科的課程安排，外語學習的分量所占比重很大，必修兩門外語課程，傅斯年天資聰穎，又勤奮好學，三年的預科學習成績在全班均名列前茅。

---

[12] 有關傅斯年在北大學生生活的回憶，參見羅家倫：〈元氣淋漓的傅孟真〉，原載1950年12月31日臺北《中央日報》。伍俶：〈憶孟真〉，收入《傅故校長哀挽錄》，臺北：台灣大學，1951年6月15日出版，第62-63頁。毛子水：〈我與孟真的交往〉，載1976年1月臺北《傳記文學》第28卷第1期。俞平伯：〈別後日記〉，收入《俞平伯全集》第10卷，石家莊：花山文藝出版社，1997年11月出版，第147-152頁。1919年顧頡剛留有未刊的日記，參見顧潮編著：《顧頡剛年譜》，北京：中國社科出版社，1993年3月出版，第53頁。

[13] 有關傅斯年在歐洲留學生活的回憶，參見羅家倫：〈元氣淋漓的傅孟真〉，毛子水：〈我與孟真的交往〉。俞平伯：〈國外日記甲集〉1920年1月～2月部分，收入《俞平伯全集》第10卷，石家莊：1997年11月出版，第153-163頁。另有關傅斯年在德國柏林大學的學業檔案，參見劉桂生：〈陳寅恪、傅斯年留德學籍材料之劫餘殘件〉，載1997年8月《北大史學》第4輯。

[14] 毛子水先生稱，1913年北大預科分甲乙兩部的說法，不確。參見傅樂成：〈傅斯年先生年譜〉1913年條，收入《傅斯年全集》第7冊，臺北：聯經出版事業公司，1980年9月出版，第260頁。

1916年秋，傅斯年升入北京大學本科國文門。此時政局大變，袁世凱去世，黎元洪上台。黎為制衡北洋系的舊班人馬，盡力在反袁或非袁派系中尋找自己的支持者，教育總長人選故有任命范源廉之舉。范在民初與蔡元培有過共事經歷，兩人關係密切，遂又延請蔡元培出任北大校長，這對北大後來的發展至關重要。另一個影響傅斯年的環境因素是北大國文門的師資力量十分雄厚，擔任教員的有：沈兼士、沈尹默、錢玄同、陳伯弢、黃季剛、劉申叔、倫哲如、劉農伯、吳瞿安、朱逖先、馬敘倫、馬幼漁、劉文典、周作人、劉半農、崔適等，可謂極一時之選。傅斯年能夠在學業上迅速成長，與新文化運動的風氣薰染有關，這批老師的授業之功實在也不可湮沒。受到樸學大師章太炎一門的影響，北大國文門的文字學教學分量頗重，三年都安排了這門課程。對此，傅斯年後來評論道：「我希望有人在清代的樸學上用功夫，並不是懷著什麼國粹主義，也不是誤認樸學可和科學並等，是覺著有幾種事業，非借樸學家的方法和精神做不來」，「清朝人的第一大發明是文字學，至於中國的言語學，不過有個萌芽，還不能有詳密的條理。」[15]這應是他學習這門功課後的經驗之道。

傅斯年初入國文門時，被章門弟子看中，他們抱著「老儒傳經的觀念，想他繼承儀征學統或是太炎學派等衣缽」。[16]這種情形因胡適的到來和新文學運動在校內的影響，很快就發生了變化。關於這一過程，毛子水有一段記述：

[15] 傅斯年：〈清代學問的門徑書幾種〉，載1919年4月1日《新潮》第1卷第4號。《傅斯年全集》第1卷，第230頁。
[16] 羅家倫：〈元氣淋漓的傅孟真〉。

當時北京大學文史科學生讀書的風氣，受章太炎先生學說
的影響很大。傅先生最初亦是崇信章氏的一人，終因資性
卓犖，不久就衝出章氏的樊籠；到後來提到章氏，有時不
免有輕蔑的語氣。與其說這是辜負啟蒙的恩德，毋寧說這
是因為對於那種學派用力較深，所以對那種學派的弊病也
看得清楚些，遂至憎惡也較深。[17]

從傅斯年率學生趕走章門弟子朱蓬仙一事已可看出他對舊
學的不滿足，[18]為什麼傅斯年會由章門轉向胡門？我們從他發表
的〈清代學問的門徑書幾種〉一文可窺見他的來由，他在討論清
代學術的發展歷史時，把清代學問分成五期，第一期為「胚胎
期」，「從王應麟到焦竑，一般樸學的先進，都歸在裡頭」；
第二期為「發展期」，「從顧亭林到江慎修的時代」；第三期
為「極盛期」，「就是錢曉徵、戴東原、段懋堂、王懷祖的時
代」；第四期為「再變期」，「從孔眾仲到俞曲園的時代」；第
五期為「結束期」，「這一期的代表，只有康有為和章太炎先生
兩人」。在他看來，康有為的學問止於戊戌；「至於章先生，也
是過去的人物」。何以這樣說呢？

第五期是結束第三第四兩期的：太炎先生結束第三期，康
有為結束第四期。我以為這一時期非常有關係，中國人的

<hr>

[17] 毛子水：〈傅孟真先生傳略〉，收入《傅故校長哀挽錄》，臺北：台灣大
學，1951年版，第1頁。
[18] 羅家倫：〈元氣淋漓的傅孟真〉。

思想到了這時期，已經把「孔子即真理」一條信條搖動了，已經臨於絕境，必須有急轉直下的趨向了。古文學今文學已經成就了精密的系統，不能有大體的增加了，又當西洋學問漸漸入中國，相逢之下此消彼長的時機已熟了；所以這個時期竟可說是中國近代文化轉移的樞紐。這個以前，是中國的學藝復興時代；這個以後，便要說是中國的學藝再興時代。國粹派的主義，當然從此告終；自此以後，必不再會有第一二流的國粹派的學問家。[19]

正是看清了國粹派已成強弩之末，他才不屑為國粹派的尾巴，而寧願作新學術的先鋒。

傅斯年的這一轉變是在1917年秋天以後，胡適在北大登堂講中國哲學史，在學生中產生了不小的震動，這實際上是胡適在學術殿堂與章門別立門戶的開始。傅斯年和一批學生受到胡適的吸引，開始投身到「文學革命」的旗下，1918年夏天，他們組織了新潮社。1919年1月1日創刊《新潮》雜誌，「專以介紹西洋近代思潮，批評中國現代學術上、社會上各問題為職司」，[20]傅斯年擔任主編，胡適被邀為顧問。在此之前，傅斯年已投稿《新青年》，完全成為胡、陳一系的馬前卒了。

傅斯年在《新潮》、《新青年》發表的文章涉及的內容比較寬泛，主要包括文學語言、社會與人生、學術評論三類，體裁形

---

[19] 傅斯年：〈清代學問的門徑書幾種〉，載1919年4月1日《新潮》第1卷第4號。《傅斯年全集》第1卷，第230頁。

[20] 〈新潮雜誌社啟事〉，載1918年12月3日《北京大學日刊》。

式則不拘,論述文、書評、隨感錄、詩歌均有。

在文學、語言方面,傅斯年表現了附應「文學革命」和白話文運動的傾向,為新文學運動推波助瀾。他在《新青年》上發表的第一篇文章——〈文學革新申義〉,實在是對胡適、陳獨秀「文學革命」的回應,開首即說:「中國文學之革新,醞釀已十餘年。去冬胡適之先生草具其旨,揭於《新青年》,而陳獨秀先生和之。時會所演,從風者多矣。蒙以為此個問題,含有兩面。其一、對於過去文學之信仰心,加以破壞。其二、對於未來文學之建設加以精密之研究。」「此篇所說,原無宏旨,不過反復言之,期於共喻而已。」[21]新文學運動的一項主要內容是提倡白話文學,實行「文言合一」,為此傅斯年發表了〈文言合一草議〉、〈怎樣做白話文〉、〈白話文學與心理的改革〉等文,不遺餘力地推動這一運動。他對文字改革極為熱衷,所作〈漢語改用拼音文字的初步談〉,聲明:「我決不主張逕拼羅馬字母作為我們拼音文字的字母,因為羅馬字母不夠漢語用的。我更不主張僅僅拼音,我主張必須造全不含混的拼音文字。」[22]這篇文字是針對吳稚暉先生「漢字決不能改用拼音文字的意見」而發,[23]而傾向於錢玄同先生的意見。[24]傅斯年對戲劇一目的革新也抱有興趣,當胡適、

---

[21] 傅斯年:〈文學革新申義〉,原載1918年1月15日《新青年》第4卷第1號。《傅斯年全集》第1卷,第3頁。

[22] 傅斯年:〈漢語改用拼音文字的初步談〉,原載1919年3月1日《新潮》第1卷第3號。《傅斯年全集》第1卷,第166頁。

[23] 吳稚暉:〈致錢玄同先生論注音字母書〉,原載1918年5月15日《新青年》第4卷第5號。

[24] 錢玄同:〈論注音字母〉,原載1918年1月15日《新青年》第4卷第1號。

歐陽予倩與北大學生張厚載作文討論戲劇改良問題時，他對於戲劇改良，也從「舊劇的研究」、「改革舊劇所以必要」、「新劇能為現在社會所容受否」、「舊戲改良」、「新劇創造」、「評戲問題」、[25]「編劇問題」[26]等方面，全面闡述了自己對戲劇改良的意見。張厚載為舊劇作極力辯護，傅斯年偏於「主張新劇」。他說：「我們固不能說，凡是遺傳的都要不得；但是與其說歷史的產品，所以可貴，毋寧說歷史的產品，所以要改造。」[27]他認為：「中國美術與文學，最慣脫離人事，而寄情於自然界。故非獨哲學多出世之想也，音樂畫圖，尤富超塵之觀。」「若夫文學更以流連光景，狀況山川為高，與人事切合者尤少也。此為中國文學美術界中最大病根。所以使其至於今日，黯然寡色者，此病根為之屬也。」[28]由此入手，他要求文學、美術是入世的、平民化的，這正是「五四」新文學價值取向的共同特徵。

傅斯年投身「文學革命」的激流，由章門後學變為新文學的排頭兵，對於新文學運動的發展是極為有利的。「當時在北京大學師生中，文言文寫得不通或不好而贊成新文學的很多，文言文寫得很通很好而贊成新文學的很少。傅先生便是後一類中的一個。只有這一類人，才可以說真正能夠懂得用白話文的意義和道

---

25 傅斯年：〈戲劇改良各面觀〉，原載1918年10月15日《新青年》第5卷第4號。《傅斯年全集》第1卷，第42-56頁。

26 傅斯年：〈再論戲劇改良〉，原載1918年10月15日《新青年》第5卷第4號。《傅斯年全集》第1卷，第74-75頁。

27 傅斯年：〈再論戲劇改良〉，原載1918年10月15日《新青年》第5卷第4號。《傅斯年全集》第1卷，第72頁。

28 傅斯年：〈中國文藝界之病根〉，原載1919年2月1日《新潮》第1卷第2號。《傅斯年全集》第1卷，第148頁。

理。」[29]傅斯年的轉變，對引領北大學生起有樣板的作用。

新文化運動作為一場個性解放運動，改變了一代青年的人生觀。作為這一時代浪潮中的弄潮兒，傅斯年對這一問題的探討表現了濃厚的熱情，為此撰寫了〈人生問題發端〉、〈萬惡之原〉、〈心氣薄弱之中國人〉、〈社會自知與終身之事業〉、〈社會──群眾〉、〈社會的信條〉、〈破壞〉、〈一段瘋話〉、〈中國狗和中國人〉等文章，展示了自己對解決人生、建設社會問題的看法。[30]傅斯年認為：「中國社會形質極為奇異。西人觀察者恆謂中國有群眾而無社會，又謂中國社會為二千年前之初民宗法社會，不適於今日。尋其實際，此言是矣。蓋中國人本無生活可言，更有何社會真義可說？」[31]這裡的社會自然是指有機體組織的社會，而一盤散沙則不構成真實意義的社會。「中國一般的社會，有社會實質的絕少；大多數的社會，不過是群眾罷了。凡名稱其實的社會，──有能力的社會，有機體的社會，──總要有個細密的組織，健全的活動力。」[32]建設一個社會，最重要的是需要有「公信」，傅斯年看出了這一點，「一般社會裡，總有若干公共遵守的信條。這些信條，說他沒用，他竟一文不值，說他有用，他竟有自然律的力量。」社會信條的功用是為了維持秩序，「發展公眾的福

---

[29] 毛子水：〈傅孟真先生傳略〉，收入《傅故校長哀挽錄》，第2頁。

[30] 有關傅斯年「五四」時期的政治思想，參見歐陽哲生：〈傅斯年政治思想片論〉，載2001年12月《北大史學》第8輯。

[31] 傅斯年：〈《新潮》發刊旨趣書〉，原載1919年1月1日《新潮》第1卷第1號。《傅斯年全集》第1卷，第80頁。

[32] 傅斯年：〈社會──群眾〉，原載1919年2月1日《新潮》第1卷第2號。《傅斯年全集》第1卷，第151頁。

利」。故社會的信條「總當出於人情之自然」，「那些『戕賊人性以為仁義』的宗教名教的規律，只可說是桎梏」。[33]在新舊價值觀念轉型的時期，「我們必須建設合理性的新信條，同時破除不適時的舊信條」。[34]

「五四」時期，迎新去舊業已大勢所趨。在這種背景下，破壞蔚然成為社會流行的風潮。傅斯年認識到「破壞」的兩面性，「中國是有歷史文化的國家：在中國提倡新思想，新文藝，新道德，處處和舊有的衝突，實在有異常的困難，比不得在空無所有的國家，容易提倡。所以我們應當一方面從創造新思想，新文藝，新道德著手；一方應當發表破壞舊有的主義。」但只有破壞，並不是新文化運動的目標，傅斯年提請人們注意：「（1）長期的破壞，不見建設的事業，要漸漸喪失信用的。」「（2）若把長期破壞的精神，留幾分用在建設上，成就總比長期破壞多。」「（3）發表破壞的議論，自然免不了攻擊別人：但是必須照著『哀矜勿喜』的心理。」[35]這種把破與立相結合的觀念對糾正破字當頭、不破不立的偏頗不失為一種補救。

1918年6月15日《新青年》第4卷第6號出版「易卜生號」後，人生問題引起了熱烈的討論。傅斯年以為中國「現在最占勢力的人生觀念，和歷史上最占勢力的人生學說，多半不是就人生解釋

[33] 傅斯年：〈社會的信條〉，原載1919年2月1日《新潮》第1卷第2號。《傅斯年全集》第1卷，第154頁。

[34] 傅斯年：〈社會的信條〉，原載1919年2月1日《新潮》第1卷第2號。《傅斯年全集》第1卷，第155頁。

[35] 傅斯年：〈破壞〉，原載1919年2月1日《新潮》第1卷第2號。《傅斯年全集》第1卷，第157頁。

人生，總是拿『非人生』破壞人生。」他批評了傳統的四種人生觀：「達生觀」、「出世觀」、「物質主義」和「遺傳的倫理觀念」。在此基礎上提出「為公眾的福利自由發展個人」的人生觀。「怎樣能實行了這個人生觀念？就是努力。」[36]他以《列子‧湯問》篇中「愚公移山」的故事為例說明「努力為公」。「我們可以從這裡透徹的悟到，人類的文化和福利，是一層一層堆積來的，群眾是不滅的，不滅的群眾力量，可以戰勝一切自然界的」。[37]這一段話對認識傅斯年並熟讀《新潮》的青年毛澤東應有影響，[38]1945年6月11日毛澤東發表的名篇──〈愚公移山〉，也發揮了這個寓意。[39]

在個性解放中，家庭是問題的核心。傅斯年認為舊社會的「萬惡之原」是舊的腐敗的家庭、舊的家庭制度，為了發展個性，「獨身主義是最高尚，最自由的生活」。為此必須破除「名教」，「名教本是罪人」。「只有力減家庭的負累，盡力發揮個

---

[36] 傅斯年：〈人生問題發端〉，原載1919年1月1日《新潮》第1卷第1號。《傅斯年全集》第1卷，第93頁。

[37] 傅斯年：〈人生問題發端〉，原載1919年1月1日《新潮》第1卷第1號。《傅斯年全集》第1卷，第93-94頁。

[38] 毛澤東曾在與美國記者愛德格‧斯諾的談話中，談到他在北大當圖書館助理員時認識傅斯年，但傅不理會他。參見（美）埃德加‧斯諾著、董樂山譯：《西行漫記》，北京：三聯書店，1979年12月版，第127頁。其實傅斯年對毛澤東的評價很高，他將毛澤東所辦的《湘江評論》與《每週評論》等刊相提並論，稱它們「最有價值」，參見傅斯年：〈《新潮》之回顧與前瞻〉，原載1919年10月《新潮》第2卷第1號，《傅斯年全集》第1卷，第295頁。

[39] 〈愚公移山〉，收入《毛澤東選集》第3卷，北京：1969年出版，第1101-1104頁。

性」，[40]才是新青年的出路，才可望「有點成就，做點事業」。傅斯年對舊家庭的這一強烈譴責，可能與他的切膚之痛經驗相關，十六歲時，由祖父和母親包辦，他與聊城縣紳丁理臣之長女丁馥萃結婚，二十二年後這一舊式婚姻終以失敗而結束。

學術是傅斯年的強項。如果說，在「文學革命」和個性解放中，他只是一位積極追隨者的話，在學術方面，他已形成自己獨立評判的傾向。這一時期他發表的學術文章就其內容和體裁來說，主要是書評和學術評論，這一特性表現得尤為突出。

傅斯年對中國傳統學術作了總的清算。他認為中國學術有五大弊病：「一、中國學術，以學為單位者至少，以人為單位者轉多，前者謂之科學，後者謂之家學；家學者，所以學人，非所以學學也。」「二、中國學人，不認個性之存在，而以為人奴隸為其神聖之天職。」「三、中國學人，不認時間之存在，不察形勢之轉移」。「四、中國學人，每不解計學上分工原理（Division of Labour），『各思以其道易天下。』殊類學術，皆一群之中，所不可少，交相為用，不容相非。」「五、中國學人，好談致用，其結果乃至一無所用。」「六、凡治學術，必有用以為學之器：學之得失，惟器之良劣足賴。」「名家之學，中土絕少，魏晉以後，全無言者；即當晚周之世，名家當途，造詣所及，遠不能比德於大秦，更無論於近世歐洲。中國學術思想界之沉淪，此其一大原因。」「七、吾又見中國學術思想界中，實有一種無形而有形之空洞間架，到處應用。」

---

[40] 傅斯年：〈萬惡之原〉，原載1919年1月1日《新潮》第1卷第1號。《傅斯年全集》第1卷，第107頁。

在這裡，第一、四條涉及到學術上分科分工的問題，第二條所言學術個性與學術的創造性密切有關，第三、五、七條談到學術功用的問題，第六條與學術上的知識論有關。傅斯年為當時中國學術界所開的這份病單，表明他已在真正思考中國學術的科學化問題。傅斯年當時已敏感地覺察到，中西學術之爭也是一場生死之戰。「中國與西人交通以來，中西學術，固交戰矣；戰爭結果，西土學術勝，而中國學術敗矣。」而上述之「基本誤謬」，「造成中國思想界之所以為中國思想者也，亦所以區別中國思想界與西洋思想者也。」[41]

新文化運動的主流派以提倡文學革命和思想解放為職志，反對派則「以昌明中國固有之學術」[42]與之抗衡。由此產生的一個問題就是如何對待傳統學術遺產的問題。毛子水率先提出：「用科學的精神去研究國故」。[43]但細讀他的〈國故和科學的精神〉全文，他把「疏證」列為國故的長處，稱讚章太炎以「重徵」、「求是」的心習對國故作科學的處理，說明他仍未擺脫章太炎與國粹學派的窠臼。

在為毛子水〈國故和科學的精神〉一文所附「識語」中，傅斯年首次表明了自己對「國故」處理的獨特意見：一、「整理國故」，「把我中國已往的學術、政治、社會等等做材料，研究出些有系統的事物來，不特有益於中國學問界，或者有補於『世界

[41] 傅斯年：〈中國學術思想界之基本誤謬〉，原載1918年4月15日《新青年》第4卷第4號。《傅斯年全集》第1卷，第27頁。
[42] 〈國故月刊社成立會紀事〉，載1919年1月28日《北京大學日刊》。
[43] 毛子水：〈國故和科學的精神〉，載1919年5月1日《新潮》第1卷第5號。

的』科學。中國是個很長的歷史文化的民族，所以中華國故在『世界的』人類學、考古學、社會學、言語學等等的材料上，占個重要的部分。」二、「國故的研究是學術上的事，不是文學上的事；國故是材料不是主義。」三、「國粹不成一個名詞，（請問國而且粹的有幾？）實在不如國故妥協。至於保存國粹，尤其可笑。」四、「研究國故必須用科學的主義和方法，決不是『抱殘守缺』的人所能辦到的。」五、「研究國故好像和輸入新知立於對待的地位，其實兩件事的範圍，分量需要，是一和百的比例。」[44] 傅斯年的這些議論繼毛子水的文章而發，既是對毛子水以科學精神處理國故態度的支持，又表明反對當時北大內部的《國故》派和在其背後所依託的國學大師——章太炎。他主張從世界科學的角度看待「整理國故」，反對把「國故」當成主義，當成保存國粹，這是他個人的卓識；而以科學的精神和方法來處理國故，「整理國故」的工作所占比重宜小，則反映了當時新文化陣營激進一方的立場。「五四」時期，圍繞是否應「整理國故」，新文化陣營內部出現了分歧，以胡適為一方主張將「整理國故」列入建設新文化的重要環節；而陳獨秀、魯迅等則反對當下即「整理國故」。在這一問題上，傅斯年似乎還在兩者之間徘徊。

科學的發展離不開自由討論、相互批評的氣氛。在所寫的一系列學術書評中，傅斯年表現出難得的科學的嚴謹和成熟。如對北大出版部刊印的馬敘倫先生的著作——《莊子札記》，他毫不留情地直指：「先生書中，有自居創獲之見，實則攘自他人，而

---

[44] 傅斯年：〈毛子水〈國故和科學的精神〉識語〉，原載1919年5月1日《新潮》第1卷第5號。《傅斯年全集》第1卷，第262-263頁。

不言所自來者。」[45]馬先生是章太炎的弟子，胡適初到北大時講
「墨子哲學」不能與之匹，[46]傅斯年敢於直接批評馬著，實在有
挑戰章門的意味。又如蔣維喬先生的〈論理學講義〉，它是當時
流行的一本教科書，蔣氏此書頗受日本同類著作影響，故傅斯年
在書評結語說：「我寫到這裡，忽然覺得錯了。他本是自日本陳
書裡翻譯來的，我為何安在他身上！不仍舊是拿『著作者』待他
嗎？」[47]惟對「遺而不老」的王國維的新著《宋元戲曲史》予以高
評，傅斯年以為「近年坊間刊刻各種文學史與文學評議之書，獨
王靜庵《宋元戲曲史》最有價值」。王書之價值，一是「中國韻
文，莫優於元劇明曲。然論次之者，皆不學之徒，未能評其文，
疏其跡也，王君此書前此別未有作者，當代亦莫之與京：所以托
體者貴，因而其書貴也。」二是「王君治哲學，通外國語，平日
論文，時有達旨。」「研治中國文學，而不解外國文學，撰述中
國文學史，而未讀外國文學史，將永無得真之一日，……欲為近
代科學的文學史，不可也。文學史有其職司，更具特殊之體制；
若不能盡此職司，而從此體制，必為無意義之作。王君此作，固
不可謂盡美無缺，然體裁總不差也。」[48]這種審美情趣和文學史觀

---

[45] 傅斯年：《馬敘倫著〈莊子札記〉》，原載1919年1月1日《新潮》第1卷
第1號。《傅斯年全集》第1卷，第116頁。

[46] 參見毛以亨：〈初到北大的胡適〉，原載1962年5月24、28日《自由
報》。此文影印件收入《胡適傳記資料》第5冊，臺北：天一出版社，具
體出版日期不詳，第156頁。毛氏回憶中提到胡適初到北大時是1916年，
他的回憶有誤，應是1917年9月。

[47] 傅斯年：《蔣維喬著〈論理學講義〉》，原載1919年1月1日《新朝》第1
卷第1號。《傅斯年全集》第1卷，第119頁。

[48] 傅斯年：《王國維著〈宋元戲劇史〉》，原載1919年1月1日《新潮》第1

與胡適在〈歸國雜感〉中表彰王國維《宋元戲曲史》的觀點如出
一轍。[49]他評介英國耶方斯（W. Stanley Jevons）的《科學原理》
（The Principles of Science），一方面認定「此書為邏輯書中，
甚有價值之作」，「在此書中，有一絕大發明，則以演繹歸納，
不為二物，不過一事之兩面是也。此發明於知識論上極有價值，
而培根、彌爾以難為要，重視歸納，輕視演繹之學說，一括破之
矣」。一方面批評此書「文詞蕪濫，全無文學制裁」。[50]對該書長
短的把握，基本準確。

評及當時中國譯界的狀況，傅斯年以為：「論到翻譯的書
籍，最好的還是幾部從日本轉販進來的科學書，其次便是嚴譯的
幾種，最下流的是小說。論到翻譯的文詞，最好的是直譯的筆
法，其次便是雖不直譯，也遠不大離宗的筆法，又其次便是嚴譯
的子家八股合調，最下流的是林琴南和他的同調。」他著重批評
了在譯界最有影響也被視為最具權威的嚴復的譯法，

> 嚴幾道先生譯的書中，《天演論》和《法意》最糟。假使
> 赫胥黎和孟德斯鳩晚死幾年，學會了中文，看看他原書的
> 譯文，定要在法庭起訴，不然，也要登報聲明。這都因為
> 嚴先生不曾對於作者負責任。他只對於自己負責任。

卷第1號。《傅斯年全集》第1卷，第111-113頁。

[49] 胡適：〈歸國雜感〉，《胡適文存》卷四。《胡適文集》第2冊，北京大
學出版社，1998年11月版，第470頁。

[50] 傅斯年：《英國耶方斯之〈科學原理〉》，原載1919年1月1日《新潮》第
1卷第1號。《傅斯年全集》第1卷，第124頁。

一句話，傅斯年反對業已流行的意譯和以文言翻譯的方式。他主張「（一）譯書人對於作者負責任。（二）譯書人對於讀者負責任。」他提出翻譯的具體做法：「（1）用直譯的筆法。」「（2）用白話。」「（3）第二等以下的著作，可用『提要』的方法，不必全譯。」[51]在傅斯年的這些意見中，「直譯」一條最值得注意，它對「五四」以後「直譯」風氣的形成，起了很大導引作用。

從傅斯年所發表的上述文章可以看出，他所表現出來的批判精神和創新銳氣，並不讓位於居於領導地位的北大新派教授。傅斯年以其特有的早熟和成熟，達到了時代思想的新高度，走到了新文化運動的前沿。胡適後來說：「孟真在學校中已經是一個力量。」「他的早年思想是前進的。他在文學改革、新思想運動上是一個領導者，在二十幾歲的時候就能指導出一條正確的大路。」[52]「《新潮》雜誌，在內容和見解兩方面，都比他們的先生們辦的《新青年》還成熟得多，內容也豐富得多，見解也成熟得多。」[53]傅斯年在新文化陣營中已經佔有重要一席。

傅斯年的思想個性形成於五四新文化運動時期。正像這一運動張揚個性主義、鼓勵獨立思想一樣，經歷了這場運動風雨的洗禮的傅斯年也形成了自己特有的個性和思想「偏見」。這種個

[51] 傅斯年：〈譯書感言〉，原載1919年3月1日《新潮》第1卷第3號。《傅斯年全集》第1卷，第193-194頁。
[52] 胡適：〈傅孟真先生的思想〉，《胡適作品集》第25冊，臺北：遠流出版公司，1988年9月版，第56頁。
[53] 胡適：〈中國文藝復興運動〉，收入《胡適作品集》第25冊，臺北：遠流出版公司，1988年9月1日版，第179頁。

性無疑帶有激烈的特徵，而他的思想則常常顯示出新文化的「偏見」。儘管傅斯年在這一時期受胡適的影響較大，但實際上他的個性和思想則較胡適激烈而無不過之。站在新文化的立場上，傅斯年最先倡明反對「國粹」，擺出了一副挑戰在北大占主流地位的章門的姿態。在文字改革運動中，他發表的〈漢語改用拼音文字的初步談〉一文，被錢玄同稱為「實是『漢字革命軍』的第一篇檄文」，[54]對「漢字改革」也表達了一種極其激烈的偏見：

(1) 漢字應當用拼音文字替代否？答：絕對的應當。

(2) 漢字能用拼音文字表達否？答：絕對的可能。

(3) 漢字能無須改造用別種方法補救否？答：絕對的不可能。

(4) 漢語的拼音文字如何製作？答：我有幾條意見，詳見下文。

(5) 漢語的拼音字如何施行？答：先從製作拼音文字字典開始。[55]

這一段話是一種典型的傅氏個性的表現。絕對而不遲疑，堅定而不可更改。一般人談到「五四」時期的「漢字改革」偏激一方的代表人物，喜歡舉錢玄同為例，孰不知傅斯年有更為激進、

---

[54] 錢玄同：〈漢字革命〉，原載1923年3月《國語月刊》第1卷第7期「漢字改革號」。

[55] 傅斯年：〈漢語改用拼音文字的初步談〉，原載1919年3月1日《新潮》第1卷第3號。《傅斯年全集》第1卷，第150頁。

絕對的主張。

1919年冬，傅斯年赴歐洲留學。在1919年冬至1920年夏這段時間，他對自己在北大的生活與思想予以了反思，並經歷了另一次思想轉變。他總結《新潮》作風的特點時說：第一、「我們敢自信有點勇猛的精神」。第二、「我們是由於覺悟而結合的」。第三、「我們很有些孩子氣。文詞上有些很不磨練的話，同時覺著他是些最有真趣的話；思想上很有些不磨練的思想，同時覺著他是些最單純可信的直覺。」隨之產生的問題是：「我們有點勇猛的精神，同時有個武斷的毛病」。「我們的結合是純由知識的，所以我們的結合算是極自由的。所以我們所發的言論是極自由因而極不一致的；雖有統一的精神，而無一體的主張」。「我們有孩子氣，能以匠心經營的文藝品，繁複的錯綜的長篇研究，比較得不如自然成就的文藝品，簡括有力的短篇批評，占勝些。我們要說便說，要止便止，雖則是自然些，有時也太覺隨便。況且我們是學生，時間有限，所以經營不專，因而不深。」[56]最值得注意的是，這時他對政治表現了冷淡甚至厭惡的情緒：

> 我常想，專制之後，必然產成無治：中國既不是從貴族政治轉來的，自然不能到賢人政治一個階級。至於賢人政治好不好，另是一個問題。所以在中國是斷不能以政治改良政治的，而對於政治的關心，有時不免是極無效果、極笨的事。我們同社中有這見解的人很多。我雖心量褊狹，不

---

[56] 傅斯年：《〈新潮〉之回顧與研究》，原載1919年10月《新潮》第2卷第1號。《傅斯年全集》第1卷，第294頁。

過尚不至於對於一切政治上的事件，深惡痛絕！然而以個人的脾氣和見解的緣故，不特自己要以教書匠終其身，就是看見別人作良善的政治活動的，也屢起反感。[57]

這種對政治的「反感」，與「五四」事件以前作為熱血青年的那個傅斯年相比，多少有點異樣，但確定以「教書匠終其身」，是他終於找到了自我的定位。

傅斯年思想變化的另一顯著之處，是從強調激烈的社會革命開始轉變到強調改造自我：

我這次往歐洲去奢望甚多，一句話說，澄清思想中的糾纏，煉成一個可以自己信賴過的我。……

社會是個人造成的，所以改造社會的方法第一步是要改造自己。……

社會是生成的，不是無端創作的，所以為謀長久永安不腐敗的社會，改善當自改善個人始，若忘了個人，就是一時改的好了，久後恐不免發生復舊的運動。[58]

冷卻政治熱情，走向自我改造，傅斯年的這兩個變化，鋪墊了他一生選擇學術事業的思想基礎。

---

[57] 傅斯年：《〈新潮〉之回顧與研究》，原載1919年10月《新潮》第2卷第1號。《傅斯年全集》第1卷，第296頁。

[58] 傅斯年：〈歐遊途中隨感錄：（一）北京上海途中〉收入《傅斯年文物資料選輯》，臺北：中研院史語所，1995年12月版，第35頁。又收入《傅斯年全集》第1卷，第381頁。

　　進入倫敦大學研究院後，傅斯年改換專業，選擇研究心理及生理，兼治數學。[59]1920年8月1日他寫信給胡適述及自己留學情形時，痛悔自己在北大的學習經歷：「近中溫習化學、物理學、數學，興味很濃，回想在大學時六年，一誤於預科一部，再誤於文科國文門，言之可歎。」「下半年所習科目半在理科，半在醫科。……哲學諸科概不曾選習。我想若不於自然或社會科學有一二種知道個大略，有些小根基，先去學哲學定無著落。」[60]傅斯年的興趣轉向心理學和自然科學。作為這一學術轉型的產物，傅斯年留下了一部未發表的學術手稿——《心理分析導引》，看得出當時他在這方面真正是下了很大功夫。

　　在英留學二年，後期傅斯年對心理學的興趣大減，以為對動物行為的研究不能運用到人身上，即使對他原來最感興趣的集體心理學也失去信心，但他仍注意收集心理學書籍。[61]1923年秋進入柏林大學哲學系研究，主修心理學，三年學習期間，他的學習興趣曾有過幾次轉移，初仍以心理學為主，中間一度對數學、物理學感興趣，後期轉移到比較語言學、歷史語言學方面，所下氣力甚大。[62]與此同時，陳寅恪亦在同一個系學習，主修梵文，與傅斯年過從甚密。與陳寅恪選課不多，選課手冊留下一片空白不

[59] 參見羅家倫：〈元氣淋漓的傅孟真〉，原載1950年12月31日臺北《中央日報》。

[60] 〈傅斯年致胡適〉，《胡適來往書信選》上冊，香港：中華書局，1983年11月出版，第106頁。

[61] 參見王汎森、杜正勝編：《傅斯年文物資料選輯》，第41-42頁。

[62] 王汎森：〈思想史與生活史有交集嗎？——讀「傅斯年檔案」〉，對傅斯年在留學時期的幾次轉變敘述甚詳，收入《中國近代思想與學術的系譜》，石家莊：河北教育出版社，2001年11月版，第312-313頁，。

同，傅斯年當時選課門數較多且雜，除人類學（1924年夏季學期
選修）、梵文入門（1925年至1926年秋季學期選修）、普通語言
學（1926年夏季學期選修）三門課未見任課教師簽字外，其它選
課均有任課老師的簽字。[63]在當時的留德學生中，傅斯年已是公認
最刻苦、最被看好的學生，楊步偉以「寧國府大門前的一對石獅
子」比喻陳寅恪和傅斯年的清白與刻苦。[64]俞大維私下對人說：
「搞文史的當中出了個傅胖子，我們便永遠沒有出頭之日子。」
就是人們廣為流傳的有關傅斯年的兩個典故。

　　在留歐期間，傅斯年窮於應付功課和生活，沒有多少時間專
注研究和寫作，以至1926年9月5日在巴黎他與胡適見面時，給後
者留下這樣一個印象：「這幾天與孟真談，雖感覺愉快，然未免
同時感覺失望。孟真頗頹放，遠不如頡剛之勤。」[65]其實這一段正
是傅斯年的學術思想急據醞釀的時期，從他斷斷續續寫作的〈與
顧頡剛論古史書〉和給胡適的書信中可以看出，他對國內學術界
的狀況有一番新的反思，他雖稱讚顧頡剛幾年不見，「不料成就
到這麼大！」但在諸多學術問題上與國內師友的意見漸次有所不

[63] 參見劉桂生：〈陳寅恪、傅斯年留德學籍材料之劫餘殘件〉，載《北大史
　　學》第4輯，北京大學出版社，1997年8月出版。王汎森、杜正勝編：《傅
　　斯年文物資料選輯》，第53頁。又據德國海德堡大學漢學研究所施耐德博
　　士（Dr. Axel Schneider）與筆者交談時，提到傅斯年、陳寅恪在柏林大學
　　留學時的選課情況。

[64] 楊步偉、趙元任：〈憶寅恪〉，原載1970年4月29日臺北《清華校友通
　　訊》第2期。又收入《陳寅恪印象》，上海：學林出版社，1997年12月出
　　版，第18頁。

[65] 〈胡適的日記〉（手稿本）第五冊，1926年9月5日，臺北：遠流出版公司，
　　1989年5月4日初版。此段日記後面被胡適所塗，疑其對傅斯年頗多微詞。

同，如有關孔子與六經，他與錢玄同的意見相左；關於周漢方術家的評論，他與胡適不同，他「不贊成適之先生把記載老子、孔子、墨子等等之書呼作哲學史。中國本沒有所謂哲學。」他致信胡適，提出語言學在研究中國古代方術或思想史的重要地位；在自己的學術筆記中留下了有關中國古史的靈感紀錄。這些跡象表明，他的學術境界正在達到一個新的水準，[66]他已不囿於胡適的哲學史範式、顧頡剛的「史學王國」，他後來的研究興趣和思考的問題，也已在這一段的書信中初露端倪。在國內的顧頡剛讀到這封長信後頗感刺激，覺得信中有許多值得討論的意見，堅持要將它公開發表，以與學界共用。

> 兄給我的信，雖不自滿（以弟看來，裡面很有許多極精當的議論），但至少可以引起多少問題，引起多少人來商量或攻擊，這便是一件好事情。何況登在報上，可以使得弟不能不作答，比了現在擱起來總是好得多呢。[67]

傅斯年的這段留學經歷對其後來的學術思想發展及其成熟有著十分重要的意義。他潛心學習自然科學和心理學的經歷，使他對科學精神和科學方法的體驗自然更深，把握更準確；他學習語言學和多種語言的經歷，使他對歷史學和語言學的密切關係有

---

[66] 有關傅斯年留德時期的學術思想發展，參見杜正勝：〈無中生有的志業——傅斯年的史學革命與史語所的創立〉，收入《新學術之路》上冊，臺北：中研院史語所，1998年10月出版，第3-11頁。

[67] 轉引自顧潮：《歷劫終教志不灰——我的父親顧頡剛》，上海：華東師範大學出版社，1997年12月出版，第121頁。

了更深入的認識；歐洲是當時域外東方學（包括漢學）最為發達的地區，德、法尤為典範，身臨其境，耳濡目染，自然對他的刺激較深，影響亦大；[68]這一切都成為他日後史學思想的資源和動力。[69]傅斯年能繼國內的「整理國故」運動和顧頡剛宣導的「古史辯」之後再度崛起，與他身上的這些特質密切相關。

二、要科學的東方學之正統在中國

　　傅斯年的學術領導才幹主要體現在他擔任中央研究院歷史語言研究所所長這一工作崗位（1928～1950），史語所歷年的工作報告表明他為該所的學術規劃、人才聘請、資金籌措、圖書購置付出了極大的心血，使史語所在短短時間內迅速崛起，成為世界引人注目的研究中國歷史、考古、語言的學術重鎮。對於傅斯年主持史語所的工作，他的摯友羅家倫有過這樣一段評價：「他辦歷史語言研究所時所樹立的標準很高，觀念很近代化。他的主張是要辦成一個有科學性而能在國際間的學術界站得住的研究所，絕對不是一個抱殘守缺的機關。他對於外國研究中國學問的漢學

---

[68] 傅斯年在德國留學期間，購置了大批西洋研究中國語言音韻方面的書，尤其是高本漢的著作。參見王汎森：〈思想史與生活史有交集嗎？——讀「傅斯年檔案」〉，收入《中國近代思想與學術的系譜》，第313頁。
[69] 有關傅斯年受到西方史學思想的影響，參見周梁楷：〈傅斯年和陳寅恪的歷史觀點——從西方學術背景所作的討論〉，載1996年11月《台大歷史學報》第20期。

34

家中最佩服的只有兩個人，認為其餘的許多都是洋騙子。一個是瑞典的高本漢（Karlgren），講中國語音學的專家；一個是法國的伯希和（Peliot），講中國唐史、中央亞細亞研究的專家。這兩個人對於中國學問的科學性的造詣，給予了孟真很大的刺激。可是孟真辦理歷史語言研究所的成績，反過來得了他們兩人很深的敬佩。」[70]杜維運先生也如是高度讚揚傅斯年領導史語所的成就：

> 自晚清迄今百年間的新史學，其創獲輝煌成績者，不是梁啟超、何炳松所宣導的新史學，而是傅孟真先生所實際領導的新史學。找出一個新方向，領導一個學術群體，共同從事史學研究，歷久而不衰，在中國歷史上，甚少前例。有之則自孟真先生領導中央研究院歷史語言研究所始。這是中國史學史上的新猷，甚值珍視。[71]

提到傅斯年治理史語所，就不得不首先從1928年10月傅斯年在《國立中央研究院歷史語言研究所集刊》創刊號上發表的〈歷史語言研究所工作之旨趣〉（以下簡稱〈旨趣〉）一文談起，這是他的就職宣言，也是他的治所大綱。對於這篇〈旨趣〉，吳相湘先生將它與胡適所撰北京大學〈《國學季刊》發刊宣言〉相提並論，稱它們「為近五十年中國文化史研究的兩大重要文獻，亦為奠定中國現代歷史學之兩大柱石。而傅之號召比較胡適更具積

---

[70] 羅家倫：〈元氣淋漓的傅孟真〉，原載1950年12月31日臺北《中央日報》。

[71] 杜維運：〈傅孟真與中國新史學〉，載1995年12月1日臺北《當代》第116期，第55頁。

極性。」[72]許冠三評述新史學九十年所走過的路程時也認為：「即令長達兩百頁的《性命古訓辨證》不算『巨著』，僅僅是〈歷史語言研究所工作之旨趣〉一文，和准此而推行的現代研究事業，已足夠令他名垂史林了。」[73]的確，這篇〈旨趣〉在中國歷史學研究從傳統向現代轉型過程中，是一塊高聳的里程碑。

在〈旨趣〉中，傅斯年開首即明確歷史學的性質只是「史料學」。「歷史學不是著史；著史每多多少少帶點古世中世的意味，且每取倫理家的手段，作文章家的本事。近代的歷史學只是史料學」。作為「史料學」的歷史學有三項基本要求：一、「凡能直接研究材料，便進步。凡間接的研究前人所研究或前人所創造之系統，而不繁豐細密的參照所包含的事實，便退步」。二、「凡一種學問能擴張他研究的材料便進步，不能的便退步」。例如，西方漢學在挖掘材料方面有兩個強項：一是研究四裔問題的「虜學」，一是利用神祇崇拜、歌謠、民俗等材料。「西洋人做學問不是去讀書，是動手動腳到處尋找新材料，隨時擴大舊範圍，所以這學問才有四方的發展，向上的增高」。三、「凡一種學問能擴充他作研究時應用的工具的，則進步，不能的，則退步」。這裡的所謂「工具」不是僅指方法，而是包括各種技術手段、方法，「現代的歷史學研究，已經成了一個各種科學的方法之彙集。地質、地理、考古、生物、氣象、天文等學，無一不供

---

[72] 吳相湘：《民國百人傳》第1冊，臺北：傳記文學出版社，1982年9月15日再版，第221頁。

[73] 許冠三：《新史學九十年》上冊，香港：香港中文大學出版社，1986年版，第214頁。

給研究歷史問題者之工具」。這三條對歷史學的定性來說，其實並不是什麼新要求，自古以來優秀的歷史學家無不本此原則來要求自己，唯因傅斯年在提出這三條要求時注入了新的因素，表達得更為精當，才賦予了其應有的時代意義。

中國歷史學源遠流長，有其豐富的可資利用的歷史遺產。以傅斯年的眼光來看，西漢的司馬遷、北宋的歐陽修、司馬光、明清之際的顧炎武、閻若璩都是使用直接材料，採用科學方法治史的優秀史學家。「而到了現在，除零零星星的幾個例外以外，不特不因和西洋人接觸，能夠借用新工具，擴張新材料，反要坐看修元史修清史的做那樣官樣形式文章，又坐看章炳麟君一流人屍學問上的大權威。」所以傅斯年提出的三大宗旨：「第一條是保持亭林、百詩的遺訓」。

二十世紀二十年代國內學術界曾經轟轟烈烈地開展「整理國故」運動。1923年1月，胡適作〈《國學季刊》作發刊宣言〉時提出了三點要求：「第一，用歷史的眼光來擴大國學研究的範圍。第二，用系統的整理來部勒國學研究的資料。第三，用比較的研究來幫助國學的材料的整理與解釋。」[74]隨著北大的發起，南北響應，「整理國故」運動隨之在全國範圍內展開。但這一運動從一開始在其內外就有各種爭議。一是有沒有必要在現階段以這種轟轟烈烈的大規模方式開展一場「整理國故」運動。二是採用什麼方法來處理「國故」，是採用現代科學的方法，還是僅僅沿用

---

[74] 胡適：〈《國學季刊》發刊宣言〉，原載1923年1月《國學季刊》第1卷第1號。又收入《胡適文集》第3冊，北京大學出版社，1998年11月出版，第17頁。

傳統樸學的家法。三是「整理國故」是否應該存有民族主義的歷史態度，即是「同情的理解」，還是此一研究與民族主義無關。四是研究的材料如何擴充，這裡包括對地下文物材料的挖掘和利用，對外來材料的搜集和利用。胡適、傅斯年從一開始就表明了與章太炎派對「國故」的不同處理的立場，但因他們畢竟同意使用「國故」一詞，甚至投入「整理國故」，故實際成為這一運動的推動者。站在這一運動之外的陳獨秀、魯迅等人不僅反對以國粹主義的心態來「整理國故」，而且對發起這樣一場運動持保留甚至抵制的態度。[75]

最初熱衷並推動「整理國故」運動的是胡適與北大的章門弟子。隨著「整理國故」運動的進行，胡適與章門之間的裂縫也逐漸公開化，揚王（國維）抑章（太炎）的傾向在胡適這一邊漸漸抬頭。本來新文化陣營中的陳獨秀、胡適等人在政治上與懷有清朝遺民情結的王國維是截然對立的，而與章太炎及其弟子相一致，這是他們最初在北大合作的政治基礎。但王國維治學採用近代科學方法，重視異域成果的借鑒，將地下材料與書面材料相印證，重視開拓新的領域，這些都是對清代漢學的突破，在學術上為新學術的先鋒，故得到新文化陣營的認同，胡適、傅斯年都極為推崇王國維。從「五四」時期胡、傅共同讚揚王國維的《宋元戲曲史》，到胡適拉王國維為《國學季刊》寫稿、推薦王國維擔

---

[75] 參見陳獨秀：〈國學〉，原載1924年2月1日《前鋒》第3期，收入《陳獨秀文章選編》中冊，北京：三聯書店，1984年6月版，第404頁。魯迅：〈墳‧未有天才之前〉，收入《魯迅全集》第1卷，北京：人民文學出版社，1982年版，第167頁。

任清華國學研究院導師，都反映了這一傾向。到二十年代中後期，梁啟超、胡適、陳寅恪、顧頡剛、魯迅、郭沫若等人對他的成就都有一致的高評，在當時的所謂國學領域，王國維岌岌乎已成為取代章太炎最有影響的典範人物。[76]正是在這樣一種背景下，傅斯年才表現出了決裂的勇氣，在〈旨趣〉中第一次公開批評章炳麟君（此前傅斯年稱章太炎先生）「屍學問上的大權威」，「在文字學以外是個文人」，「不特自己不能用新材料，即是別人已經開頭用了的新材料，他還抹殺著。」這裡所說章太炎抹殺新材料是指章氏不承認甲骨文的價值，傅斯年與他的分歧正在於此。在前進的學術界，章已成為一個歷史的存在。後來史語所最卓有成效的工作即是從田野考古工作開始。可以說，〈旨趣〉一文既是與章太炎一派的徹底決裂，也是對前此「整理國故」的超越。

針對國內學術界流行的各種主張和選擇，傅斯年表明瞭新的抉擇。

（一）「我們反對『國故』一個觀念。」這在「五四」時期原有反對「國粹」的立場上又向前邁進一步。「國故本來即是國粹，不過說來客氣一點兒，而所謂國學院也恐怕是一個改良的存古學堂。原來『國學』、『中國學』等等名詞，說來都甚不詳，西洋人造了支那學『新諾邏輯』一個名詞，本是和埃及脫邏輯亞西亞邏輯同等看的，難道我們自己也要如此看嗎？」這裡，傅斯年實際上批評了當時兩種對待中國歷史文化的態度，一種是國粹

[76] 參見：《胡適的日記》1928年8月28日條，香港：中華書局，1985年9月版，第440頁。在日記中，胡適稱「章炳麟在學術上已半僵了」，「只有王國維最有希望」。

學派、北大國學門所宣導的「整理國故」運動、清華大學國學研究院,這些以「國」字命名的學派、學術運動和學術機構,他們把研究中國歷史、民俗、語言據為己有,作為與西學相別甚至抗衡的「國學」,對中國文化遺產在學術上已經世界化(準確地說是西方漢學化)這一現象視而不見或估計不足;另一種是西方人的所謂支那學「新諾邏輯」,把中國研究變成了一門「虜學」,或將中國文明看成是一種有待考古的死文明,這實是對中國文化歷史研究的輕蔑。這就要求擺平中國文化在世界文化中的位置,理順中西學術之間的關係,將中國歷史學研究置於更廣闊的視野。

(二)「我們反對疏通,我們只是要把材料整理好,則事實自然顯明了。」「疏證」是清代漢學的家法,「五四」時期,「國故的研究,大半的事情就是疏證」。[77]這一點不僅為時人視為「長處」,也當作科學。1923年12月《學衡》派的大本營──東南大學公佈了一份由顧實起草、國文系通過、提出的〈國立東南大學國學院整理國學計畫書〉,這是一份規模宏大的整理國故計畫。內中提出「以科學理董國故誠為今日之大利,而弊亦即可立見。蓋今日學子之大患,正在徒誦數冊講義,報章,雜誌及奉某學術書為神聖,而未嘗根本課讀古書。即課讀古書矣,亦以著有科學系統之色彩。狃於成見,信口開河。譬如戴西洋有色眼鏡,視中國所有,無一不可變為西式,是其弊也。」進而提出「以國故理董國故」來彌補其不足。[78]而「以國故整理國故」之法有三:疏證、校

---

[77] 毛子水:〈國故和科學的精神〉,載1919年5月1日《新潮》第1卷第5號。
[78] 〈國立東南大學國學院整理國學計畫書〉,載1923年12月《國學叢刊》第1卷第4期。

理、纂修。他們提出了一大批應該疏證的書目。胡適在總結清代學者的治學方法時，亦曾提出「大膽的假設，小心的求證」。[79]此方法為顧頡剛所崇信，在古史研究中曾產生了廣泛的影響，「疑古」之風頓開，其流弊亦逐漸顯露。鑒於此，傅斯年特別提出「反對疏通」。歷史研究中對未知的歷史常常存在許多因材料不夠而產生的盲點，對此，有各種不同的處理辦法。傅斯年擇取「存而不補」，「證而不疏」的原則，這就要求破除清代漢學和「整理國故」中疏證的陋習。20年代末胡適也醒悟到這一點。胡適從主張疑古，到放棄疑古，到主張對史料不足時懸而不斷，實際上也是反對疏證，這在他就老子的年代問題，與梁啟超、錢穆、馮友蘭、顧頡剛等人辯論中表現得最為明顯。[80]傅斯年第一次公開「反對疏證」，實則為落實其以實證的科學方法研究歷史的原則。

（三）「我們不做或者反對所謂普及那一行中的工作。」這是針對他的同事顧頡剛而發。史語所籌備時有籌備員三人：傅斯年、顧頡剛、楊振聲。三人都是北大的同學。但在圍繞辦所方向時，傅與顧意見歧異。「傅氏在歐洲七年，甚欲步法國漢學之後塵，且與之爭勝，故其旨在提高。」而顧「以為欲與人爭勝，非一二人獨特之鑽研可成，必先培育一批人，積疊無數材料加以整理，然後此一二人者方有所憑藉。」[81]兩人在辦所方針上產生分

---

[79] 〈清代學者的治學方法〉，《胡適文存》卷二，收入《胡適文集》第2冊，北京大學出版社，1998年11月出版，第302頁。

[80] 有關胡適反對疏證的討論，參見歐陽哲生：〈胡適與道家〉，載《道家文化研究》第20輯，北京：三聯書店，2003年9月出版。

[81] 顧潮：《歷劫終教志不灰——我的父親顧頡剛》，上海：華東師範大學出版社，1997年12月版，第128頁。顧潮：《顧頡剛年譜》，北京：中國社

歧，這一段文字正是傅斯年重申自己的主張。不過，從史語所後來發展的狀況看，實際上也吸收了顧頡剛的意見，從《國立中央研究院歷史語言研究所工作報告第一期》和史語所注重對青年學者的吸收、培養，反映出傅斯年對這一意見的某些修正。

在〈旨趣〉結尾，傅斯年響亮地喊出了三句口號：

> 一、把些傳統的或自造的「仁義禮智」和其他主觀，同歷史學和語言學混在一氣的人，絕對不是我們的同志！二、要把歷史學語言學建設得和生物學地質學等同樣，乃是我們的同志！三、我們要科學的東方學之正統在中國！

這是傅斯年蘊積多年的心聲，從這三句口號中我們可以體會到，傅斯年辦所的宗旨就是要在中國建立科學的歷史學、語言學，將這一領域的話語權力重新從西方漢學家那裡奪回來。正因為如此，當他否定了國學、國故、國粹這類名詞時，當他否定了借歷史研究表現倫理判斷和道德情感的傳統做法時，他卻張揚了另一種民族主義傾向，這就是以科學為本位的民族主義。從歷史的發展來看，它是一種更高層次的文化民族主義。故看似處於兩極中的思想，即一極是反對「國粹」、「國故」的說法，一極是張揚鮮明的民族主義思想，在這裡得到了新的高度統一。這構成了傅斯年富有特色的學術思想。

〈旨趣〉一文將中國歷史學研究作為一門具有科學意義的學科的認識提高到一個新的水準。在古代中國，歷史學家的研究活

科出版社，1993年3月出版，第152頁。

動或為「私坊」，是一種相對「孤立的製作」；或為「官修」，反映的是朝廷的意志。二十世紀以後，各種民間的、大學的學術機構應運而生，如北京大學研究所國學門、清華大學國學研究院，但它們的研究規模往往受到經費、圖書設備、人力等各種因素的制約，學術資源得不到理想的整合。〈旨趣〉認識到「集眾的工作漸漸的成一切工作的樣式了」，只有在「集眾」的研究環境中，「才能大家互相補其所不能，互相引會，互相訂正」，才能形成「有規模的研究」，才「不會流成『官書』的無聊」。這是尋求歷史學研究真正科學化管理的開始。

〈旨趣〉雖在字面上只提到「保持亭林、百詩的遺訓」，以示與清代樸學的繼承關係，但就其所表述內容而言，處處顯示了域外學術（特別是德國學術）的影響。歷史語言「同列合稱」，這是「根據德國洪保爾德一派學者的理論，經過詳細的考慮而決定的」。[82]歷史學作為一門獨立的科學，強調其「史料學」的性質，強調它對客觀性的探求，強調它與自然科學的相通一面，這明顯有著蘭克學派的影響。[83]德國史學具有濃厚的民族主義色彩，梁啟超、黃節、陶成章、劉師培被其影響，[84]傅斯年的民族主義傾向，雖有「國粹」學派的遺傳，但德國民族主義史學的影響應

---

[82] 朱家驊：〈紀念史語所傅故所長孟真五十六歲誕辰特刊〉序，收入《傅所長紀念特刊》，臺北：中研院史語所，1951年3月出版，第1頁。

[83] 有關蘭克學派史學傾向的研究，參見（美）J.W.湯普森著，孫秉瑩、謝德風譯：《歷史著作史》，北京：商務印書館，1996年9月版，下卷第三分冊，第228-279頁，下卷第四分冊，第602、608頁。

[84] 有關德國民族主義史學在中國的影響，參見鮑紹霖編：《西方史學的東方迴響》，北京：社科文獻出版社，2001年2月出版，第254頁。

是其主要來源。赴歐留學以前，傅斯年不僅「絕不主張國家主義」，且對「五四運動單是愛國運動」一說「不贊一詞」。[85]

　　作為歷史語言研究所的工作指南，〈旨趣〉一文並沒有討論時人感興趣的學術與政治的關係。在當時的語境中，標榜學術獨立、思想自由成為學界清流的時尚。胡適此時正與國民黨當局展開人權論戰，批評國民黨的政策與新文化運動的方向背道而馳。陳寅恪也借作〈清華大學王觀堂先生紀念碑銘〉，力挺王國維的「獨立之精神，自由之思想」，要求「脫心志於俗諦之桎梏」，表現了對現實政治約束（即三民主義意識形態和黨化教育）的強烈不滿；[86]而在王國維棄世時，他視王氏為「文化神州」，為中華文化「所化之人」，極力推崇他「一死從容殉大倫」那一面，[87]突顯了他與王國維共同的中國文化情懷。傅斯年在史語所幾乎絕口不談政治，據李濟回憶：「他知道我們這些人不懂政治，他也從來不跟我們談政治。」[88]他在〈旨趣〉中強調的主要是歷史學科學化基礎上的民族主義，因此這篇〈旨趣〉即可視為他治所工作之方針，也實為向西方漢學挑戰的宣言書。作為國家的最高學術研

---

[85] 傅斯年：〈中國狗和中國人〉，原載1919年11月1日《新青年》第6卷第6號。《傅斯年全集》第1卷，第299頁。

[86] 陳寅恪：〈清華大學王觀堂先生紀念碑銘〉，收入《陳寅恪集·金明館叢稿二編》，第246頁，北京：三聯書店，2001年7月出版。此處的「俗諦」指三民主義，參見陳寅恪：〈對科學院的答覆〉，收入《陳寅恪集·講義及雜稿》，北京：三聯書店，2002年5月出版，第463頁。

[87] 參見陳寅恪：〈挽王靜安先生〉、〈王觀堂先生挽詞並序〉，收入《陳寅恪集·詩集》，北京：三聯書店，2001年5月出版，第11、12-17頁。

[88] 李濟：〈創辦史語所與支援安陽考古工作的貢獻〉，載1976年1月臺北《傳記文學》第28卷第1期。

究機關，傅斯年明確將史語所定位為一個純粹的學術機關，而不希望其它因素浸染其間，故史語所在他領導的二十餘年間，只有濃厚的學術氣氛，所裡同人除了專注於學術，基本上沒有參與其它政治活動。

儘管如此，〈旨趣〉留待人們思考的問題也是明顯的。一是歷史學作為一門古老的學科，畢竟有一定的人文性，既然如此，文化依戀、民族情感、歷史教化一類的因素就不可能排除，也不應完全排除。二是歷史活動的主體是人，歷史學研究的主要對象自然是人，以及人與人的關係──社會，如只是強調歷史學方法的自然科學化、歷史學與自然科學相通的一面，則很難概括歷史研究方法的多層次性和複雜性，也很難深度地反映歷史學作為一門研究人的社會活動性的歷史規律的這一學科特性。這兩大缺陷為其它分支的活動預留了空間，當傅斯年領導的史語所在繼「整理國故」運動之後成為史學界的主流時，在他的旁邊也活躍著兩股力量：一股是以郭沫若為代表的馬克思主義史學家群體的興起，他們主要是運用馬克思主義方法（也是近代社會科學方法之一種）研究社會歷史；另一股是以章太炎、錢穆、柳詒徵等為代表的舊派群體，他們與傳統史學繼續保持密切的聯繫，反對將中國歷史研究西（漢）學化，主張以同情的理解態度來認知本民族的歷史文化。從某種意義上說，這兩大支流填補了胡適、傅斯年為代表的正統派之不足。儘管如此，歷史學研究畢竟因為傅斯年的大聲疾呼和身體力行，終於走上了一條與西方接軌、對話的科學化道路。〈旨趣〉一文雖未像梁啟超那樣明白標榜「新史學」，也未與時俱進喊出與政治革命相類似的「史學革命」的口號，但它

畢竟從一個角度將中國史學真正引上了一條新的科學化道路。

二十世紀上半期，中國歷史學圍繞自身的生存和發展，存在著兩條路子之爭。一條具有普遍主義的傾向，即強調史學研究的普遍性、普適性和客觀性意義，它從梁啟超提倡的「新史學」肇始，梁啟超受到進化論的影響，將歷史界說為「敘述進化之現象也」，「敘述人群進化之現象也」，「敘述人群進化之現象而求得其公理公例者也」，視探討歷史進化規律為歷史研究的宗旨[89]。王國維繼之，明確「學無新舊也，無中西也，無有用無用也」。將學術的可比性放大到前所未有的地步，至於「學」之分類可分為科學、史學、文學，「求事物變遷之跡，而明其因果者謂之史學」。[90]這實際上也是一種客觀化的史學觀。他本人的史學實踐更是強調證據、注重材料的實證史學。另一條是以章太炎為靈魂的「國粹」派開創的路子，他們注重國家與學術的關係，注重史學闡明義理是非的功用，把史學研究與國家命運和引導社會風氣聯繫在一起，對中國歷史研究在世界範圍內的科學可比性認識不足。傅斯年的〈旨趣〉一文，是普遍主義史學的進一步強化，它不僅強調了史學研究的客觀性、實證性的（自然）科學方法，而且張揚了史學的非國別性和西方東方學（漢學）的學術正統意義。現代歷史學研究只有在世界的視域裡才能找到其自身的新的起點和立足點，〈旨趣〉一文實際上也就是引導中國學者找到介

---

[89] 梁啟超：《新史學・史學之界說》，收入《梁啟超史學論著四種》，長沙：嶽麓書社，1998年版，第248-251頁。。
[90] 王國維：《國學叢刊》序，原載1911年（清宣統三年）《國學叢刊》第一冊。收入《觀堂別集》卷四。

入全球化的一條路徑,並對中國歷史語言學發展的這一方向作了制度化的規定。

傅斯年的史學思想皆濫觴於此。結合他同期寫作的《國立中央研究院歷史語言研究所十七年度報告》,其指向近代科學的意向更為明顯。「中央研究院設置之意義,本為發達近代科學,非為提倡所謂固有學術。故如以歷史之學承固有之遺訓,不欲新其工具,益其觀念,以成與各自然科學同列之事業,即不應於中央研究院中設置歷史語言研究所,使之與天文、地質、物理、化學等同倫」。[91]他提出的史語所的主要具體工作為「甲、助成從事純粹客觀史學及語學之企業。乙、輔助能從事且已從事純粹客觀史學及語學之人。丙、擇應舉之合眾工作次第舉行之。丁、成就若干能使用近代西洋人所使用之工具之少年學者。戊、使本所為國內外治此兩類科學者公有之刊佈機關。己、發達歷史語言兩科之目錄學及文籍檢字學。」這是一份在科學管理上更具現代性、更具操作性的研究計畫了。

此後,傅斯年在〈考古學的新方法〉、〈史學方法導論〉[92]、〈《史料與史學》發刊詞〉等文中所表達的意見大都是〈旨趣〉一文的發揮和細化。在〈考古學的新方法〉中,他批評中國考古學家「還是用舊法整理」,並對「疑古」與「信古」表

---

[91] 〈國立中央研究院歷史語言研究所十七年度報告〉,收入《國立中央研究院十七年度總報告》。《傅斯年全集》第5卷,第9頁。

[92] 《傅孟真先生集》(台大版)和《傅斯年全集》(聯經版)在收入〈史學方法導論〉時,均說明「原書凡七講,今僅存第四講」,但從1995年12月《中國文化》第十二期所公佈的傅斯年遺作〈中西史學觀點之變遷〉一文看,此文極有可能是第二講,或是第二講的提綱。

示了新的態度，研究古史「完全懷疑，固然是不對的；完全相信，也是不對的。我們只要懷疑的有理，懷疑的有據，盡可以懷疑。相信的有理有據，也盡可以相信的。」可見他已跳出了單純「信古」、「疑古」的俗套圈子。他向中國學界介紹了瑞典考古學家安特生（Anderson）「完全用近代西洋考古方法去研究」的路子和史語所進行的殷墟發掘工作。[93]在〈史學方法導論‧史料論略〉中，他受到德國蘭克學派伯倫漢（Ernst Bernheim）《史學方法論》一書的影響，明確指出：「史學便是史料學。」「史料學便是比較方法之應用」。他將史料分為八對關係，並對之進行了比較。一是「直接史料對間接史料」，二是「官家的記載對民間的記載」，三是「本國的記載對外國的記載」，四是「近人的記載對遠人的記載」，五是「不經意的記載對經意的記載」，六是「本事對旁涉」，七是「直說與隱喻」，八是「口說的史料對著文的史料」，[94]形成了一個史料學比較方法系統，這比前此王國維提出的「二重證據法」在廣度和深度上自然又大大拓展了。在〈《史料與史學》發刊詞〉中，他再次述及史料與史學的關係，並提到德國蘭克、莫母森這些主張客觀史學的大家的名字。

> 本所同人之治史學，不以空論為學問，亦不以「史觀」為急圖，乃純就史料以探史實也。史料有之，則可因鈎稽有此知識，史料所無，則不敢臆測，亦不敢比附成式。此在

---

[93] 傅斯年：〈考古學的新方法〉，原載1930年12月《史學》第1期。《傅斯年全集》第3卷，第90頁。

[94] 〈史學方法導論‧史料論略〉，收入《傅斯年全集》第2鄭，第309-351頁。

中國，固為司馬光以至錢大昕之治史方法，在西洋，亦為
軟克、莫母森之著史立點。史學可為絕對客觀者乎？此問
題今姑不置答，然史料中可得之客觀知識多矣。[95]

　　再次表明自己不可更改的「史學即史料學」的觀點。[96]

　　以〈旨趣〉為約規的史語所形成了自己特有的風格，有人
謂史語所為一學派，這樣的歸納有門戶壁壘之嫌。不過，史語所
自成一格的特徵是明顯的，所裡同人表達了對〈旨趣〉一文的高
度認同。在處理史料上，他們本著「有一分材料出一分貨」的要
求，其研究注重挖掘新史料，利用新材料，在此基礎上形成自己
的研究成果，這就保證了學術研究的實證性。在研究技法上，他
們往往是小題大做，做繡花針的功夫，從不做那些大而不當的研
究，這就保證了學術研究的嚴密性。在研究態度上，他們既不像
某些舊文人士子，把歷史研究看作是維護「仁義禮智」的倫理判
斷；也不像某些新派學人把歷史研究變成一種政治宣傳活動，歷
史判斷從屬於其政治抉擇。他們所取的只是一種純然的客觀的學
術態度。在研究風氣上，他們提倡一種嚴格、細緻的科學精神，
史語所集刊、專刊所發表的作品沒有一篇不是精心製作、嚴格編
審。[97]傅斯年本人亦為這種精神的典範，他本人在德國留學，對

---

[95] 傅斯年：〈《史料與史學》發刊詞〉，原載1945年11月《國立中央研究院
歷史語言研究所集刊》外編第二種《史料與史學》。《傅斯年全集》第3
卷，第335頁。

[96] 有關傅斯年的史學思想，參見李泉：〈傅斯年與中國近代實證史學〉，載
1996年11月《台大歷史學報》第20期。

[97] 有關中研院史語所所內各刊的創辦與發展，及其傅斯年與它們的關係，參

德國人那種一絲不苟的工作精神體會甚深，李濟說他的品德中有
「高度的責任心」、「極端的認真」，[98]即是德國人這種不苟且的
精神的體現，史語所同人受這種風氣的薰陶，對自己的學術研究
有著高度的責任感和使命感。

　　在傅斯年領導史語所的二十三年間，史語所同人大規模的發
掘安陽殷墟、整理明清檔案、開展方言調查，產生了像陳寅恪、
趙元任、董作賓、李濟、李方桂等一批國際知名學者，取得了舉
世矚目的研究成就。「歷史語言研究所的《集刊》和《分刊》，
得到國際學術界很高的重視，這研究所的本身也取得了國際學術
界很高的地位。這自然是經由許多學者協力造成的，可是孟真領
導的力量是不可磨滅的。」[99]傅斯年本人雖沒有留下煌煌巨制，但
史語所本身就是他精心雕塑的一部學術精品，這樣說並不為過。
1951年董作賓先生在總結史語所前此的學術成就時說：「現在結
算一下史語所二十三年的總成績，可以說有贏餘也有外欠。這筆
賬看去似乎是許多人的，事實上，是應該全記在孟真先生的名
下。」[100]表達的也是這樣一種看法。

　看遠耀東：〈傅斯年與《歷史語言研究所集刊》〉，載1996年11月《台大
　歷史學報》第20期。
[98] 李濟：〈值得青年們效法的傅孟真先生〉，原載1951年1月1日臺北《自由
　中國》第4卷第1期。
[99] 羅家倫：〈元氣淋漓的傅孟真〉，原載1950年12月31日臺北《中央日報》。
[100] 董作賓：〈歷史語言研究所在學術上的貢獻〉，載1951年1月臺北《大陸
　雜誌》第2卷第1期。又收入《傅故校長哀挽錄》，臺北：台灣大學，1951
　年6月出版，第64-69頁。另外，李濟：〈傅孟真先生領導的歷史語言研究
　所〉，收入《感舊錄》，臺北：傳記文學出版社，1985年9月二版，對傅
　斯年領導史語所的工作亦有詳細評述。

三、傅斯年的學術成就

　　傅斯年長期擔任學術行政工作，又沒有大部頭的學術著作問世，故使人很容易忽略他的學術成就。著名宋史學者鄧廣銘先生說：

　　　　凡是真正瞭解傅先生的人都知道，他的學問淵博得很，成就是多方面的，影響是深遠的；他對中國的歷史學、考古學、語言學所作的貢獻是很大的。……可以說，中國沒有個傅孟真，就沒有二三十年代的安陽殷墟發掘；沒有當初的殷墟發掘，今天的考古學就完全是另一個樣子了。

　　　　我們不能用著作多少來衡量一個人在學術上的貢獻。即如傅先生關於中國古代史的文章，幾乎每一篇都有其特殊的貢獻，都具有開創性的意見和里程碑性的意義。[101]

　　這一評論旨在說明對傅斯年的學術成果不宜以多寡來衡估，而應以其在整個學科中所發揮的影響力來估價。誠如鄧先生所說，即以傅斯年領導並大力推動的安陽殷墟發掘這一項工作所取得的成果和國際影響來說，其對中國歷史研究的貢獻，就足以奠定他在中國歷史學、考古學中的地位。

　　傅斯年一生的學術成果主要完成於他回國後至抗戰爆發這十年

---

[101] 鄧廣銘：〈回憶我的老師傅斯年先生〉，收入《傅斯年》，濟南：山東人民出版社，1991年8月出版，第8頁。

間。[102]剛好這十年間中研院史語所的工作報告存留完備，傅斯年這十年的研究工作亦有跡可尋。史語所建立之初，傅斯年除負責全所事務性工作外，曾計畫編著〈《詩經》新論〉。[103]1929年「除綜核全所事務外」，主要從事先秦史研究和明清內閣檔案整理，已成論文六篇：〈戰國文籍中之篇式書體〉（《集刊》第一本第二分）、〈大東小東說〉（集刊第二本第一分）、〈論所謂五等爵〉（《集刊》第二本第一分）、〈姜原〉（《集刊》第二本第一分）、〈戰國方術家言敘論〉（上）（《集刊》第二本第二分）[104]、〈新獲卜辭寫本後記〉（安陽發掘報告第二期）。其研究勢頭可與同組的陳寅恪相埒。[105]原擬在《安陽發掘報告》第二期發表〈史之起源〉一文，[106]後未見刊。明清內閣大庫檔案一項整理工作，至1929年9月20日以後，「關於移運、堆存、購置各事，次第就緒，始由研究員傅斯年、編輯員徐中舒、督同書記及工人二十一人，試行整

---

[102] 李泉先生：「自1926年歸國前後到1940年患高血壓病之前的十五年間，是他學術研究的黃金時代。」參見李泉：《傅斯年學術思想評傳》，北京：北京圖書館出版社，2000年1月版，第165頁。實際上，抗戰以後，傅斯年的主要精力已被行政工作所消耗。

[103] 參見《國立中央研究院歷史語言研究所十七年度報告》第六章〈出版〉，《傅斯年全集》第6卷，第28頁。
此書未出版，〈《詩經》講義稿〉應為此書的稿本。

[104] 此文後未發表，稿本疑為未刊的〈戰國子家敘論〉一文中的一部分。

[105] 參見〈國立中央研究院歷史語言研究所十八年度報告〉第二章〈各組工作〉「第一組」部分，《傅斯年全集》第6卷，第61頁。陳寅恪當年完成的論文為五篇。

[106] 參見〈歷史語言研究所工作報告〉，原載1930年1月《國立中央研究院院務月報》第一卷第七期。《傅斯年全集》第6卷，第122頁。

理。」[107]1930年「為中國經典時代文籍的及歷史的研究，間亦涉及明清史籍，曾撰〈明成祖生母記疑〉一文」。[108]1931年「為古代史及明清史之研究，除《民族與古代中國史》一書仍在撰述中外，成論文一篇：〈明成祖生母記疑〉（《集刊》第二本第三分）。此外又同研究員徐中舒、師範大學研究所研究員方壯猷共撰《東北史綱》一部，而由傅斯年編輯，已付印」。[109]其計畫之下年度工作「除繼續《民族與古代中國史》一書，續論秦漢間文化之問題外，並擬從事於周漢文籍之分析及明初史事之整理。」[110]1932年「為古代史及明清史之研究，著有《民族與古代中國史》一書，已將完成。又撰《東北史綱》第一卷〈古代之東北〉，已於本年度出版。」[111]其下年度工作計畫為「除續論秦漢間文化之問題外，並繼續從事於周漢文籍之分析，及明初史事之整理。」[112]出版一項提到《民族與古代中國史》正在編錄中。1933年工作報告中未提傅斯年的研究，僅在出版一項提到發表〈周東封與殷遺民〉（《集刊》第

---

[107] 〈歷史語言研究所概況事務報告〉，載1929年9月《國立中央研究院院務月報》第一卷第四期。《傅斯年全集》第6卷，第51頁。

[108] 參見〈國立中央研究院歷史語言研究所十九年度報告〉第四章〈研究之經過〉「（甲）第一組」部分，《傅斯年全集》第6卷，第188-189頁。

[109] 參見〈國立中央研究院歷史語言研究所二十年度報告〉第四章〈各組工作〉「第一組」部分，《傅斯年全集》第6卷，第290頁。

[110] 參見〈國立中央研究院歷史語言研究所二十年度報告〉第六章〈下年度研究計畫〉「（甲）第一組」部分，《傅斯年全集》第6卷，第301頁。

[111] 參見〈國立中央研究院歷史語言研究所二十一年度報告〉「（四）工作之經過」第一組部分，《傅斯年全集》第6卷，第381頁。

[112] 參見〈國立中央研究院歷史語言研究所二十一年度報告〉「（五）下年度工作計畫大綱」第一組部分，《傅斯年全集》第6卷，第389頁。

四本第三分），編錄中者有《民族與古代中國史》。[113]1934年研究
工作一項仍未提傅斯年，「整理工作」述及整理明清檔案「自本年
度起，由研究員陳寅恪、傅斯年、徐中舒重新組織一《明清史料》
編刊委員會，以陳寅恪為主席，審查史料之編定與刊行。」[114]1935
年「除兼任所長總理全所事務外，仍繼續古代史之研究及古文籍之
校訂，成〈誰是《齊物論》之作者？〉論文一篇。又搜集歷來關於
性命之古訓，約五六萬言，已於本所講論會中公開討論，俟整理後
即可發表。」[115]1936年工作報告未記，從這年出版的《國立中央研
究院歷史語言研究所集刊》和《明清史料》上可以看到，傅斯年發
表了〈跋〈明成祖生母問題匯證〉並答朱希祖先生〉（《集刊》第
六本第一分）、〈說廣陵之曲江〉（《集刊》第六本第一分）、
〈誰是《齊物論》之作者？〉（《集刊》第六本第四分）、〈跋陳
槃君《春秋公矢魚於棠說》〉（《集刊》第七本第二分）、〈《明
清史料》復刊志〉（《明清史料》乙編第一種）。另據《性命古
訓辨證》一書的自序交待，「是年夏開始試寫」，「至是年之尾大
體乃具」。從上面所述可見，傅斯年這時期的治史範圍主要是先秦
史、明清史、東北史和哲學史。完成的著作有《東北史綱》（第一
卷）和《性命古訓辨證》，原擬定出版的《民族與古代中國史》一
書只發表了系列研究論文，而計畫中編錄的〈《詩經》新論〉一書

[113] 參見〈國立中央研究院歷史語言研究所二十二年度報告〉「（五）出
版」，《傅斯年全集》第6卷，第437頁。

[114] 參見〈國立中央研究院歷史語言研究所二十三年度報告〉「（三）各組工
作」第一組部分。《傅斯年全集》第6卷，第455頁。

[115] 參見〈國立中央研究院歷史語言研究所二十四年度總報告〉「（三）各組
工作」第一組部分，《傅斯年全集》第6卷，第489頁。

並沒有刊行。實際上，在傅斯年的計畫中，還有幾個項目，如《明書三十志》、《赤符論》、《民國北府紀》等，已有綱目，[116]因行政工作過忙，而未能動手進行。

傅斯年的學術成就主要表現在兩個專題上，一是上古史研究，這方面的力作即是《民族與古代中國史》的系列研究論文，一是哲學史研究，這方面的代表作是《性命古訓辨證》。傅斯年本人非常重視這兩部作品，1947年，中央研究院辦理第一屆院士選舉，作為候選人之一，他提出的代表作即為〈夷夏東西說〉和《性命古訓辨證》。他在簡介中說：「一、《性命古訓辨證》，此書雖若小題而牽連甚多。其上卷統計先秦西漢一切有關性命之字義，其結論見第十章。本章中提出一主要之問題，即漢字在上古可能隨語法而異其音讀也。以語言學之立點，解決哲學史之問題，是為本卷之特點，在中國尚為初創。其中泛論儒墨諸家之言性與天道，引起不少哲學史上之新問題，富於刺激性。其地理及進化的觀點，自為不易之論。其下卷乃將宋學之位置重新估定。二、〈夷夏東西說〉，此文論遠古中國東西文化之不同，極富新義。國內批評者如徐炳昶、王獻唐諸氏，國外批評者如Owen Latimore，皆以為定論。」[117]有的學者在比較傅斯年這兩項成果後得出結論說，「以傅先生之才華，治史學有餘，治哲學則有所不

---

[116] 參見王汎森：〈思想史與生活史有交集嗎？——讀「傅斯年檔案」〉「未完成的幾件著述計畫」一節，收入《中國近代思想與學術的系譜》，第314-331頁。

[117] 傅樂成：〈傅孟真先生年譜〉，收入《傅斯年全集》第7卷，臺北：聯經出版事業公司，1980年9月版，第300頁。

宜。」[118]語中之意，則以為《性命古訓辨證》不如《民族與古代中國史》這一組文章的價值。下面我們對傅斯年的學術成就分別加以述評：

《民族與古代中國史》系列研究：民國初年，民族史在上古史研究中「最有成績」。[119]劉師培在〈偃姓即嬴姓說〉中證明熊盈偃嬴依為一姓的分化；王國維依據甲骨文和書面材料論證了殷以前的帝王宅京皆在東方，只有周獨崛起於西土；徐中舒的〈從古書中推測之殷周民族〉一文說明「殷周非同種民族」。[120]傅斯年在他們的基礎上，又將此研究向前推進了一大步。陳槃先生憶及傅斯年上古史的研究情況時說：「孟真先生曾擬作《古代中國與民族》一書，遺稿已成大半，尚未整理。這是一個偉大的著作，差不多牽涉到全部中國的古代歷史，所以孟真先生對於古代中國歷史的材料搜集也特別多。並且他也隨時有寶貴的意見。這一類的材料在《集刊》中發表過的，例如〈周頌說〉（附論魯南兩地與詩書之來源），〈大東小東說〉、〈姜原〉、〈周東封與殷遺民〉、〈夷夏東西說〉，都是屬於這一個範圍以內的著作。」[121]除了陳先生所提上述五篇之外，何茲全先生還提到了〈論所謂五等爵〉一篇，也應歸入該書。[122]如從內容上看，他在同期寫

[118] 楊向奎：〈史語所第一任所長傅斯年老師〉，收入《新學術之路》上冊，臺北：中研院史語所，1998年10月，第84頁。

[119] 顧頡剛：《當代中國史學》，瀋陽：遼寧教育出版社，1998年3月版，第120頁。

[120] 顧頡剛：《當代中國史學》，第120頁。

[121] 陳槃：〈傅孟真先生與近二十年來中國歷史學的發展〉，收入《傅故校長哀挽錄》，第69-72頁。

[122] 參見何茲全：《民族與古代中國史》前言，收入《民族與古代中國史》，

作的〈《新獲卜辭寫本後記》跋〉與此主題亦相關。這七篇作品構成一個系列,確是上古史研究的的上乘之作。著名考古學家張光直先生對傅斯年的上古史研究作了高度評價,他說:

> 傅先生是一個歷史天才,是無疑的;他的《夷夏東西說》一篇文章奠定他的天才地位是有餘的。這篇文章以前,中國古史毫無系統可言。傅先生說自東漢以來的中國史,常分南北,但在三代與三代以前,中國的政治舞台,在河、濟、淮流域,地理形勢只有東西之分,而文化亦分為東西兩個系統。自傅先生夷夏東西說出現之後,新的考古資料全都是東西相對的:仰韶——大汶口,河南龍山——山東龍山,二里頭(夏)——商,周——商、夷。傅先生的天才不是表現在華北古史被他的系統預料到了,而是表現在他的東西系統成為一個解釋整個中國大陸古史的一把總鑰匙。[123]

何茲全先生在談到傅斯年未完成的《民族與古代中國史》一書的系列文章時也表示:「就這五篇已發表的篇章來看,篇篇都有精意,篇篇都有創見——獨到的見解,篇篇都是有突破性、創

石家莊:河北教育出版社,2002年8月版。傅斯年在〈夷夏東西說〉文中使用《民族與古代中國史》書名,在《周東封與殷遺民》中又用《古代中國與民族》書名,何先生認為此為同一書的異名。

[123] 張光直:《傅斯年、董作賓先生百歲紀念專刊》序,收入韓復智主編:《傅斯年、董作賓先生百歲紀念專刊》,臺北:中國上古秦漢學會,1995年12月10日出版,第2頁。

始性的第一流的好文章。就這一本未完成的書之已完成的幾篇文章，已足以使傅斯年坐上二十世紀中國史學大師的寶座，享有大師榮譽。」[124]

中國哲學研究：傅斯年對哲學研究素有濃厚興趣。早在學生年代，就作有〈對於中國今日談哲學者之感念〉一文，表達了對哲學深切的理解，他以為「哲學不是離開科學而存在的哲學；是一切科學的總積。」「哲學也不是抽象的學問，他的性質也是具體的。」「哲學是一個大假定（Hypothesis），——一群假定的集合。」「歷來的哲學家有兩種趨向：一、以知識為前提，二、以人生為前提。」他比較傾向於後一類，「一切的科學都是應生物學上的自然要求而出；一切的知識都是滿足人生的手段（Means）；一切的行為，都是發揮人生的動機。」[125]其對哲學的理解明顯受到了胡適及其實驗主義思想的影響，而與具有玄學意味的另一系哲學家張君勱等人產生了分野。他投書蔡元培先生〈論哲學門隸屬文科之流弊〉，列舉了中西哲學之歧異：「中國人研治哲學者，恆以歷史為材料；西洋人則恆以自然科學為材料。考之哲學歷史，凡自然科學作一大進步時，即哲學發一異彩之日。」[126]鑒於哲學與自然科學的密切關係，他主張哲學應入理科。

---

[124] 何茲全：《民族與古代中國史》前言，收入《民族與古代中國史》，石家莊：河北教育出版社，2002年8月出版，第4頁。

[125] 傅斯年：〈對於中國今日談哲學者之感念〉，載1919年5月1日《新潮》第1卷第5號。《傅斯年全集》第1卷，第240-243頁。

[126] 傅斯年：〈傅君斯年致校長函：論哲學門隸屬文科之流弊〉，載1918年10月8日《北京大學日刊》。《傅斯年全集》第1卷，第37頁。

　　歸國後傅斯年系統研究先秦諸子思想，這方面他正式發表的論文只有〈戰國文籍中之篇式書體──一個短記〉，另留有經人整理的書稿──〈戰國子家敘論〉，這兩文實構成一個系統。其主題是發揮他個人的一個看法：「哲學乃語言之副產品」，「漢語實非哲學的語言」，「戰國諸子亦非哲學家」。這是他早在留德時期就已醞釀的觀點。[127]為此，他討論了諸子與職業的關係，儒與諸子的關係，墨家反對儒家，《老子》一書的宗旨，齊秦兩派政論，所謂「雜家」諸問題，其中提到胡適的〈諸子不出於王官論〉一文「其論甚公直，而或者不盡揣得其情」。「謂之不盡揣得其情者，蓋諸子之出實有一個物質的憑藉，以為此物質的憑藉即是王官者誤，若忽略此憑藉，亦不能貫徹也」。[128]由此不難看出，傅斯年寫作此著的本意已欲在胡適的《中國哲學史大綱》之外，另尋一條探討先秦思想史的路子，這一想法終在後來完成的《性命古訓辨證》中得以實現。

　　《性命古訓辨證》是從1936年夏「試寫」，至1938年2月定稿交付出版。它在中國首開「以語言學的觀點解釋一個思想史的問題」的實例，全書分三卷，上卷「大體以先秦遺文中『生』、『性』、『令』、『命』諸字之統計為限，並分析其含義」；中卷「疏論晚周儒家之性命說」；下卷論「漢代性之二元說」和理學之地位。顧頡剛先生在總結專題的哲學史研究成果時，將《性

---

[127] 參見傅斯年：〈與顧頡剛論古史書〉，載1918年1月《中山大學語言歷史研究所週刊》第2集第13、14期。《傅斯年全集》第1卷，第459頁。

[128] 傅斯年：〈戰國子家敘論〉「二、論戰國子家除墨子外皆出於職業」，《傅斯年全集》第2卷，第255頁。

命古訓辨證》與郭沫若的《先秦天道觀之進展》並列，稱兩書
「均用最新的方法，以甲骨文金文典籍為材料，而敘述先秦時代
的中國哲學。二書取徑全同，其成就可謂突過前人。」[129]陳榮捷
先生在回顧清末民國這一段儒家的沒落與價值重估過程時，又將
傅斯年的《性命古訓辨證》與胡適的《說儒》並列，稱他倆的研
究「顯示了一種客觀與建設性研究的趨勢」，這種趨勢中的一個
重要發現便是「孔子真正宗教地位之發現」。[130]「胡適的理論完
全來自大家所熟悉的文學之中，而傅的研究則是以新近發現的甲
骨文為依據。他的《性命古訓辨證》是公認當時那十年以來很傑
出的漢學作品。」[131]「傅的詮釋是相當可信的，因為他同時擁有
文學的證據與歷史的事實。他的結論大體上和胡適的結論是一致
的；也就是說，孔子既非只是一個舊宗教的傳襲者，亦非一個新
宗教的創立者。」[132]胡適曾在台大版《傅孟真先生集》出版後，
兩度去信希望楊聯陞寫一書評，[133]楊聯陞回覆胡適，陳榮捷的
《現代中國的宗教趨勢》（*Religion Trends in Modern China*）「對
傅孟真先生《性命古訓辨證》大旨已有介紹」。[134]胡適可能後來

[129] 顧頡剛：《當代中國史學》，瀋陽：遼寧教育出版社，1998年3月版，第79頁。
[130] 陳榮捷著，廖世德譯：《現代中國的宗教趨勢》（*Religion Trends in Modern China*），臺北：文殊出版社，1987年11月出版，第29頁。
[131] 陳榮捷著，廖世德譯：《現代中國的宗教趨勢》，第31頁。
[132] 陳榮捷著，廖世德譯：《現代中國的宗教趨勢》，第33頁。
[133] 〈胡適致楊聯陞〉（1953年5月28日、6月13日），收入胡適紀念館編：《論學談詩二十年——胡適、楊聯陞往來書箚》，臺北：1998年3月版，第154、155頁。
[134] 〈楊聯陞致胡適〉（1953年6月19日），收入《論學談詩二十年——胡

看到了陳的上述評論，但意見頗有保留，他給楊聯陞的信對此有所流露：「《性命古訓辨證》一書，我今夜讀一遍，頗不滿意，其下篇尤『潦草』，則自序中已言之。實則上中兩篇也只夠一短文。當時在戰禍中，他又太忙，故此書頗不能使人滿意。」[135]有了胡適這一段話，楊聯陞的評論自然就更不好作了。

中國古代文學史研究：傅斯年留下了兩部未刊的講義稿——〈中國古代文學史講義〉、〈《詩經》講義稿〉。

早在五四時期，傅斯年就提出了中國古代文學史分期四期說：「一、上古。自商末至戰國末葉。二、中古。自秦始皇統一至『初唐』之末。三、近古。自『盛唐』之始至明中葉。四、近代。自明宏嘉而後至今。」[136]此說實為針對劉師培的《中國中古文學史講義》而發，劉當時在北大講授「中古文學史」一課，其所謂「中古」大體是自「建安」至唐一段。[137]

傅斯年在中山大學任教時，開設了「尚書」、「古代文學史」、「陶淵明詩」、「心理學」等課程，[138]為此他動手寫作〈中國古代文學史講義〉。現留存的〈中國古代文學史講義〉稿本，原擬「起於殷周之際，下到西漢哀平王莽時。別有補講若干

適、楊聯陞往來書箚》，第161頁。

[135] 〈胡適致楊聯陞〉（1953年9月5日），收入《論學談詩二十年——胡適、楊聯陞往來書箚》，第194頁。

[136] 傅斯年：〈中國文學史分期之研究〉，原載1919年1月1日《新潮》第1卷第1號。《傅斯年全集》第1卷，第140頁。

[137] 劉師培：《中國中古文學史講義》，北京大學出版部，1919年出版。

[138] 鍾貢勳：〈孟真先生在中山大學時期的一點補充〉，載1976年3月臺北《傳記文學》第28卷第3期。

篇，略述八代時新的方面，和唐代古今文學之轉移關鍵。」[139]現在整理出來的稿子，比原來的「擬目」內容要少得多。據1930年8月30日傅斯年給胡適的信說：「這次回來大用功，完全不出門，下午睡覺，徹夜用功（讀書收材料），這樣下去，文學史明年有了，《赤符論》後年也有了。」[140]傅斯年本是有意要寫一部中國文學史。後來他在北大兼課時，在國文系亦上過「中國古代文學史」一課，其內容與他在中山大學的「擬目及其說明」大致相同。即「（1）自殷周至漢末文籍之考訂及分解；（2）同期中詩文各體之演進；（3）同期中文學與政治社會之相互影響；（4）同期中文學在後代之影響。」[141]對於傅斯年留下的這部未完成的〈中國古代文學史講義〉，胡適以為有其思想的價值：

> 這是一部了不得的著作。我們知道，凡是一個大的思想家，往往撒出許多種子；有些種子掉在石頭上被人踏碎了，有些種子撒在肥沃的泥土上，有了生命，就發生了力量。
>
> 他說：中國一切文學都是從民間來的，同時每一種文學都經過一種生、老、病、死的狀態。從民間起來的時候是『生』，然後像人的一生一樣，由壯年而老年而死亡。這個觀念，影響我個人很大。說到這個觀念，我們常常想起孟真貢獻最大的就是他的思想。中國文學無論是小說、

---

[139] 傅斯年：〈中國古代文學史講義·擬目及說明〉，《傅斯年全集》第2卷，第5頁。

[140] 耿方志主編：《胡適遺稿及秘藏書信》第37冊，合肥：黃山書社，1994年版，第399-400頁。

[141] 《民國二十三年度國立北京大學一覽》，第217、222頁。

詞、曲、詩，都是來自民間，慢慢的才跑到上層，影響到士大夫階級。但到了士大夫手上以後，就慢慢的老了、死了。這個觀念，曾經在他的《中國文學史》撒下許多有價值的種子。我相信這些種子將來還可以繼續在中國文學史方面發生影響。[142]

胡適自己在《白話文學史》中也強調的表現這種「一切新文學的來源都在民間」的見解，[143]看來這是他倆那時的共識。

對於《詩經》的研究，傅斯年用力較早。早在1919年4月，他在《新潮》上就發表了〈宋朱熹的《詩經集傳》和《詩序辯》〉一篇書評。這篇文章首次從文學的角度考察《詩經》的價值，提出孔子刪詩的標準「只靠著文學上的價值」，打破以往學者「都說他是孔子刪定的《經》，其中『有道在焉』，決不是玩物喪志的」習慣說法。《詩經》給人啟示的「教訓」是「真實」、「樸素無飾」、「體裁簡當」和「音節的自然調和」。他推重朱熹的《詩經集傳》和《詩序辯》兩書，主要是其能「拿詩的本文講詩的本文，不拿反背詩本文的詩序講詩的本文」；「很能闕疑，不把不相干的事實牽合去」；「敢說明某某是淫奔詩」。[144]這都是頗具見地的看法，它是新文學史觀在《詩經》這一領域的個案體現。

[142] 胡適：〈傅孟真先生的思想〉。
[143] 胡適：《白話文學史》自序，收入《胡適文集》第8冊，北京大學出版社，1998年11月出版，第147頁。
[144] 傅斯年：〈宋朱熹的《詩經集傳》和《詩序辯》〉，載1919年4月1日《新潮》第1卷第4號。《傅斯年全集》第1卷，第226頁。

　　「五四」以後，儒學意識形態基本解構。作為經學的《詩經》理所當然也受到了衝擊，代之而起的是從文學、史學、語言學、民俗學等角度研究《詩經》。傅斯年所作的〈《詩經》講義稿〉反映了時代的這一變化。他回顧了自西漢至明代的《詩》學發展史，在此基礎上提出研究《詩經》的新態度：「一、欣賞他的文學；二、拿他當一堆極有價值的歷史材料去整理；三、拿他當一部極有價值的古代言語學材料書。」並以此態度對《詩》的三個部分（周頌、大小雅、國風）從時代、文辭、文體等方面作了細緻的考察。傅斯年原打算寫成一部〈《詩經》新論〉，惜未成定本。即使如此，現在留下的這部〈《詩經》講義稿〉在「五四」以後的《詩經》學史上仍有其重要的文獻價值。

　　明清史研究：傅斯年在明清史研究方面曾有過相當的積累和準備，對推動明清史研究也發揮了相當重要的作用，這一點近來已有學者給予論證。[145]

　　1928年9月，傅斯年就任史語所所長伊始，即提出要收買天津李盛鐸所藏的明清檔案。此前盛傳李盛鐸欲將此批檔案賣給日本「滿鐵公司」，聞此消息，傅斯年於1928年9月11日立即給蔡元培先生去信，希望以中研院名義買下這批檔案。此事得到蔡先生的支持，經馬叔平先生與李接洽，最後中研院以兩萬元購得。1929年5月史語所由廣州遷至北平後，正式接收了這批檔案，並將其存於歷史博物館午門西翼樓為堆存整理之所。此批檔案的購得不僅

---

[145] 參見李泉：〈傅斯年與「大內檔案」之收藏整理〉，收入《傅斯年》，濟南：山東人民出版社，1991年8月出版。王戎笙：〈傅斯年與明清檔案〉，收入1996年11月《台大歷史學報》第20輯。

搶救了祖國的歷史遺產，而且為明清史研究提供了最重要的原始材料。1929年9月底，由傅斯年與徐中舒設計，招雇書記六人，工人十九人，共二十五人開始整理。1930年10月減至十一人，1932年年終又減至三人，最後只留一人負責保管。[146]在這一過程中，傅斯年是明清大內檔案整理的主要領導者。

傅斯年介入明清史研究的另一項工作是擘劃明清史料整理。1930年9月，史語所發刊《明清史料》，該刊之詳名應為「國立中央研究院歷史語言研究所編刊明清內閣大庫殘餘檔案」，此工作由傅斯年親自主持並推動，具體工作則由李光濤等負責。傅斯年在〈《明清史料》發刊例言〉中對工作方法、工作範圍做了詳細說明。「此刊之史料，大致在明清之交。蓋啟禎以前之檔案不存，雍乾以後之政事移至軍機處也。」該刊第六條規定「明清兩代公文程式，宜別編一書，影印成之，不以入此。」第七條說明「此刊題奏，書，啟，揭帖，示，諭等名，皆各件固有者，編印時所表題目，僅在各件原名上加銜名，人名，凡與內容方面，概不涉及，以免冗繁。」[147]每本百頁，每編十冊。自乙編以後，編輯方針稍有調整，「初以為凡既刊入清代官書之文件宜不編入。然如此律之既久，亦覺其終不能實行，蓋清代官書至多，為一疏一牘而遍檢之，所收穫者不值勞費。」「本所所藏此項檔案，以關於清『三法司』者為最多。此本非狹義之史料，故甲編與乙編

[146] 李光濤：〈明清檔案〉，收入《傅故所長紀念特刊》，臺北：中研院史語所，1951年3月出版，第21-25頁。

[147] 傅斯年：〈《明清史料》發刊例言〉，原載1930年9月《明清史料》甲編第一冊。《傅斯年全集》第3卷，第86-87頁。

中皆未採入。然此項檔實法律史社會史之絕好資料，應付編印，以資流傳。」[148]到1948年，《明清史料》已出甲乙丙丁四編，共四十冊。史語所遷台後，又續出了戊、己、庚、辛、壬、癸六編，凡六十冊。《明清史料》的出版對推動明清史的研究，無疑起了重要作用。傅斯年推動的另一項明清史料整理工作是《明實錄》的整理，據勞幹回憶：「歷史語言研究所曾經有系統的整理《明實錄》。《明實錄》的整理是孟真先生首先注意到的，搜集了七種本子來校，並且經過故李晉華先生的用心整理，大致已經有頭緒了，因為經費問題，尚未付印。」[149]此書1963年開始陸續出版，至1967年完竣。

在整理《明實錄》的過程中，傅斯年「對於明史曾經下過很深的功力」，他發表了〈明成祖生母記疑〉一文，推論成祖生於碩妃，養於高後，此文在學術界引起了熱烈討論，朱希祖發表了對傅文的不同意見，[150]吳晗、李晉華則基本附和傅斯年的觀點。[151]為此，傅斯年又以〈跋〈明成祖生母問題彙證〉並答朱希祖先生〉一文作了回應。[152]李光濤有關明史的若干論文亦經他指

[148] 傅斯年：〈《明清史料》〉復刊志，原載1936年6月《明清史料》乙編第一冊。《傅斯年全集》第3卷，第280-281頁。

[149] 勞幹：〈傅孟真先生與近二十年來中國歷史學的發展〉，收入《傅故校長哀輓錄》，臺北：台灣大學，1951年6月出版，第71頁。

[150] 朱希祖：〈明成祖生母記疑辯〉，載1933年10月15日《國立中山大學文史學研究所月刊》第2卷第1期。

[151] 吳晗：〈明成祖生母考〉，載1935年7月《清華學報》第10卷第3期。李晉華：〈明懿文太子生母考〉、〈明成祖生母問題彙證〉，兩文均載1936年《國立中央研究院歷史語言研究所集刊》第六本第一分。

[152] 傅斯年：〈跋〈明成祖生母問題彙證〉並答朱希祖先生〉，載1936年《國

導，「孟真先生對於明清史事，如明太祖的生平，明代後妃的教育與儲嗣文化標準問題，孝欽皇后與清季變法問題都曾經很詳細的對同人說過」。[153]在目前史語所保存的「傅斯年檔案」中，還存留一份傅斯年手書的《明書三十志》的目錄，這是他約鄭天挺合作的計畫。[154]鄭天挺先生晚年對此事亦有回憶，傅斯年主持北大文科研究所時，「對研究明史有興趣」，1939年夏，「在一次閒談中，傅說要纂輯《明編年》及《明通典》，我說想別撰《明會要》，而毛子水教授勸我編輯《續資治通鑒》續集。過了幾天，傅又來找我，勸一起搞個東西，不叫《明通典》和《明會要》，而叫《明書》。遂共同擬二十四目。後來傅斯年又將二十四目增為三十目。」[155]原計劃五年完成，後來因為戰爭緊迫，事務冗雜，傅斯年遷往重慶，計畫擱淺。傅檔中還留有一封吳晗給傅斯年的信，內中擬有他欲寫的《朱元璋傳》的目錄，請傅指正。[156]傅斯年在明史方面的素養，得到行內人士的推重。

東北史研究：1932年10月傅斯年出版了《東北史綱》第一卷。此套書原計劃由傅斯年（古代之東北）、方壯猷（隋至元末之東北）、徐中舒（明清之東北）、蕭一山（清代東北之官制及

立中央研究院歷史語言研究所集刊》第六本第一分。《傅斯年全集》第3卷，第249-256頁。

[153] 勞幹：〈傅孟真先生與近二十年來中國歷史學的發展〉，收入《傅故校長哀輓錄》，第71頁，臺北：台灣大學，1951年6月出版。

[154] 參見王汎森：〈思想史與生活史有交集嗎？——讀「傅斯年檔案」〉，收入《中國近代思想與學術的系譜》，第315-316頁。

[155] 鄭天挺：〈鄭天挺自傳〉，收入《鄭天挺學記》，北京：三聯書店，1991年4月版，第392頁。

[156] 王汎森、杜正勝編：《傅斯年文物資料選輯》，第226-227頁。

移民)、蔣廷黻(東北之外交)五人合作編寫,其中僅第一卷
(上古至隋以前)出書。[157]這部書的宗旨意在批駁日本學者矢野
仁一所散佈的「滿蒙在歷史上非中國領土」論,以歷史證明日本
佔領東北,成立偽「滿洲國」之非法。故開首即明確「依國法及
國際公法之意義」和「依民族自決之義」,「東北之為中國,其
意義正如日月經天者爾!」「歷史之談,本不相干。然而即就歷
史以論,渤海三面皆是中土文化發祥地。遼東一帶,永為中國之
郡縣;白山黑水,久為中國之藩封。永樂奠定東北,直括今俄領
東海濱阿穆爾省。滿洲本大明之臣僕,原在職貢之域,亦即屬國
之人。就此二三千年之歷史看,東北之為中國,與江蘇、福建之
為中國又無二致也。」[158]全書分五章:第一章「渤海岸及其聯屬
內地上文化之黎明」,第二章「燕秦漢與東北」,第三章「兩
漢魏晉之東北郡縣」,第四章「兩漢魏晉之東北屬部」,第五
章「漢晉間東北之大事」。[159]此書出版後,曾引起了邵循正、繆
鳳林等人的評論,邵文相對持平,謂:「傅書重要結論頗多,
有甚精審者,有材料未充者,間亦有可商者」。[160]而繆文語意刻

---

[157] 此套書除出版《東北史綱》第一卷外,第二、三、四卷未出版,第五卷
《東北之外交》執筆者為蔣廷黻,其書上篇〈最近三百年東北外患史──
從順治到咸豐〉發表在1932年12月《清華學報》第8卷第1期。

[158] 傅斯年:《東北史綱》,北平:中研院史語所,1932年10月初版,第1-2頁。

[159] 據繆鳳林文,第三章《漢至隋東北諸郡縣沿革表》為余遜作,此說仍有待
考證。參見繆鳳林:〈評傅斯年君《東北史綱》卷首〉,載1933年6月12
日《大公報》「文學副刊」。

[160] 邵循正:〈評傅斯年《東北史綱》第一卷〈古代之東北〉〉,載1933年5
月1日《大公報》「文學副刊」。

薄，[161]稱「傅君所著，雖僅寥寥數十頁，其缺漏紕繆，殆突破任
何出版史籍之紀錄也。」[162]繆文出此惡語，實為當時南（高）北
（大）兩大學派衝突、對立的又一例證。在繆文發表前夕，胡適
曾有〈評柳詒徵編著《中國文化史》〉一文問世，其中有「柳先
生是一位不曾學過近代史學訓練的人，所以他對於史料的估價，
材料的整理，都不很謹嚴」數語，[163]這是胡適對《學衡》派數年
來各種批評和圍攻的唯一一次回擊。繆鳳林作為柳詒徵的學生，
起身批評傅文，自然有為其師報復之意；身兼《大公報・文學副
刊》主編的吳宓連篇累牘地刊登繆文，明顯寓有聲援之意。從歷
史的關係看，柳詒徵為鼓吹國粹主義的晚清名宿繆荃孫的學生，
胡、傅與柳、繆之間的衝突實在是二十年代以來以護舊著稱的南
京高等師範學校（1922年併入東南大學）與以求新揚名的北京大
學兩大營壘之間鬥爭的繼續。然細讀胡文，雖不乏義氣用詞，仍
不失為一篇有足夠分量的學術評論。而繆文惡語相譏，完全失去
了學術的平和態度。尤其是在有關東北史這樣一個有關國家、民
族尊嚴，當時尚屬敏感問題上，如此發難，實在是令親者痛，仇
者快的不當之舉。對繆文傅斯年初擬作回覆，後終放棄未作答，
實以沉默作為更有力的回應。刊登繆文的《大公報・文學副刊》

---

[161] 繆鳳林：〈評傅斯年君《東北史綱》卷首〉，載1933年6月12日、6月19
日、6月26日、7月3日、7月31日、8月28日、9月4日、9月25日《大公報》
「文學副刊」。

[162] 繆鳳林：〈評傅斯年君《東北史綱》卷首〉，載1933年6月12日《大公
報》「文學副刊」。

[163] 胡適：〈評柳詒徵編著《中國文化史》〉，原載1933年6月《清華學報》
第8卷第2期。收入《胡適文集》第10冊，北京大學出版社，1998年11月出
版，第770頁。

不久迅即停刊，其中原因應與它的辦刊傾向招致各方面不滿有
關。[164]顧頡剛作《當代中國史學》時，提請人們注意「日人為了
侵略我國東北，對於我國東北邊疆史地的研究，近年來真是不遺
餘力」，[165]出版《東北史綱》自應視為一項緊迫的政治需要。而
《東北史綱》作為東北地方史研究的開山之作，[166]對喚起中國學
者趕快進入這一領域不啻有警鐘的作用。至於《東北史綱》一書
的著作權，後來又有種種猜疑和誤傳，[167]其實民國二十一年度史
語所工作報告早已載明為傅斯年所作。

　　《史記》研究：1919年1月傅斯年發表了書評〈清梁玉繩著
《史記志疑》〉，對清代梁玉繩所著《史記志疑》，他的評斷
是「中國人之通病，在乎信所不敢信，此書獨能疑所不當疑」。
受今文學派「懷疑」風氣的影響，他還是以為「疑古」勝於「信
古」，「若《史記志疑》者原非創造之才，獨此過疑之精神誠
哉不可沒也。姚際恒《古今偽書考》一書，不偽者亦偽之；然
較之偽者亦不偽之，度量相越，不可以道裡計其短長也。」因

[164] 1934年1月1日《大公報》「文學副刊」宣佈該刊停刊。此前，1933年7月《學衡》出完第79期後亦停刊。兩刊均為吳宓主編，停刊原因，吳學昭認為：《學衡》主要是「經費問題」，《大公報·文學副刊》「大概是為了適應新文化運動蓬勃發展的形勢」，參見吳學昭：《吳宓與陳寅恪》，北京：清華大學出版社，1992年12月版，第79頁。

[165] 顧頡剛：《當代中國史學》，瀋陽：遼寧教育出版社，1998年3月版，第90頁。

[166] 參見李治亭主編：《東北通史》前言，鄭州：中州古籍出版社，2003年1月出版，第1頁。

[167] 參見王汎森：〈思想史與生活史有交集嗎？──讀「傅斯年檔案」〉，《中國近代思想與學術的系譜》，第327-329頁。

為「學術之用,始於疑而終於信,不疑無以見信。」所以他還是肯定「是書之長,在於敢於疑古,詳於辯證。其短則浮詞充盈,有甚無謂者。又見其細不見其大,能逐條疑之,不能括全體為言。」[168]對此書的優長與缺陷甚為明晰。文末他讚揚崔適的〈《史記》探源〉「視此進一等矣」,這篇書評明顯留有今文學派影響的痕跡,這大概是傅斯年聽完崔適一課後的心得。[169]

傅斯年後來所作〈《史記》研究〉對《史記》本身有進一步的探討,他指出《史記》不是一部容易研究的書,其理由有三:一、司馬遷作《史記》百三十篇,「本未必已寫定本」,後經無數次轉改,「現在竟成古籍中最紊亂者」;二、司馬遷所據引各書,「無不成有問題者」,「今只有互校互訂,以長時間,略尋出若干端緒」。三、整理《史記》「需用若干專門知識」,「不僅辨章史事,考訂章句而已」。[170]他以為司馬遷「非古史學家乃今史學家」。[171]《史記》之卓越處在於「整齊殊國紀年」,「作為八書」,「疑疑亦信」。[172]傅斯年的這些觀點,為人們重新研究《史記》指明了新的路徑。1948年史語所購到宋刊本《史

---

[168] 傅斯年:〈清梁玉繩著《史記志疑》〉,原載1919年1月1日《新潮》第1卷第1號。《傅斯年全集》第1卷,第122頁。

[169] 崔適在北大講課,發講義稿〈《史記》探源〉。參見顧潮:《顧頡剛年譜》,北京:中國社會科學出版社,1993年3月出版,第41-42頁。

[170] 傅斯年:〈史記研究‧史記研究參考品類〉,《傅斯年全集》第2卷,第356頁。

[171] 傅斯年:〈史記研究‧論司馬子長非古史學家乃今史學家〉,《傅斯年全集》第2卷,第370頁。

[172] 傅斯年:〈史記研究‧論太史公書之卓越〉,《傅斯年全集》第2卷,第368頁。

記》，他據此本作〈北宋刊南宋補刊十行本《史記集解》跋〉；
又因為中央圖書館所藏的《後漢書》與此相關，複作〈《後漢
書》殘本跋〉一文，對兩種版本作了細緻的考訂。

　　傅斯年讀書有「博而寡約」的傾向，其治學涉及面亦廣。他涉
獵的學科，文、史、哲均有；跨越的時段，以上古、秦漢、明清三
段為強，尤其是在上古史研究領域，他在新材料的佔有和學術素養
方面的積累，均佔有優勢，其成果處於該領域的領先地位。惜因繁
忙的行政工作和時局的動盪不定，傅斯年的學術研究工作時間受到
極大的限制，擬定的學術計畫常常只能暫時擱置。他的很多設想，
未能形成最終成果，現有的著作，刊行的僅為其中一部分，許多尚
是手稿、殘稿、講稿，給後人留下了很多的遺憾。加上天不假年，
壯年中折，他個人的學術研究成了一項未竟的遺業，提及這一點，
李濟沉痛地說，傅斯年的個人風格頗類似於法國啟蒙運動的大師伏
爾泰，兩人「在反對愚昧一點」的確相像。最可惜的是伏爾泰活到
八十四歲，把他要寫的都寫完了，但孟真只活到五十四歲就死了。
他滿肚子的學問，滿肚子的見解，正在成熟的時候，正在開始寫
的時候，忽然死去，真是最可傷心的事，不可補償的損失。」[173]因
學人生命的夭折而出現的頓挫，這樣的現象曾經出現在王國維、
徐志摩、劉半農、丁文江等人身上。當傅斯年猝逝時，台港學界
震驚不已，陷入巨大的悲痛之中。身在內地的陳寅恪亦賦詩悼傅，
以傅青主、「海外王」喻之，[174]足見傅斯年在這位史壇大師心中的

[173] 羅家倫：〈元氣淋漓的傅孟真〉。
[174] 陳寅恪：〈《霜紅龕集》望海詩雲「一燈續日月不寐照煩惱不生不死間如
　　何為懷抱」感題其後〉，收入《陳寅恪集·詩集》，北京：三聯書店，

分量之重！[175]

四、傅斯年的教育理念

　　傅斯年一生未離學校，除早期在北大讀書和歐洲留學的十三年外，歸國後他與教育的關係有五段：第一段是在中山大學任教（1926年12月～1928年10月），擔任文科主任和中文、歷史兩系主任。第二段是在北京大學國文、歷史兩系任兼職教授（1929～1936年初），第三段是在抗戰期間擔任西南聯大歷史系教授、北大文科研究所所長（1938～1945），並一度兼任西南聯大校務委員。第四段是代理北大校長（1945年8月～1946年8月），第五段是任台大校長（1949～1950年）。從傅斯年在中山、北大、西南聯大、台大四校的任職中，可以看出他在教育崗位上有一個顯著的特點：在特殊時期接受重要職責，其中在中大文科主任、北大代理校長、台大校長任上，他充分展現了個人的行政才幹，獲得了各方面的高度評價。即使在北大兼任教授，雖未出任重要行政職務，但他實際參與校務，且在用人、籌款方面協助校長蔣夢麟，而在抗日禦敵方面則為北平知識界的中堅人物之一。[176]可以這

　　2001年5月出版，第74頁。

[175] 有關傅斯年與陳寅恪的關係，參見王汎森：〈傅斯年與陳寅恪〉，收入《中國近代思想與學術的系譜》，石家莊：河北教育出版社，2001年11月出版，第385-394頁。

[176] 蔣夢麟：〈憶孟真〉，原載1950年12月30日臺北《「中央」日報》。

麼說，民國期間大學的幾次重大變遷，都有傅斯年活動的身影。[177]

南京國民政府時期的教育部長和著名大學校長可分三種類型：一是知識領袖型，如蔡元培、胡適，因其在知識界的特殊聲望，獲得高位，但於管理校務往往取「無為而治」，以德服人，傅斯年曾戲稱蔡、胡兩人的辦事能力「真不敢恭維」。[178]二是學者官僚型，如朱家驊、蔣夢麟、羅家倫，他們有留學的經歷，更有與國民黨的密切關係，國民黨的黨性色彩比較濃厚。三是職業幹練型，以張伯苓、梅貽琦、傅斯年最為典型，他們的黨派色彩相對淡薄，抱定教育救國的宗旨，以教育為職守，屬於比較純粹的教育家。由於大學在其運作過程中與政府的關係密不可分，傅斯年與國民政府自然保持了密切的合作關係，其他幾位大學校長也大體如此。

傅斯年的談論教育主要在兩個時段：一是在二十世紀三十年代，一是在生命的最後五年，即1946年至1950年這一段。前一段面臨教育重建的任務，因而他的教育思想充滿改革的色彩；後一段隨著國民黨政權的垮台，近代教育也漸告落幕，故他著重於對中國近代新教育的反思。在清末民國時期，許多教育家抱著救國強國的目的，把教育看成是一項興國的事業去孜孜追求，傅斯年亦是如此。他們的教育活動雖有種種的限制（特別是政治的限制），

---

[177] 有關傅斯年在中山大學、北京大學、台灣大學的情況，參看李泉：〈傅斯年在中山大學〉，收入《傅斯年》，濟南：山東人民出版社，1991年8月出版。歐陽哲生：〈傅斯年與北京大學〉，載1996年9月20日《北京大學學報》（哲學社會科學版）第5期。李東華：〈勣績盡瘁，死而後已——傅斯年先生在台大〉，載1996年11月《台大歷史學報》第20期。

[178] 蔣夢麟：〈憶孟真〉，原載1950年12月30日臺北《中央日報》。

但在理念上的確還有更大更高的關懷，這就是教育是關係到民族命運的興衰，教育是國家的百年大計。正如在學術上傅斯年有其民族主義的深切關懷一樣，在教育方面他也是竭盡心力為國服務。

1930年代是南京國民政府著手教育改革的一個歷史時期。由於長期的戰亂和政局動盪，中國教育受到了極大的摧殘，北方大學遭遇尤慘。面對這樣一種情勢，知識界圍繞振興教育在《獨立評論》等刊展開了熱烈討論，傅斯年是其中活躍的一員，他發表的有關文章有：〈教育崩潰之原因〉、〈教育改革中幾個具體事件〉、〈教育崩潰的一個責任問題——答邱椿先生〉、〈改革高等教育中幾個問題〉、〈再談幾件教育問題〉、〈大學研究院設置之討論〉、〈青年失業問題〉、〈論學校讀經〉、〈中學軍訓感言〉等，就改革教育（特別是高等教育）提出了自己的意見。

對於教育的現狀，傅斯年以為已「呈露崩潰的形勢」，產生教育崩潰的原因：一是「學校教育仍不脫士大夫教育的意味」；二是「政治之不安定」；三是「一切的封建勢力，部落思想，工具主義，都乘機充分發揮」；四是哥倫比亞大學教師學院的中國留學生給中國教育界帶來的美國模式不適應國情；五是「青年人之要求，因社會之矛盾而愈不得滿足」。[179]這其中的一、二、三條不難理解，唯對推廣美國教育模式的微詞引起了來自哥大教師學院的邱椿、楊亮功的商榷，[180]這反映了當時教育界內部留歐

---

[179] 傅斯年：〈教育崩潰之原因〉，原載1932年7月17日《獨立評論》第9號。收入《傅斯年全集》第5卷，頁5-10。後在〈教育崩潰的一個責任問題——答邱椿先生〉，原載1932年7月31日《獨立評論》第11號，傅斯年表示第四、五條不構成原因。參見《傅斯年全集》第5卷，第16頁。

[180] 邱椿：〈通信：教育崩潰的一個責任問題〉，原載1932年7月31日《獨立

派與留美派兩大系統之間的矛盾，傅斯年顯然是站在留歐派這一邊。[181]傅斯年解釋說，哥大「教師學院的中國畢業生確曾在中國民七八年以來的教育學界占一個絕大的勢力，而其成績我們似乎不敢恭維」。「這般教育學家高談測驗，教學，行政，心理等等，似乎花哨的很，而於教科究竟應該怎麼樣，學生的知識如何取得，如何應用，很少聽到他們的議論，尤其少見他們的設施。」[182]也就是說，哥大教師學院畢業的中國留學生推廣美國教育模式未能對改變中國的教育現狀產生預期的成效，這是他的不滿意之處。

傅斯年提出教育改革的途徑為：（一）「全國的教育，自國民教育至學術教育，要以職業之訓練為中心」；（二）「全國的教育要有一個系統的佈置」，不能放任自流；（三）「教育如

評論》第11號。楊亮功：〈讀了孟真先生〈再談幾件教育問題〉以後〉，原載1932年10月16日《獨立評論》第22號。

[181] 關於傅斯年教育思想的來源以及當時留歐派與留美派之間的矛盾情形，傅本人曾在其言談中多次涉及。參見〈大學研究院設置之討論〉，原載1934年6月24日《獨立評論》第106號，《傅斯年全集》第5卷，第36頁，對大學研究院情形，他說：「美國情形我所知甚少」，「英德情形是我所見，法國情形是我所聞」。關於留歐與留美兩大派的鬥爭，參見〈台灣大學選課制度之商榷〉，原載1949年8月15日《台灣大學校刊》第37期，《傅斯年全集》第5卷，第84頁。關於傅斯年的教育思想來源，參見〈台灣大學與學術研究〉，載1949年10月24日《台大校刊》第41期附送，《傅斯年全集》第5卷，第95頁。〈中國學校制度之批評〉，載1950年12月15日、12月31日《大陸雜誌》第1卷第11、12期，《傅斯年全集》第5卷，第194頁。傅明白交待，「對於大學的觀念，百分之八九十是德國型，所以民國十五年回來以後，一切思路以歐洲開明主義時代以後的理想為理想」。

[182] 傅斯年：〈通信：教育崩潰的一個責任問題〉，原載1932年7月31日《獨立評論》第11號。《傅斯年全集》第5卷，第17頁。

無相當的獨立，是辦不到的」。保障教育獨立的辦法包括：應當確保教育經費獨立，嚴格審定校長教員教授的資格，設立視學監督、考核地方教育業績；（四）中國教育的腐敗是上自教育部起，故改革也要自上而下；（五）教育當局要為有才學的窮學生統籌安排。[183]這些意見最引人注目的是對教育部的批評和要求教育獨立。以此為思路，傅斯年設想教育改革必須自上而下。

> 平情而論，教育至有今日之敗壞，還不都是歷年來中央及地方上教育當局（校長在內）的責任，還是怨不到學生身上的。果然教育部能建設的像個樣子，而對於大學校長教育廳長之人選慎重將事，中國教育未必即無辦法。所謂教育部建設得像個樣子者，須得有認識，有方針，有技能。[184]

具體到高等教育，傅斯年以為高等教育為學術教育，傳統的高等教育「只有國子監及各地書院」，「國子監只是一個官僚養成所」，書院尚有「自由講學」或「作些專門學問」的可能。清末教育改革將書院關門，在傅斯年看來，這是「當時的失策」，「書院可存，而書院中之科目不可存」。民初至三十年代，中國大學雖有發展，「仍然不是一個歐洲的大學」，「今之大學制度仍不能發展學術，而足以誤青年，病國家。」[185]基於此，傅斯

---

[183] 傅斯年：〈教育改革中幾個具體事件〉，原載1932年7月24日《獨立評論》第10號。《傅斯年全集》第5卷，第11-15頁。

[184] 傅斯年：〈再談幾件教育問題〉，原載1932年10月2日《獨立評論》第12號。《傅斯年全集》第5卷，第35頁。

[185] 傅斯年：〈改革高等教育中幾個問題〉，原載1932年8月28日《獨立評

年提出高等教育的改革：第一、「大學教育不能置之一般之教育
系統中，而應有其獨立之意義」。第二、「大學之構造，要以講
座為小細胞，研究室（或研究所）為大細胞，而不應請上些教
員，一無附著，如散沙一般」。第三、「大學以教授之勝任與否
為興亡所繫，故大學教授之資格及保障皆須明白規定，嚴切執
行」。[186]把大學獨立，大學的學術化和大學教授資格考核的制度
化作為現有大學改革的重點。當教育部公佈了《大學研究院暫行
組織章程》後，各校也紛紛上馬設立研究院，對是否應辦理研究
院，傅斯年表達了審慎的保留，其理由是「一、大學之有研究組
織是歐洲大陸上創始的風氣，而英國是很後些時，受大陸的影響
而變成的。」「二、大學中之研究院，與獨設之研究院，如中央
研究院等，及其同樣的研究機構如地質調查所等，就處境論，各
有其不便處。大學之研究院有不及專作研究院機構之便當處甚
多。」三、「目下大學多不甚需要一個大學本科以上的階級，若
必設研究院，當以訓練本科高級學生為主，至少此一事與招收之
研究生應同等的重視」。[187]看得出來，傅斯年並不主張盲目擴張
大學，他的高等教育改革思路是將歐洲的經驗與中國的高等教育
現狀相結合。

在三十年代，與教育相關的一個問題是尊孔讀經，它在知識
界引起了廣泛的討論。1934年7月國民黨第四屆中央執行委員會第

論》第14號。《傅斯年全集》第5卷，第24頁。
[186] 傅斯年：〈改革高等教育中幾個問題〉，原載1932年8月28日《獨立評
論》第14號。《傅斯年全集》第5卷，第25-27頁。
[187] 傅斯年：〈大學研究院設置之討論〉，原載1934年6月24日《獨立評論》
第106號。《傅斯年全集》第5卷，第36-40頁。

128次會議通過《先師孔子誕辰紀念辦法》，規定8月27日為「孔子誕辰紀念日」；這一天各地政要紛紛出面搞所謂孔誕紀念的「大典」活動，尊孔祀孔，提倡讀經；章太炎也以國學大師的身份，從1935在4月起在蘇州章氏星期講演會上大講「論讀經有利而無弊」。[188]針對這樣一股復古思潮，新文化運動的主要代表如蔡元培、胡適、魯迅等挺身而出，撰文反對讀經。蔡元培認為「經書裡面，有許多不合於現代事實的話，在古人們處他們的時代，不能怪他，若用以教現代的兒童，就不相宜了。」「所以我認為小學生讀經，是有害的，中學生讀整部的經，也是有害的」。[189]胡適指出自古以來，「孔子是年年祭的，《論語》、《孝經》、《大學》是村學兒童人人讀的，還有士大夫講理學的風氣哩！究竟那每年『洙水橋前，大成殿上，多士濟濟，肅穆趨蹌』。曾何補於當時的慘酷的社會，貪污的政治？」[190]魯迅提到現代中國的三個軍閥袁世凱、孫傳芳、張宗昌「都把孔夫子當作磚頭用，但是時代不同了，所以都明明白白的失敗了」。[191]從當時的歷史背景看，這實際上為新文化運動的主流派同反對派以及國民黨官方意識形態之間在如何處理儒學問題上的一場鬥爭，它是「五四」新文化運動的繼續。傅斯年站在新文化運動主將們這一邊，也發

---

[188] 章太炎：〈論讀經有利而無弊〉，載1935年6月15、16日天津《大公報》。

[189] 蔡元培：〈關於讀經問題〉，原載1935年5月《教育雜誌》第25卷第5號。收入《蔡元培全集》第6卷，北京：中華書局，1988年8月版，第527頁。

[190] 胡適：〈寫在孔子誕辰紀念之後〉，原載1934年9月9日《獨立評論》第117號。收入《胡適文集》第5冊，第409頁。

[191] 魯迅：〈且介亭雜文二集·在現代中國的孔夫子〉。收入《魯迅全集》第6卷，北京：人民文學出版社，1982年版，第317頁。

表了〈論學校讀經〉一文，詳列了反對讀經的理由：從歷史上看，一、「中國歷史上的偉大朝代都不是靠經術得天下造國家的，而一經提倡經術之後，國力每每衰落的」。二、「當年的經學，大部是用作門面裝點的，詞章家獵其典語，策論家壯其排場，作舉業的人用作進身的敲門磚」。三、「漢朝的經學是漢朝哲學，『以春秋折獄』，『以三百篇當諫書』，哪裡是春秋三百篇之所有的事？漢朝的儒生自有其哲學」。從現實生活看，第一、「現在中小學的兒童，非求身體健全發育不可，所以星期及假日是不能減的，每日功課是不能過多的」。讀經徒增加功課時間，於學生身心無益。第二、「經過明末以來樸學之進步，我們今日應該充分感覺六經之難讀。漢儒之師說既不可恃，宋儒的臆想又不可憑，在今日只有妄人才敢說《詩》《書》全能瞭解，有聲音文字訓詁訓練的人是深知『多見闕疑』『不知為不知』之重要性的。」所以一方面「中小學課程中『排不下』這門功課」，一方面也「教不成」他。[192]傅斯年的這篇文章在當時激起了迴響，胡適作〈我們今日還不配讀經〉對他的意見大表贊同，也認為「在今日妄談讀經，或提倡中小學讀經，都是無知之談，不值得通人的一笑」。[193]

　　考察三十年代傅斯年的教育思想，他的重點是在大學教育體制，尤其是圍繞大學獨立、大學的學術化而展開。他反對中國

---

[192] 傅斯年：〈論學校讀經〉，原載1935年4月7日《大公報》。《傅斯年全集》第5卷，頁46-47。

[193] 胡適：〈我們今日還不配讀經〉，原載1935年4月14日《獨立評論》第146號。收入《胡適文集》第5冊，第443頁。

盲目照搬美國的教育模式，而又比較傾向於歐洲普魯士、法國的教育制度；他不滿於中國教育行政當局的無能，希望對之進行切實的整頓和改革，「把教育部建設成一個有技術能力的官廳」；他宣導教育獨立，要求確保教育經費的獨立和對學校校長、教育廳長任命的嚴格審核；他注重對中國教育現狀的體察，強調按照中國教育的實情制定政策。這些都是他在設想各項政策時所持行的基本原則。大體來說，他的基本思路，如要求教育獨立，反對讀經，與蔡元培、胡適基本一致；至於具體的改革政策，如大學研究院的設置不宜單立一層次，中小學課程的設置要少而精等意見，則屬於個性化的條陳建議，其中有些意見也並不成熟。

當時知識界還發生過一場爭論，這就是中西醫之爭，它雖與教育無關，但也是中西文化論戰的一個重要內容，傅斯年是這場論爭中的一個主角。在西醫向中國輸入的過程中，曾經圍繞中西醫的優劣，近代中國學界、醫界有過一番激烈的辯駁。許多新派人物普遍抱有一種排斥傳統中醫的傾向，有過學醫經歷的孫中山、魯迅貶斥中醫即是典型的例子，傅斯年也是如此。他發表了〈所謂「國醫」〉、〈再論所謂「國醫」〉、〈答劉學濬「我對於西醫及所謂國醫的見解」〉等文章，對中醫表現了極大的偏見，自稱「我是寧死不請教中醫的，因為我覺得若不如此便對不住我所受的教育。」[194]這樣的話很難說出於理智，或具有科學的成分。它是新文化運動的反傳統、反國粹的這一傾向在醫學領域的極端表現，它反映了新文化運動偏激和不成熟的一面。以今天

---

[194] 傅斯年：〈所謂「國醫」〉，原載1934年8月26日《獨立評論》第115號。《傅斯年全集》第5卷，第434頁。

人們認識中醫的水準來衡估，它可以說不僅是一種偏見，且極其錯誤。但它出自篤信科學的傅斯年之口，在當時具有很大的影響力。據左舜生回憶：

> 有一問題，原與政治無直接關係，與抗戰更是風馬牛不相及，可是每次參政會開會，幾乎總要大鬧一場，照例又鬧不出結果，便是中西醫之爭。袒中醫者，以孔庚為首領；袒西醫者，以傅斯年為巨擘；彼此各執一辭，咻咻不已，一定要吵得面紅耳赤，才以不了了之。我細想，像這樣一個問題，何以會提到一個研討政治軍事的機構裡面來辯論呢？我假定的答案是這樣的：所謂中西醫之爭，確乎不是一個簡單的問題，而是由於中西思想根柢上有了絕對不同的差別，乃形成兩種絕對不同的醫病方法，辯論者表面上是在爭西醫，實際上卻是各自在擁護自己思想上的立腳點，所以才爭得那樣起勁。……現在我回想他們兩位在當時參政會的聲音笑貌，覺得他們都是很認真而極可愛的人物。[195]

羅家倫在回憶中也提起這一件事，[196]這是新文化派在反傳統路線上走向極端的一個例證。雖因時間的推移，它的影響力早已完全消失，但其中蘊藏的教訓，仍值得人們吸取和總結。

---

[195] 左舜生：〈近世十年見聞雜記〉，臺北：中國青年黨中央黨部印行，1984年7月，第82頁。

[196] 羅家倫：〈元氣淋漓的傅孟真〉。

抗戰勝利後，百廢待興，然國共兩黨的內爭打破了人們對和平的期待，將中國重新引向了戰爭的漩渦。本來新教育為抗戰的愛國主義精神提供了重要資源，在抗戰兩周年之際，傅斯年即充分肯定這一點：

> 這裡所謂新教育，專自清季以來之新制而言，尤其著重在五四以來之開明運動，近幾年中之民族主義教育。在今天，回想我們在小學時代——清光緒末年——真正是兩個世界了。現在的青年，以考上空軍學校，炮兵學校為榮，尤其是在好家庭中之青年，有此志願，至於一般老百姓，愛國心之發動，更可以看出時代的轉變。誠然受者尚有不少的人去做漢奸，可見在教育上還要努力。但是以百分比例算去，可見目下的局面出在二十年前，或十年前，漢奸要多好些倍。[197]

抗戰時愛國青年顛沛流離，內戰中整個教育又毀於戰火，這場慘局不能不使教育界的人士痛惜。傅斯年晚年一方面承受心血管病的煎熬，一方面擔負沉重的行政工作。在即將卸任北大代理校長時，他深感有必要對學校大加整頓，在〈漫談辦學〉一文中表達了這種焦慮。「現在全國學校在病態中，是無可諱言的。造成這個苦境的因素，當然原因不一，有的屬於政治，有的屬於經濟，有的屬於時代的動盪，但也有不少由於教育行政和學校當局

---

[197] 傅斯年：〈抗戰兩年之回顧〉，載1939年7月《今日評論》第2卷第3期。《傅斯年全集》第4卷，第218頁。

的措施。誠然，在政治不上軌道，經濟瀕於崩潰的情況中，辦學是很不容易的，但這並不能作為學校當局不努力，不盡責任的理由。」為此，他特別呼籲：「政府應盡政府的責任」，「學校當局應盡學校當局的責任」，「學校必有合理的紀律」，「學校必有良好的學風」。[198]但隨著內戰的進行，傅斯年的些想法不僅沒有實現，教育的境況反而越來越壞。

　　1949年1月傅斯年走馬上任台大校長。他一方面應對繁忙的學校行政工作，力圖在當時混亂、動盪的時局中為台大師生謀求一片清淨的學術教育園地；一方面反思近代中國新教育走過的路程，總結在中國建立現代教育制度的歷史經驗。國民黨在大陸的失敗，有人將之歸罪於教育。對此，傅斯年不同意這種看法：「教育確不曾弄好，教育界的人也未曾盡其最大責任，這話是對的，若說一切禍害都出於教育界，是不能服人之心的。教育影響政治，遠不如政治影響教育，歷史告訴我們如此。」[199]「事實和理想」的矛盾刺激他的思想，他原打算系統總結自己的高等教育思想，寫作一冊《大學理想》的書，終因事忙和猝然去世而只留下幾篇文章。傅斯年在台大期間發表的研究教育的這組文章，如〈幾個教育的理想〉、〈一個問題——中國的學校制度〉、〈中國學校制度之批評〉，加上一批討論台大體制改革的文章，是他生命最後兩年的文字，故也可以視為他積一生教育經驗的心血之作。

---

[198] 傅斯年：〈漫談辦學〉，原載1946年8月4日北平《經世日報》。《傅斯年全集》第5卷，第64-65頁。

[199] 傅斯年：〈中國學校制度之批評〉，原載1950年12月15日《大陸雜誌》第1卷第11期。《傅斯年全集》第5卷，第190頁。

　　傅斯年晚年辦教育的理想境界是「平淡無奇的教育」、「性品教育的初步」、「公平」。他以老子「善用兵者，無赫赫之名；善治國者，無赫赫之名」來說明辦學的常規之道。這顯然是基於他在大陸的經驗教訓，由於他個人的顯赫聲名，無論做什麼事都是轟轟烈烈，因此也招來不少的嫉妒、攻訐，弄得他疲於奔命，精疲力竭。傅斯年晚年傾向於低調做實事，故開首即以「平淡無奇的教育」來表明自己的辦學之道。他對性品教育的理解反映了他對中西德育思想的貫通：

　　　　教育的一個大目的，當要是陶冶學生的性品。所謂性品，……為一個人對人對物的態度。上等的性品，是對人對物，能立其誠，這本是中國儒家的道理，但西洋的正統哲學，從蘇格拉底到現在的非唯物史觀非極權論者，總多少站在這個立場上。……

　　　　我在台灣大學對於學生的性品教育，只說一句「講道」的話，就是「不扯謊」因為這是性品教育的發軔。這一項做不到，以後都做不到。這一項我確實說了又說，我以為扯謊是最不可恕的。科學家扯謊，不會有真的發現，政治家扯謊，必然有極大的害處，教育家扯謊，最無法教育人。……凡是作學問的人，必然從不扯謊做起。我的「諄諄然命之」，只有這一項。

　　　　我所以重視這一道理，因為做學問是為求真理的，一旦扯謊，還向那裡，用什麼方法求真理去？沒有智慧的誠實（Intellectual honesty），學問無從進步，至於做人，是

> 必須有互信的，一旦互相詐欺起來，還有什麼辦法？將來
> 學成了社會上的人物，無論是哪種職業，包括政治在內，
> 必須從立信做起。[200]

由於長期的社會動盪使得學校也變得風雨飄搖，故傅斯年強調學校需要法治的重要性，這是因為「學校沒有法治，不能上軌道」。而法治的第一要義是公平。「公平的第一義，是凡同樣的人在一切法律或規則上平等」。[201]正是從這一理念出發，他在台大大力推行管理、教學、後勤各項制度的建設。

中國近代學校之設，始於晚清的同文館和南北洋的各種學堂，「全是為吸收歐洲物質文明的」；「庚子以後，始普立近代學校制度」，師法日本的教育制度；「自民國初年起，改起來，一步一步，到十年而大改。這些改動，可以一句話歸納，就是說，受美國影響，學習美國」。[202]對於到1949年為止中國教育所走過的這段照抄外來教育制度的過程，傅斯年語重心長地批評道：

> 是抄襲的，而不可說是模仿的，因為模仿要用深心，抄襲
> 則隨隨便便。只可說是雜柔的，而不可說是偏見的，因為
> 雜柔是莫名其妙中的產品，偏見尚有自己的邏輯。只可說

---

[200] 傅斯年：〈幾個教育的理想〉，原載1950年2月6日《台大校刊》第56期，《傅斯年全集》第5卷，第131頁。

[201] 傅斯年：〈幾個教育的理想〉，原載1950年2月6日《台大校刊》第56期。《傅斯年全集》第5卷，第132頁。

[202] 傅斯年：〈中國學校制度之批評〉，原載1950年12月15日《大陸雜誌》第1卷第11期。《傅斯年全集》第5卷，第188頁。

是幻想的，而不可說是主觀的，因為幻想只是憑興之所
至，主觀還可自成一系，並模仿，偏見，主觀還有些談不
到，便是中國學校制度。[203]

「學校制度既是累積的地層，而不是深思善改的結果」。
往往是一個舊的問題未解決，新的問題又接踵而來。針對教育中
所積存的層層弊病，他提出了五大改革原則：一，由「層層過渡
的教育」，「應改為每種學校都自身有一目的」。二，由「遊民
教育」，「改為能力教育」。三，由「資格教育」，「改為求學
教育」。四，由「階級教育」，「改為機會均等教育」。五，由
幻想「改為現實教育」。[204]其中對「機會均等教育」的要求反映
了傅斯年的一貫的平民主義思想。由於家道中衰，傅斯年一生極
為同情、關切下層勞苦大眾的疾苦。「五四」時期，他根據自己
走訪、調查濟南以西以北的農民所得情況，寫作了調查報告《山
東底一部分的農民狀況大略記》。[205]1934年，為失業青年謀求出
路，他發表〈青年失業問題〉一文，提出解決這一問題的四條辦
法：即「嚴格澄清公務人員」；改進考試政策；鼓勵學生「反鄉
間去」；在量的方面縮小大專學校規模，提高辦學品質。[206]傅斯

---

[203] 傅斯年：〈中國學校制度之批評〉，原載1950年12月15日《大陸雜誌》第
1卷第11期。《傅斯年全集》第5卷，第190頁。

[204] 傅斯年：〈一個問題──中國的學校制度〉，原載1950年11月29日臺北
《中央日報》。《傅斯年全集》第5卷，第182-184頁。

[205] 傅斯年：〈山東底一部分的農民狀況大略記〉，原載1920年1月1日《新青
年》第7卷第2號。收入《傅斯年全集》第1卷，第361-372頁。

[206] 傅斯年：〈青年失業問題〉，原載1934年9月30日《大公報》星期論文。
《傅斯年全集》第5卷，第96-97頁。

年堅決反對大學教育的「貴族化」傾向，他說：「中國教育還有一個功能，就是製造『高等華人』。『高等華人』就是外國人。一個人和社會的下層脫了節，大眾所感覺、所苦痛的，自己不能親身瞭解，便成了『外國人』。」其後果是形成所謂「遊民教育」。即受教育者或「因無能力而遊」，或因「不甘居下」而遊。[207]晚年他還鄭重提出：「國民教育必須做到憲法上的要求，凡是適齡兒童，除非因殘廢疾病，必須受到國民教育，這是國家在教育上第一件當努力的。在台灣省，初中四年，也應於十年內變為義務教育。」[208]他的這一建議在台灣受到重視，得以落實。

　　圍繞貫徹上述改革原則，傅斯年提出了一整套改革方案，包括：一、正名。即將各級學校之名統一釐定。最低一級是「國民學校」；其上是初級中學，改稱通科學校，學制四年；再上是高級中學，或附於大學改稱預備學校，或與初中聯合一起稱為書院；這是普通教育系列。初級職業學校改稱術科學校，高級職業學校改稱藝科學校，專科學校一仍其舊，這是職業教育系列。大學本是學院之集合體，「故改稱聯合學院亦無不可」，這是高等教育系列。二、「每一種學校都有他自身的目的，這就是說，他在每一種學業，便得到了在那一種學校的智力與訓練，便自成一個階級。」為能落實這一方案，他又提出必須理順五個方面的關係：（1）計畫教育與自由發展。（2）理解與現實。（3）傳統與

---

[207] 傅斯年：〈中國學校制度之批評〉，原載1950年12月15、31日《大陸雜誌》第1卷第11、12期。《傅斯年全集》第5卷，第194頁。

[208] 傅斯年：〈中國學校制度之批評〉，原載1950年12月31日《大陸雜誌》第1卷第12期。《傅斯年全集》第5卷，第196頁。

改革。（4）技能與通材。（5）教堂與商場。為搞好教學，傅斯年還特別提出要加強編譯大、中、小學的教科書的建設和學風建設。「如欲改革學校制度，不可不有新風氣，若風氣不改，一切事無從改，不止教育而已」。[209]

傅斯年晚年對大學意義的理解越來越明晰，從大學目的看，「辦大學為的是學術，為的是青年，為的是中國和世界的文化，這中間不包括工具主義，所以大學才有他的自尊性。這中間是專求真理，不包括利用大學作為人擠人的工具。」[210]為此，他還特別對作為中國的台灣大學與光復前的日本的台北帝國大學加以區別，「台灣省既然回到祖國的懷抱，則台灣大學應該以尋求真理為目的，以人類尊嚴為人格，以擴充知識，利用天然，增厚民生，為工作目標。所以這個大學在物質上雖然是二十多年了，在精神上卻只有四年」。[211]為鼓勵、鞭策台大師生，傅斯年提出以「敦品、勵學、愛國、愛人」八字作為治校方針。從大學職能看，（一）「大學萬萬不可揉雜職業學校的用意」。（二）「大學以學術為本位，專科是以應用為本位」。（三）「大學的教學必然與專科學校大不同」。（四）「大學的資格除在大學或研究機關外，不應優於專科」。他對大學的學術與教育之間的關係也有了明確的定位：

[209] 傅斯年：〈中國學校制度之批評〉，原載1950年12月31日《大陸雜誌》第1卷第12期。《傅斯年全集》第5卷，第220頁。
[210] 傅斯年：〈國立台灣大學第四次校慶演說詞〉，原載1949年11月21日《台大校刊》第45期。《傅斯年全集》第5卷，第123頁。
[211] 傅斯年：〈國立台灣大學第四次校慶演說詞〉，原載1949年11月21日《台大校刊》第45期。《傅斯年全集》第5卷，第124頁。

> 大學是學術機關，他的教育的作用是從學術的立點出發，
> 不是掉轉過來，他的學術的作用是從教育的立點出發，換
> 句話說，大學是以學術為中心，而用這中心發揮教育的力
> 量，不是以教育為中心，而從這中心發揮學術的力量。[212]

　　如何總結近代中國教育制度的利弊得失，這是一個重大課題。
傅斯年在對近代中國教育照搬外國模式造成的失誤所作深刻檢討
的基礎上，結合中國傳統教育思想和西方近代教育思想（主要是
歐洲大陸的教育理論），結合中國教育現狀的實際，對中國教育
結構及其教育制度作了新的設計。傅斯年晚年傾注的主題是教育
制度本身的建設，他強調誠品教育、學術教育、能力教育、公平
教育、國民教育，這些都屬於教育的常規問題，這反映了他本人
對教育走上正常軌道的渴望。在中國處於新的轉折關頭的歷史時
刻，這樣的思考不僅難能可貴，且極其必要。傅斯年晚年所作的
思考，可以說開啟了對這一問題的探討。限於當時的環境和他自身
的條件（主要是身體和精力），他的思考只能說是初步的，但它畢
竟具有建設性的意義。今天我們研讀他留下的這些遺作，對我們回
顧、總結百餘年來中國新教育的歷史經驗，應能得到不少的啟示。
　　傅斯年任台大校長不足兩年，他以「沒有看法，只有做法」
來表示自己低調做實事的決心，[213]處變不驚，亂中求治，在他的
領導下，台大很快成為台島凝聚知識界力量的一個新的中心。據

---

[212] 傅斯年：〈台灣大學選課制度之商榷〉，原載1949年8月15日《台大校
　　刊》第37期。《傅斯年全集》第5卷，第84頁。
[213] 程滄波：〈記孟真〉，《傅故校長哀挽錄》，第49頁。

他自述：「第一學期應付學潮，第二學期整理教務，第三學期清查內務，不查則已，一查則事多矣！報上所載，特少數耳。以教育之職務而作此非教育之事，思之痛心，誠不可謂為努力，然果有效否？不可知也。思之黯然！」[214]繁忙的工作對他本已虛弱的身體造成了嚴重的損害，以至倒在這一工作崗位上。傅斯年去世後，台大師生為繼承傅斯年的遺志，以他所題「敦品、勵學、愛國、愛人」為校訓，鑄「傅鐘」，修「傅園」，編輯、出版《傅故校長哀挽錄》、《傅孟真先生集》，表達台大人對傅斯年的深切懷念。傅斯年在台大的時間雖短，但他那努力奮進的拼搏精神給台大師生留下的深刻印象，絕非前後任何一屆校長所能比。誠如有的論者所指出：「台大校史上，孟真先生雖非創校校長，但在常規及制度之設立上，恐無人能出其右。」[215]傅斯年是真正的台大之父！

五、傅斯年著作的整理、出版

　　傅斯年在其生前僅有兩部著作出版單行本，一本是《東北史綱》第一卷，一本是《性命古訓辨證》。其它著述，如在中山

---

[214] 傅斯年致張其昀信，具體日期不詳，時間應在1950年下半年。轉引自那廉君：〈傅孟真先生軼事〉，原載1969年12月臺北《傳記文學》第15卷第16期。

[215] 李東華：〈勳績盡瘁，死而後已——傅斯年先生在台大〉，載1996年11月《台大歷史學報》第20期，第136頁。該文對傅斯年在台大的制度建設和校務處理，有詳細討論，本文不贅。

大學、北京大學教學的講義稿生前並未整理出版；所寫論文、序跋、書評則以單篇的形式見諸於各種報紙、期刊，其中學術論文大都發表在《國立中央研究院歷史語言學研究所集刊》和所內刊物上。

傅斯年著作的系統整理和出版是在其去世以後。大規模的整理出版先後有三次，均在台北進行。第一次是1952年12月台灣大學出版的《傅孟真先生集》（6冊），由胡適作序，分上、中、下三編，上編（第1冊）所收之文，自傅斯年在北京大學讀書時代起，迄於歐洲留學歸國止；中編（第2-4冊）所收皆學術性質論著，包括學術論文、專著、講義稿；下編（第5-6冊）所收為時論及雜著。編輯凡例稱，「《東北史綱》一書，因非先生一人手筆，茲未收入。」[216]但實際出於其它原因，應收而未收者還有，如上編應收之〈社會革命——俄國式的革命〉、下編應收之〈宋子文的失敗〉、〈論豪門資本之必須剷除〉等。至於漏收者則更多。誠如編者所稱，傅先生「平生為文，往往隨手拋置，不自珍惜，故搜集匪易。」[217]

第二次是1967年1月台北文星書店出版的《傅斯年選集》（10冊）。說是選集，但較前此出版的《傅孟真先生集》增收了43篇。文星書店倒閉後，文星版的《傅斯年選集》版權，嗣轉歸傳記文學社所有。

---

[216] 〈《傅孟真先生集》編輯凡例〉，《傅孟真先生集》第1冊，臺北：台灣大學，1952年12月版，第1頁。

[217] 〈《傅孟真先生集》編輯凡例〉，《傅孟真先生集》第1冊，臺北：台灣大學，1952年12月版，第1頁。

　　第三次是1980年9月台北聯經出版事業公司出版的《傅斯年全集》（7冊），由傅斯年遺孀俞大綵作序，各冊內容如次：第一冊收〈中國古代文學史講義〉、〈《詩經》講義稿〉。第二冊收〈史學方法導論〉、《〈史記〉研究》、〈戰國子家敘論〉、《性命古訓辨證》四種。第三冊收學術論文、序跋。第四冊為文史評論集。第五冊為政治評論集。第六冊收有關教育之論文。第七冊收雜文、書信。書後附有俞大綵的〈憶孟真〉、傅樂成的〈傅孟真先生年譜〉和陳槃所作的後記。此版不僅較《傅斯年選集》在篇幅上有新的擴充，新收文字9篇；而且在編校品質上亦有很大改進，校改原《傅孟真先生集》所存誤排、脫落達七百餘字。

　　此外，1995年底，為紀念傅斯年誕辰一百周年，王汎森先生、杜正勝先生編輯的《傅斯年文物資料選輯》，由台北中研院史語所出版。此書主要分兩部分：第一部分為生平文物資料選，收集傅斯年本人的照片和相關文物的圖片。第二部分為友人致傅斯年的書信影印件，共38件。據編者〈前言〉稱，現存中研院史語所的「傅斯年先生檔案」，約五千多件，分五箱保存在台北中研院史語所，內中傅斯年的部分來往書信及其遺稿已整理出版。

　　大陸自二十世紀九十年代以來，陸續出版傅斯年的著作。1996年2月天津人民出版社出版《傅斯年選集》，收錄傅斯年文字近30萬字。同年8月河北教育出版社出版《中國現代學術經典叢書·傅斯年卷》，篇幅與前書差不多，只是前書選文包括學術、教育、時論諸項，此書僅收學術類著述。2002年8月河北教育出版社出版了傅斯年著《民族與古代中國史》，選目實與《中國現

代學術經典叢書・傅斯年卷》基本雷同。此外，各種叢書中刊收的傅斯年著作有：1997年遼寧教育出版社出版的「新世紀萬有文庫」中的《史料論略及其他》，同年上海學林出版社出版的《人生問題發端》，1998年浙江人民出版社出版的《出入史門》，2001年中國青年出版社出版的《傅斯年學術文化隨筆》。這四種均為編者所編的傅斯年著作，篇幅約十餘萬字不等。

此次出版的《傅斯年全集》按內容和體裁計分七卷。各卷依次為：第一卷早年文存（1918～1926），第二卷學術專著，第三卷學術論文，第四卷時評政論，第五卷教育、文化、醫學、人物、詩歌，第六卷工作報告，第七卷書信（後附年譜簡編）。在台北聯經版基礎上，此次所收文內容又有較大篇幅的新的擴充，新增內容包括：第一卷新收傅斯年早年文章11篇，篇目為：〈致蔡元培：論哲學門隸屬文科之流弊〉、〈社會革命——俄國式的革命〉、〈新生活是大家都有一份的〉、〈討論「的」字的用法〉、〈再申我對於「的」字用法的意見〉、〈時代與曙光與危機〉、〈歐遊途中隨感錄・（一）北京上海道中〉、〈青年的兩件事業〉、〈美感與人生〉、〈留英紀行〉、〈要留學英國的人最先要知道的事〉。第二卷增收《東北史綱》（第一卷）。第三卷新增學術論文6篇，篇目為：〈《語言歷史研究所週刊》發刊詞〉、〈致《史學雜誌》編輯先生函〉、〈中西史學觀點之變遷〉、〈戲論〉、《向達〈論敦煌千佛洞的管理研究以及其他連帶的幾個問題〉一文案語》、〈論李習之在儒學性論發展中之地位〉。第四卷新增在國民參政會提案、政論、談話22篇，篇目為：〈關於九國公約會議之意見〉、〈請政府加重救濟難民案〉

（1938年）、〈英美對日採取經濟報復之希望〉、〈政治之機構
化〉、〈在參政會提案〉（1939年）、〈擬請政府制定《公務員
回避法》案〉、〈在國民參政會第三次大會關於財政的提問〉、
〈在國民參政會第三次大會關於內政的提問〉、〈在國民參政會
第三次大會關於經濟的提問〉、〈請嚴禁邪教，以免動搖抗戰心
理案〉、〈為魯省去歲迭遭水旱風雹蝗蝻之害災情慘重，民不聊
生，擬請政府迅撥鉅款從事賑濟案〉、〈魯省災情慘重擬請中央
加撥鉅款迅放急賑並實施根本救濟辦法以拒災黎而固國本案理
由〉、〈在國民參政會第三屆第三次大會的口頭詢問〉、〈關於
財政問題在國民參政會的質詢〉、〈徹查中央銀行中央信託局歷
年積弊嚴加整頓懲罰罪人以重國家之要務而肅官常提案〉、〈談
北大不聘偽教職員〉（1945年11月27日）、〈關於「一二‧一」
慘案的談話〉（1945年12月7日）、〈對《世界日報》記者談：不
用偽北大人員，要替青年找第一流教授〉（1945年12月8日）、
〈我們對於雅爾達秘密協定的抗議〉、〈談北大復校〉（1946年
5月21日）、〈宋子文的失敗〉、〈論豪門資本之必須剷除〉。
第五卷新增課程綱要、試題、傳記、題詞、詩歌10篇，篇目為：
〈史學方法導論課程綱要〉、〈中國古代文學史課程綱要〉、
〈中國上古史單題研究課程綱要〉、〈漢魏史擇題研究課程綱
要〉、〈追憶王光祈先生〉、〈段繩武先生傳〉、〈為子傅仁軌
書文天祥《正氣歌》、《衣帶贊》諸詩題跋〉、〈為子傅仁軌紀
念冊題詞〉、〈悲歌〉、〈贈張紫樹〉；台大校長佈告、啟事則
全為此次新收。第六卷所收工作報告全為此次新收。第七卷增收
書信達二百餘封，函目不贅。這些信函的原始出處主要來自中國

社會科學院近代史研究所、南京中國第二歷史檔案館和台北中研院史語所。它們有的已發表在海內外報刊雜誌上，有的則尚未公開，經挖掘出來首次利用。

傅斯年的著作在海內外已有各種版本行世，此次整理、編輯《傅斯年全集》採取以原始發表版本為底本，以聯經版《傅斯年全集》為參校的辦法，在編校上又有許多新的改進。我們期待，這套新的《傅斯年全集》的出版，能為海內外學人進一步瞭解傅斯年先生一生志業及其理想提供便利。

2003年8月25日於北京海波藍旗營

（原載2004年1、2月台北《傳記文學》

2004年第84卷第1、2期，

收入歐陽哲生主編《傅斯年全集》第一卷，

長沙：湖南教育出版社，2003年9月出版。）

傅斯年政治思想片論

　　傅斯年不是政治家，但在民國的政治生活中卻有幾次非同尋常的表現，如擔任「五四」學生遊行總指揮，炮轟孔祥熙、宋子文，在二戰後處理東北問題上率先與蘇俄抗辯，這樣的大動作絕非一般政客所能為，或所敢為，傅歷來以敢言力諫震撼政壇，時人有「傅大炮」之譽。傅斯年也非政治思想家，他對政治所發表的議論，很難說構成一個縝密、系統的思想體系，在中國現代政治思想史上，我們可以找到胡適的位置，但卻找不到專論他的章節，我想這樣的處理也不是沒有道理。傅斯年有自己的政治抉擇，有自己的政治主張，也有自己對政治特有的感覺和把握，他與政治關係之密切及對政治把握之純熟，決不可以一介書生等閒視之。傅斯年與政治的這種特殊而微妙的關係，成為我們理解他個人風貌的一個重要側面。

　　有趣的是，對傅斯年與政治的關係，鮮見有人專文以傅斯年作傳主的論及。胡適、傅樂成、王世杰在論及傅斯年時曾有零星的涉及。[1]大陸唯一的一本傳記《傅斯年：大氣磅礴的一代學人》

---

[1]　參見胡適：〈傅孟真先生的思想〉，收入《胡適作品集》第25冊，臺北：遠流出版公司，1986年。傅樂成：《傅孟成先生的民族思想》，載1963年

97

在某些章節亦有評述。[2]總的來說，這仍是一個欠缺系統討論的問題。造成這一情形的原因有三：一是傅斯年畢竟是一個學者，論者也許不願將他與政治的關係過多的渲染；二是如接觸這一問題，無疑將觸及一些敏感、忌諱且可能引發政黨爭議的問題；三是一些有關的檔案資料仍未公開，主要是涉及傅斯年與國民黨上層關係的材料，故我們很難知道其中的內幕和細節。

儘管如此，在1980年台北聯經出版公司出版的《傅斯年全集》（七冊）中，我們可以看到，其中第五冊所收是傅斯年的時評政論，而在書信一冊，亦有不少與政治相關。就筆者所見而言，這也不是傅斯年政論的全部，此書所未收者可分兩種情形：一類是有意未收，如〈社會革命——俄國式的革命〉、[3]〈論豪門資本之必須剷除〉、〈宋子文的失敗〉；[4]一類是漏收，如傅斯年在國民參政會上的質詢發言和提案等。所有這些成集或分散的材料，多少能為我們研究傅斯年的政治思想提供一些線索。

傅斯年與政治關係密切者可分為三個時期：一是五四時期，二是三十年代至抗戰時期，三是抗戰後至其去世，每個時期他議政參政的內容大不相同。應當說明，我這裡所討論的傅斯年的

5、6月臺北《傳記文學》第2卷第5、6期。王世杰：〈傅（孟真）先生在政治上的二三事〉，載1976年1月臺北《傳記文學》第28卷第1期。

[2] 參見岳玉璽、李泉、馬亮寬：〈傅斯年：大氣磅礡的一代學人〉，「二、新文化運動的弄潮兒」、「六、書生報國」、「八、濁世清流」等節，天津：天津人民出版社，1994年3月版。

[3] 作者按：編者有意不收此文，大致原因可能有二：一是作者讚揚了俄國十月革命，這一態度雖與後來相背，但編者有為尊者諱之意；二是出版政治環境的限制。

[4] 作者按：此二文之未收，可能是顧及對宋家和國民黨上層的影響。

政治思想，因篇幅所限，仍不過是截取他重要的片斷。為凸顯傅斯年的個性，在此又以胡適為比較物件作一輔線，以顯現兩者之異，其中並不寓含褒貶之意，只是想說明，這對被人們常常並聯在一起的兩個人物，其實在政治上是多麼的不同。

一、「五四式的激情」

1919年1月1日《新潮》創刊，這是北大學生社團新潮社的社刊，其作者隊伍以社員為主。傅斯年作為新潮社的發起者和主要骨幹，是該刊不具名的主編。在該刊，他發表了大量的文章，其內容大致可分為兩類：一類是文化學術方面的，一類是有關社會問題和時事的評論。後一類文章的篇目有：〈萬惡之原〉、〈社會革命——俄國式的革命〉、〈去兵〉、〈心氣薄弱之中國人〉、《自知與終身事業》、〈社會——群眾〉、〈社會的信條〉、〈破壞〉、〈朝鮮獨立運動中之新教訓〉、〈一段瘋話〉、〈中國狗和中國人〉等。這些文章很難說表達了一致的思想，有些觀念可能是相互矛盾的，但基本上是新文化運動這一浪潮激蕩、衝刺的結晶，是青年傅斯年「五四式激情」的表現，構成「五四」運動這一特殊情境的一種現象。

這裡所說的「五四式的激情」有其特定的含義。首先，對國家、民族、社會和人類有強烈的使命感和責任心，所謂「吾曹不出如蒼生何」。知識分子對自我在社會政治、文化教育甚至整個

國家生活中的地位和角色有強烈的主導意識，這是「五四」那一代人的角色定位。中國傳統士人即有干政的傳統，東漢的太學生運動、明朝的東林黨人戊戌變法時期的維新派，都曾挺身而出，對國家政治生活產生重大影響。五四運動與前此不同的地方在於，前者仍擺不脫君權的影響，將改革的希望最終寄託在君主一身，而五四時代的知識分子則已具備了自我的主體意識和獨立意識。[5]其次，對文化思想、社會問題、家庭婚戀、人生教育等問題有著廣泛的興趣，對這些問題的解決抱有探索的勇氣，並表現出「借思想、文化以解決問題的方法」的傾向。[6]再次，這是一個激情噴發的時代。由於政治制度完成了從帝制向共和制的轉變，特別是袁世凱倒台以後，新聞出版的自由在制度上獲得了更大的空間，新的報刊、社團如雨後春筍般的出現，借助這些新的媒介，人們大膽放言，抒發自己對新制度、新社會的理想，表現了一種強烈的去舊迎新的革命精神，並往往具有浪漫、理想、甚至空想的色彩。[7]最後，對社會政治、國家大事的論斷以民族利益為最高利益，具有超黨派的色彩；對中國問題的觀察視域能突破本國的界限，從全球的高度加以思考、透視。作為主流的抉擇，現代化

---

[5] 關於五四運動與中國歷代學生運動的關係，參見唐君毅：〈一千八百年來的中國學生運動之歷史發展〉，收入周陽山編：《五四與中國》，臺北：時報文化出版企業有限公司，1990年11月10日版，第691-697頁。

[6] 參見林毓生：〈五四時代的激烈反傳統思想與中國自由主義的前途〉，收入《中國傳統的創造性轉化》，北京：三聯書店，1996年3月版，第180-191頁。

[7] 關於五四時代的浪漫精神，參見李歐梵：〈五四文人的浪漫精神〉，收入周陽山編：《五四與中國》，臺北：時報文化出版企業有限公司，1990年11月版，第295-315頁。

是方向，而歐美先進國家則是現代化的樣板，對於反思資本主義
的弊病的新興社會主義思潮亦有濃厚的興趣。

這樣一種「五四式的激情」在青年傅斯年身上有典型的反
映。在〈《新潮》發刊旨趣書〉中，他就提出《新潮》的四大責
任，期望青年「去遺傳的科舉思想，進於現世的科學思想；去主
觀的武斷思想，進於客觀的懷疑思想；為未來社會之人，不為現
在社會之人；造成戰勝社會之人格，不為社會所戰勝之人格。」
表現了一種張揚個性，領導時代潮流的志趣。他以熱烈擁抱的姿
態去接受各種外來的新思潮，「今外中國於世界思想潮流，直不
啻自絕於人世。」[8]他的內在世界簡直成了各種外來新思潮的跑馬
場，舉凡易卜生的健全的個人主義、尼采的超人哲學、實際主義
（即實用主義）的人生觀、無政府主義、實證主義等等在他的文
章中隨處可見。[9]有一些思想雖稚嫩，但卻有其片面的深刻一面，
如在〈萬惡之原〉中，他認定舊的家庭制度是破壞個性的「最大
勢力」。[10]在〈去兵〉中，他對現實世界充滿「兵」的現象予以抨
擊，指責其與政治的、社會的、教育的新潮相衝突，要求「把兵
變成農工，把兵營變成工廠。把破壞的效用變成建設的效用」[11]在

---

[8] 傅斯年：〈《新潮》發刊旨趣書〉，載1919年1月1日《新潮》第1卷第1號。
    《傅斯年全集》第1卷，長沙：湖南教育出版社，2003年9月版，第79頁。

[9] 關於傅斯年接受外來思想的影響，參見岳玉璽、李泉、馬亮寬：〈傅斯
    年：大氣磅礡的一代學人〉「二、新文化運動的弄潮兒」3、4節，天津：
    天津人民出版社，1994年3月版，第65-90頁。

[10] 傅斯年：〈萬惡之原〉，載1919年1月1日《新》第1卷第1號。《傅斯年全
    集》第1卷，第105頁。

[11] 傅斯年：〈去兵〉，載1919年1月1日《新潮》第1卷第1號。《傅斯年全
    集》第1卷，第100頁。

〈心氣薄弱之中國人〉中將中國人沒有主義,看成是心氣薄弱的根本原因。[12]在〈社會──群眾〉中,論定「中國人有群眾而無社會,並且歡喜群眾的生活,不歡喜社會的生活」,[13]在〈社會的信條〉中,發出「我們必須建設合理性的新信條,同時破除不適時的舊信條」。[14]這些文字都反映他要求變革現實的社會政治、要求振興中華民族的強烈願望。

從傅斯年五四時期發表的文字中,我們還可以看出他的許多新思想得自於北大新派教授的指引,其中胡適、陳獨秀、李大釗是最重要的三位。胡適是《新潮》的顧問,也是傅斯年在文章中唯一被兩次點名提及的一個人物,[15]看得出他的「去兵」思想與胡適所講的「解決武力」是異曲同工。[16]他將「中國狗」與「中國人」相提並論,指稱二者都「太不專心」,「把他的使命丟開了。所以教不成材」。[17]傅斯年的這個比喻,使人們聯想起胡適當時的另一句名言──「中國不亡是無天理」。[18]胡適這句話「不是

[12] 傅斯年:〈心氣薄弱之中國人〉,載1919年1月1日《新潮》第1卷第1號。《傅斯年全集》第1卷,第146頁。

[13] 傅斯年:〈社會──群眾〉,載1919年1月1日《新潮》第1卷第2號。《傅斯年全集》第1卷,第152頁。

[14] 傅斯年:〈社會的信條〉,載1919年1月1日《新潮》第1卷第2號。《傅斯年全集》第1卷,第155頁。

[15] 一篇是〈去兵〉,一篇是〈中國狗和中國人〉。

[16] 參見胡適:〈武力解決與解決武力〉,原載1918年12月15日《新青年》第5卷第6期。《胡適文集》第12卷,北京:北京大學出版社,1998年11月版,第711-713頁。

[17] 〈中國狗和中國人〉,載1919年月日11月1日《新青年》第6卷第6號。《傅斯年全集》第1卷,第298頁。

[18] 參見〈信心與反省〉,《胡適文集》第5冊,北京:北京大學出版社,

要人消極，是要人反省；不是要人灰心，是要人起信心；發下大弘誓來懺悔，來替祖宗懺悔，替我們自己懺悔；要發願造新因來替代舊日種下的惡因。」[19]從這兩個實例可以看出，傅受胡的影響主要表現在兩個方面：一是反對武力，一是改造國民性。

在《新潮》中，傅斯年的文章中還有另一種傾向，這就是社會革命的思想。在〈社會革命——俄國式的革命〉一文中，傅斯年對俄國革命充滿了希望，他這樣說道：「一年以來我對於俄國的現狀絕不抱悲觀。我以為這是現代應有的事情，將來無窮的希望，都靠著他做引子。」[20]「從此法國式的革命——政治革命——大半成了過往的事；俄國式的革命——社會革命——要到處散佈了。」[21]在〈《新潮》之回顧與前瞻〉一文中，傅又說道：「近兩年裡，為著昏亂政治的反響，種下了一個根本大改造的萌芽。現在仿佛像前清末年，革命運動、立憲運動的時代一個樣，醞釀些時，中國或又有一種的平民運動。」[22]傅斯年雖未引證這些觀點出自何處，但看得出來，他是受到陳獨秀、李大釗的影響。

從傅斯年五四時期的言論看，他的政治思想與同時期許多充滿激情的青年知識分子一樣尚未定型。一般來說，現代中國知識分子的思想形成有兩種可能的途徑：一條是出國留學或考察，通

1998年11月版，第389頁。

[19] 胡適：〈信心與反省〉，收入《胡適文集》第5冊，第389頁。

[20] 傅斯年：〈社會革命——俄國式的革命〉，載1919年1月1日《新潮》第1卷第1號。《傅斯年全集》第1卷，第109頁。

[21] 傅斯年：〈社會革命——俄國式的革命〉，載1919年1月1日《新潮》第1卷第1號。《傅斯年全集》第1卷，第110頁。

[22] 《傅斯年全集》第1卷，第295頁。

過對歐美、日本等先進國家的實地觀察，找到中國社會政治的樣板，從而確立起自己的政治信仰，此一類人以胡適、瞿秋白為代表，胡適可以說是「美國經驗」的受惠者，他終身對美國式的自由主義價值觀念都深信不疑；瞿秋白則是受到「蘇俄革命」震撼並走上共產主義道路的代表，他們倆雖選擇的模式迥異，但其思想定型之與其留洋經歷有關並無二致。一條是在改造中國社會政治的實踐中不斷思考和探索，最終確立自己的政治信念。毛澤東是這一類人的一個代表人物。五四時期的傅斯年尚不具備這樣的條件，接受、消化新思想、新主義還來不及，遑論自我確立一種堅定的政治思想信念。對此，他自己亦有所體認，正是帶著對世事茫茫的惆悵，傅斯年走向歐洲求學，在前往英國途中他如是寫道：

> 一個不曾走過許多地方，一個不曾知道各地方社會情狀的人，原來沒有作遊記，而且把遊記發表出來的資格。一個隻學了「啞子英語」並且沒有同歐洲人交際的人，在歐遊途中，更沒發表遊記的資格。……我這次往歐洲去奢望甚多，一句話說，澄清思想中的糾纏，煉成一個可以信賴過的我。[23]

這是在經歷了一個轟轟烈烈的偉大運動以後的自我反省，也是重新尋找出路的一個新的起點。

---

[23] 傅斯年：〈歐遊道中隨感錄〉，收入王汎森、杜正勝編：《傅斯年文物資料選輯》，臺北：中研院史語所，1995年12月版，第35頁。

二、民族主義與正統意識

　　1919年秋至1926年冬，傅斯年懷著滿腔希冀在歐洲留學，現有的材料看不出他在這段時期對政治有很大的興趣，這一點與胡適截然不同。胡適在美留學時，生活富有保障，是一個積極參與美國社會政治生活，與美國社會打成一片的留學生。但令傅斯年困窘的是，生活本身就是一件艱難的事，他為籌措學費和生活費用，常常向周圍的朋友求助，過著十分寒傖的日子；[24]而於學業，基本上是呆在學院裡忙於應付功課的書呆子，楊步偉借用當時留德中國學生的一個形象說法：傅與陳寅恪是「寧國府大門前的一對石獅子。」[25]回國後兩人的選擇也有很大不同：胡適因陳獨秀之薦登上了中國最高學府——北京大學，而傅斯年卻投身於革命勢力的中心——中山大學。

　　有一種說法，傅斯年在廣州時加入了國民黨。[26]這種說法目前仍缺乏更多的證據支持。不過，傅之進入儼然是國民黨的黨校——中山大學，並被委以重任，當然是與得到國民黨的信任有關。[27]南京國民政府成立之初，北大派的知識分子如朱家驊、蔣夢

---

[24] 參見羅久芳：〈傅斯年留學時期的九封信〉，載臺北1998年3月1日《當代》第127期。

[25] 楊步偉、趙元任：〈憶寅恪〉，原載1970年4月29日《清華校友通訊》第2期。

[26] 據何思源先生回憶，何思源（仙槎）將國民黨證交給傅斯年，此說現只有孤證，暫備一說。參見何茲全：〈憶傅孟真師〉，載1992年1月臺北《傳記文學》第60卷第2期。

[27] 據朱家驊回憶，傅斯年進入中山大學，系由他推薦，並與戴季陶、顧孟餘

麟、羅家倫等一批人隨蔡元培進入政府或教育、學術機關，成為
行政管理階層人員，傅斯年也可以說是其中的一員。與朱、蔣、
羅等人相對濃厚的黨人色彩不同，傅斯年全身心投入專業學術機
構——中研院史語所的籌組工作。故我們現在找不到一篇傅斯年
在二十年代後期發表的時評政論。

　　傅斯年打破沉默，發表自己對時事的意見，是在1932年《獨
立評論》創刊以後。作為該刊主要作者之一，他自然不能回避自
己的言論責任。抗戰以前，在《獨立評論》和其它兩家不具官方
色彩的報刊——《大公報》「星期論文」、《國聞週報》，傅斯
年發表了一批時評政論文章，成為傅斯年議政的第二個興奮期。
有的論者將署名「孟真」發表在《文化建設月刊》上的一組文章
誤歸在傅斯年的名下，[28]其實只要將這些文章的內容與同時期傅斯
年發表的文章做一對比，就不難發現後者的文章觀點與傅斯年大
相徑庭，這位「孟真」係中統人員，[29]據說當時傅斯年曾刊登過啟
事加以說明。

　　傅斯年在這一時期發表的時事政論有一個鮮明的特徵，就是
表現了強烈的民族主義情緒，這與三、四十年代中國所面臨的尖
銳的民族矛盾有關。說到傅斯年的民族主義思想，人們會俯首即
拾一些有趣的例子：傅斯年的先祖傅以漸是滿清入關後第一次會

商量決定。參見朱家驊：〈悼亡友傅孟真先生〉，收入《傅故校長哀挽錄》，臺北：台灣大學，1951年出版，第39頁。

[28]　王汎森、杜正勝編：《傅斯年文物資料選輯》附錄二〈著述年表〉，臺北：中研院史語所，1995年12月版，第245頁。

[29]　關於另一個「孟真」，可參見孟真（萬大鋐）：〈中統與我〉，載1992年9月臺北《傳記文學》第61卷第3期。

試（1646年）的狀元，在順治一朝曾官至大學士之位，素有「開代文章第一家」之稱，對於祖宗的這一「榮耀」，傅斯年不以為榮，反以為恥，以為這失去民族氣節的「光榮」不足掛齒。他為兒子取名仁軌，其意取自中國第一個能在朝鮮對日本兵打殲滅戰的唐朝人劉仁軌。[30]1933年5月，中日簽訂《塘沽協定》，傅斯年極表反對。6月4日，胡適在《獨立評論》發表〈保全華北的重要〉一文，認為當局一時無力收復失地，贊成華北停戰。[31]傅斯年接閱此文大怒，要求退出獨立評論社，胡適為此非常傷感，嗣經丁文江寄長信勸解，傅才打消退社原意。[32]這些故事都形象的說明傅斯年在關係到國家、民族生死存亡這一大是大非問題上，素以民族大義為重，而不顧及私人情面。

傅斯年的民族主義思想有著多重的表現。史語所建所之初，他就發出「我們要科學的東方學之正統在中國」[33]的號召，這與胡適主張在學術研究中摒棄、排除民族主義的態度異趣。羅家倫回憶，瑞典的高本漢、法國的伯希和兩位西方漢學家「對於中國學問的科學性的造詣，給予了孟真很大的刺激」，[34]成為他鞭策

---

[30] 參見羅家倫：〈元氣淋漓的傅孟真〉，原載1950年12月31日臺北《中央日報》。

[31] 胡適：〈保全華北的重要〉，原載1933年6月4日《獨立評論》第52、53合刊。《胡適文集》第11冊，第345-350頁。

[32] 參見吳相湘：〈傅斯年學行並茂〉，收入《民國百人傳》第一冊，臺北：傳記文學社，1982年2月第二版，第224頁。

[33] 傅斯年：〈歷史語言研究所工作之旨趣〉，載民國十七年十月《國立中央研究院歷史語言研究所工作集刊》第一本第一分。《傅斯年全集》第3卷，第12頁。

[34] 羅家倫：〈元氣淋漓的傅孟真〉，原載1950年12月31日臺北《中央日報》。

自己、嚴格治所的一個重要動力。1931年「九一八」事變以後，日寇侵佔東北，扶植溥儀成立偽「滿洲國」，日本學者矢野仁一在《外交時報》（第412號）上撰文稱「滿蒙藏在歷史上並非中國領土」，氣焰十分囂張。傅斯年憂憤交加，組織同人編寫《東北史綱》，親自撰寫第一卷，「這部書用民族學、語言學的眼光和舊籍的史地知識，來證明東北原本是我們中國的郡縣；我們的文化、種族和這一塊地方有著不可分離的關係。」[35]此書很快在1932年10月出版。又經李濟譯成英文，送交國際聯盟李頓調查團，該團的報告書基本上接受了書中的這一觀點。冀察事變發生後，日本支持一些漢奸在華北鬧「自治」，親日的北平市市長蕭振瀛在北平教育界的招待會上一席談話，儼然是為日本招降，「只有適之先生和孟真挺身而起，當面教訓蕭振瀛一頓，表示堅決反對的態度，誓死不屈的精神」。[36]在當時北平教育界中，蔣夢麟、胡適和傅斯年在穩定人心，撐持時局方面，的確發揮了核心作用。

傅斯年十分關注中日關係的演變和日寇侵華的步伐，三十年代以後，他在這方面發表了十餘篇文章。如果說胡適這時期把寫作時評政論作為「日課」，幾乎每週都發表與時事有關的評論或演講；傅斯年的時事評論文章並不為多，他是行多於言。但如細究他的文章內容，每篇都有其獨立的旨意所在，都是討論最緊要的問題。一般人認為傅斯年的民族主義情感繼承了中國士大夫

[35] 陳槃：〈懷故恩師傅孟真先生有述〉，原載台灣《新時代》第3卷第3期。收入王富仁、石興澤編：《諤諤之士──名人筆下的傅斯年、傅斯年筆下的名人》，第55─56頁，上海：東方出版中心，1999年7月版。

[36] 羅家倫：〈元氣淋漓的傅孟真〉，原載1950年12月31日臺北《中央日報》。

講究民族氣節的傳統，我想在這一層意義上，還應加上文化上的
「華夷之辨」的影響，當然這裡的「夷」系指日本，傅斯年在他
三四十年代論及中日問題的文章中，對日本的習慣用語是「倭
賊」、「倭奴」、「倭寇」，對投靠日本侵略者的溥儀、汪精
衛、羅振玉之流，則貶之為「溥逆」、「汪賊」、「羅振玉老
賊」，他的態度之鮮明，以致他從不願意採用比較中性的一些名
詞來稱呼對方，表現了一種在文化上輕蔑敵方的傾向。陳之邁稱
當時文人中有三人最懂軍事，即張季鸞、丁文江、傅斯年。[37]此話
並非虛言。讀一遍〈地利與勝利〉、〈抗戰兩年之回顧〉、〈我
替倭奴占了一卦〉等文，可見他對中日戰局之分析獨具心得；而
他在〈戰後建都問題〉一文中力主抗戰勝利後還都北平之分析，[38]
應當說也是極具遠見的看法。

　　傅斯年的民族主義思想還反映在戰後對文化漢奸的處置上。
當時國民政府派沈兼士、陳雪屏先期到北平處理接收教育機構的
事宜，他們在處理「偽北大」教職員時態度相對和緩，沈兼士、
陳雪屏甚至具文上呈國民政府南京高等法院為周作人說情。[39]傅斯
年的態度比較強硬，他兩次聲明堅定表示北大決不延聘任何「偽
北大」教職人員，[40]引發了一些擔任過偽教職人員的不滿。周作人

---

[37] 陳之邁：〈關於傅孟真先生的幾件事〉，載1976年3月臺北《傳記文學》
　　 第28卷第3期。

[38] 傅斯年：〈戰後建都問題〉，載1943年11月29日重慶《大公報》。《傅斯
　　 年全集》第4卷，第244-252頁。

[39] 見〈沈兼士等為周作人案呈國民政府首都高等法院文〉，收入《胡適來往
　　 書信選》下冊，香港：中華書局，1983年11月版，第613-615頁。

[40] 〈傅斯年談話北大不聘偽教職員〉，載1945年11月28日《大公報》。《作
　　 個不折不扣榜樣，確保乾乾淨淨聲譽》，原載1945年12月7日《申報》。

後來著回憶錄,對傅仍耿耿於懷,所憶北大舊人中,唯對傅斯年惡語譏評,極盡挖苦之能事,[41]實不足為據。雖說抗戰勝利,傅斯年當時在這一問題上因堅守原則,頗承受了不少來自各方面的壓力,「偽北大」的教職員、學生滋事相擾,朋友們說情,他絲毫不更移自己的立場。筆者最近發現了兩封大約在1945年11月傅斯年給沈兼士、朱家驊的電報,與當時處理「偽北大」學生問題有關,現抄錄如下:

> 沈特派員兼士轉朱教育部長:鐵密。今日報載中央社稿,偽校學生甄審辦法有動,無任惶駭,欲取得北大學籍之學生,無論來自何方,均勿由北大行政考試,教部不能以偽校之成績強來分發。究竟如何辦?祈示。乞慎重。傅斯年。[42]

> 沈兼士先生轉朱部長:鄭毅生兄等來信,知偽北大學生多所要求,弟意處理偽北大應與偽中大同,不宜遷就,必求一致。部令必須貫徹,部中對彼等宜多勸導,解釋多種辦法皆為結束偽局,重視學業之故。若彼等期正式入北大,先鬧風潮而有所得,以後學風不可復問,於是北大真亡矣!弟日抵渝,並聞。傅斯年叩。戌。[43]

---

[41] 周作人:〈新潮的泡沫〉,載1950年6月14日《亦報》署名鶴生;《傅斯年》,載1951年1月13日《亦報》,署名鶴生。

[42] 〈致沈兼士、朱家驊〉(電),《傅斯年全集》第7卷,第298頁。

[43] 〈致沈兼士、朱家驊〉(電),《傅斯年全集》第7卷,第298-299頁。

　　看得出他在處理「偽北大」的學生遣留問題時，也是講究原則，並不像一些論者所想像的那樣比較寬容。1948年3月9日在回答徵詢有關中央研究院院士候選人名單意見時，傅斯年仍提請有關人員注意這一問題。「聞上次會，對於曾在偽校教書或曾任偽職者不列入，（據夏君信）今此名單上顯尚有之（如醫學或不止一人）。此事究應如何決定，斯年不貢獻意見，但須一致，未可厚此薄彼也。此事敢請細細考慮。」[44]足見傅斯年對於這一問題的考量之重視。

　　傅斯年的民族主義思想構成其整個政治思想的底色，究其形成，主要有三個來源：一是傳統思想的滋養，在對待傳統文化資源這一方面，與經過新文化洗禮的同時代人一樣，傅斯年有過極其激烈的言辭，他對「中醫」之不當批評，即是最明顯的一例。[45]但他對千百年來經過提煉、昇華，且為一代又一代優秀士人傳承和弘揚的優良傳統，如講究氣節，節操，他是認同的。故在臧否歷史人物，他每以此作為論列之標準。諸葛亮、文天祥、謝枋得、顧炎武、王夫之這些人物正是在這一點上被傅稱讚備至。[46]二是受章太炎的排滿反清思想的影響。人們都知道，早年在北大讀書時，傅斯年曾受到章太炎先生弟子黃侃的賞識，並被當作為

─────────────

[44]　〈傅斯年致朱家驊、翁文灝、胡適、薩本棟、李濟〉1948年3月9日，南京二檔：三九三－135。收入《傅斯年全集》第7卷，第346頁。

[45]　傅斯年：〈所謂「國醫」〉，原載1934年3月5日《大公報》；〈再論所謂「國醫」〉，原載1934年8月26日、9月16日《獨立評論》第一一五、一一八號。兩文均收入《傅斯年全集》第5卷，第431-447頁。

[46]　關於傅斯年對歷史人物的評價，參見傅樂成：〈傅孟真先生的民族思想〉「一、歷史人物的評價」，載1963年5月臺北《傳記文學》第2卷第5期。

傳人來培養，後因胡適的到來，傅斯年轉投胡的「文學革命」的旗下，成為北大國文系學生中主張白話文最烈的一個代表，有人甚至懷疑他的動機。其實傅在民族思想這一方面，仍保留了章門的影響，他之不滿於先祖投靠滿清，即表明他仍有強烈的排滿思想，這可以說是章太炎的遺風所在。三十年代，日本帝國主義扶持傀儡溥儀建立「滿洲國」，自然更激發起傅斯年的歷史記憶。他稱溥儀為「溥逆」，稱羅振玉為「老賊」，可以說是這種歷史記憶的承傳。三是外來民族主義的影響。傅斯年二十年代在德國留過學，德國是一個民族主義情緒比較強烈的國度，生活在此地，不能不受此地民風民俗的薰染。在中國近代留學生史上，留學生往往因留學國度不一，其思想風貌差別很大。美國人輕鬆、幽默，法國人富有浪漫、理想的情調，英國人保守而具紳士風度，德國人嚴肅而務實，日本人的武士道精神，多少會在留學生的思想世界中刻留痕跡。這就是何以去英、德留學的傅斯年與去美國留學的胡適思想性格有所不同的原因之一。留美的胡適早年深受美國思想界的世界主義、和平主義影響。對此，他在晚年的口述自傳中有明白的交待。[47]傅斯年留學德國時，正是德國民族主義潛滋暗長之時，可以說他完全與世界主義、和平主義這一套「美國經驗」無緣。

細加分析，傅斯年的民族主義思想，其實還遺留著正統的觀念和大漢族主義的思想。他褒揚對漢室盡忠的諸葛亮，為宋朝赴義的文天祥、謝枋得，為大明守節的黃道周、顧炎武、王夫之，

---

[47] 參見唐德剛譯注：《胡適口述自傳》「第四章 青年期的政治訓練」，臺北：傳記文學出版社，1986年二版。

貶責逢迎滿人、「獻諛東胡」的黃宗羲，不齒投靠滿清的錢謙益和自己的先祖傅以漸，可以說都是其正統觀念在歷史領域的體現，[48]這一點他和另一位史學名家陳寅恪實在並無區別。在中華民族遭受外敵凌辱之時，兩人都有著共同的文化遺民情結和歷史正統遺緒。只不過，傅斯年在面臨現實政治抉擇時，他的正統觀念繼續發生作用，對國民政府盡職盡忠，做蔣介石的「諍友」，以報其知遇之恩；而陳寅恪則充滿了對這個政權的厭惡，多了一重名士情節，表現出對當局的極端冷漠[49]。傅斯年雖然亦有名士情節，但他更多的表現在對豪門資本的抗衡上，故傅斯年與國民黨（國民政府）的關係是有著「諍」與「抗」的兩面表現。

在處理國內民族問題時，傅斯年明顯倒向民族融合的政策。1935年12月，日寇進逼華北，唆使漢奸煽動「華北自治」，在此危急形勢下，傅斯年發表了〈中華民族是整個的〉一文，明確表示：「我們中華民族，說一句話，寫一種字，據同一的文化，行同一倫理，儼然是一個家族。也有憑附在這個民族上的少數民族，但我們中華民族自古有一種美德，便是無歧視小民族的偏見，而有四海一家之風度。」[50]敦請「負責當局，應以國家民族

---

48 參見傅樂成：〈傅斯年先生的民族思想〉，原載1963年5、6月臺北《傳記文學》第2卷第5、6期。

49 有關陳寅恪對國民黨當局及蔣介石的態度，參見其1940年所作〈庚辰暮春重慶夜宴歸作〉一詩，收入《陳寅恪集・詩集》，北京：三聯書店，2001年5月版，第30頁。另見鄧廣銘：〈在紀念陳寅恪教授國際學術討論會閉幕式上的發言〉，收入《鄧廣銘學術文化隨筆》，北京：中國青年出版社，1998年4月版，第213-215頁。

50 傅斯年：〈中華民族是整個的〉，原載1935年12月15日《獨立評論》第181號。《傅斯年全集》第4卷，第125頁。

的立場，把背叛國家的敗類，從嚴防範，盡法懲治！」[51]為處理好國內民族關係問題，傅斯年與顧頡剛、費孝通還有過一番討論，他主張謹慎地使用「邊疆」、「民族」這兩個名詞，力陳「中華民族是一個」的大義。[52]為此，他還留有一部未完成的遺稿——《中國民族革命史》，認定歷史上的中國民族有四大特點：「一、中國民族者，不以侵略人為是，而亦不甘侵略之民族也。」「二、中國民族者，雖亦偶為人滅其國，卻永不能為人滅其民族意識，縱經數百年，一旦得環境之遷易，必起而解脫羈絆也。」「三、中國民族者，永不忘其失地者也。」「四、中國民族，雖有時以政治紊亂故，頓呈虛弱之象，然一旦政治有方，領導得人，可由極弱變為極強。」「識此四義，以瞻望將來，則我民族之人，但能同心協成，竭力自奮，將來之光明，必有不減於漢唐之盛舉也。」[53]對中華民族的前途充滿了信心。

在國內政治方面，傅斯年表現了一種偏袒主流政治的立場。這裡我不妨舉三個例證：其一，在《獨立評論》討論國內政治時，傅斯年發表的〈中國現在要有政府〉一文，提出「此時中國政治若離了國民黨便沒有了政府」，[54]對當時獨立評論社同人中所表達的民主、憲政訴求未置一詞。四十年代他發表的有關「五

---

[51] 傅斯年：〈中華民族是整個的〉，原載1935年12月15日《獨立評論》第181號。《傅斯年全集》第4卷，第127頁。

[52] 1939年傅斯年致顧頡剛信，參見傅樂成：〈傅斯年先生的民族思想〉，原載1963年5、6月臺北《傳記文學》第2卷第5、6期。

[53] 傅斯年：《中國民族革命史》（未完稿），轉引自傅樂成：〈傅斯年先生的民族思想〉，原載1963年5、6月臺北《傳記文學》第2卷第5、6期。

[54] 傅斯年：〈中國現在要有政府〉，1932年6月9日《獨立評論》第5號。《傅斯年全集》第4卷，第12頁。

四」的兩篇文章，即：〈「五四」偶談〉、〈「五四」二十五年〉，[55]主要也是討論科學，而對民主可謂一筆帶過。之所以在這一時期傅斯年避談民主，顯然表明他與游離於國民黨之外的自由主義者有一定思想距離。其二，西安事變發生後，他破例在官方報紙《中央日報》上發表的〈論張賊叛變〉、〈討賊中之大路〉兩文和後來發表的〈西安事變之教訓〉一文[56]，明確反對張學良的「兵諫」，以為張「自墜長城」，更是表達了一種維護中央政府權威的聲音。抗戰以後，他與蔣介石能夠建立比較密切的個人關係，甚至直接上書彈劾孔祥熙，並獲信任，與他在這一事變中的表態應有一定關係。其三，在這一時期，傅斯年從未參加任何政治異議活動，他與蔡元培、胡適兩人關係雖密，但他卻既未捲入胡適領導的人權論戰，也未參加蔡先生領導的中國民權保障同盟。當時，中央研究院的一些重要骨幹，如楊杏佛、林語堂，甚至於胡適、李濟等也加入了這一組織，但傅斯年沒有參與這些活動。傅斯年做出這一抉擇，一方面表明他與國民黨的主流派有一定關係，至少是持合作的態度；一方面也說明他更多的將注意力放在民族矛盾上，因而對國內政派紛爭持謹慎乃至回避的態度。

---

[55] 傅斯年：〈「五四」偶談〉，載1943年5月4日重慶《中央日報》；〈「五四」二十五年〉，載1944年5月4日重慶《大公報》「星期論文」。

[56] 傅斯年：〈論張賊叛變〉，載1936年12月16日《中央日報》；〈討賊中之大路〉，載1936年12月21日《中央日報》；〈西安事變之教訓〉，載1937年2月《國聞週報》第14卷第7期；三文均收入《傅斯年全集》第5冊，臺北：聯經出版公司，1980年9月初版。湖南教育版《傅斯年全集》未收此三文。

三、民主社會主義的抉擇

　　二十世紀中國知識分子都面臨「主義」選擇的困擾，深切關懷政治的傅斯年自不例外。關於傅斯年的思想定位，一直有不同說法。羅家倫說：「孟真反對唯物史觀，可是他主張經濟平等，消除貧富界限。他自稱為主張自由社會主義的人。他不曾有任何經濟學說和制度的系統，不過他這種經濟平等的觀念是很對的。」[57]程滄波說：「如果胡適之是一個『保守的自由主義者』，那末，傅孟真是一『急進的保守主義者』Radical Conservation。」「去年（作者按：指1950年）在台北，有一個下午我們大辯論資本主義與社會主義，他口口聲聲是贊成社會主義，但他骨子裡是一個自由主義，自由主義與社會主義終有一天會調和而混合的，」[58]陶希聖回憶，四十年代末，他在南京會見傅斯年，傅對他說：「適之是自由主義者，我是自由社會主義者。」[59]何茲全先生回憶說，四十年代，他與傅斯年談到國家前途時，「傅先生說：『我的理想是民主+社會主義。」[60]而吳相湘先生則認定：「論者

[57] 羅家倫：〈元氣淋漓的傅孟真〉，載1950年12月30日臺北《中央日報》。

[58] 程滄波：〈記傅孟真〉，原載臺北《新聞天地》第156號；又收入王富仁、石興澤編：〈諤諤之士——名人筆下的傅斯年、傅斯年筆下的名人〉，上海：東方出版中心，1999年7月版，第88、91頁。

[59] 陶希聖：〈傅孟真先生〉，原載1950年12月23日臺北《中央日報》；又見王富仁、石興澤編：〈諤諤之士——名人筆下的傅斯年、傅斯年筆下的名人〉，上海：東方出版中心，1999年7月版，第65頁。

[60] 參見何茲全：〈憶傅孟真師〉，載1992年2月臺北《傳記文學》第60卷第2期。又見〈諤諤之士——名人筆下的傅斯年、傅斯年筆下的名人〉，上

有謂胡適乃『保守的自由主義者』（Conservative Liberal），傅斯年為『急進的自由主義者』（Radical Liberal）。可謂允當。」[61]從上述論者的看法可以見出，大家都以為傅斯年與胡適的政治理念有所區別，這種區別主要表現在傅斯年思想裡包含了社會主義因素。

傅斯年明確表達他的政治理念是在抗戰即將結束時發表的兩篇時評中。一篇是為悼念美國總統羅斯福逝世而發表的〈羅斯福與新自由主義〉一文，在這篇文章中，傅斯年從羅斯福「新政」引申出新自由主義這一話題，他對羅斯福的政績作了評論：

> 他就任美國大總統時，正值空前的商業不景氣，他推行「新政」──其中實在含有溫和而有效的社會主義成分──安定了民生，更繼續不斷的創造些有利大眾的制法，……在他的偉大貢獻中最大的是什麼？各人的重點不同，答案必不一致，我的答案是，他給自由主義一個新動向，新生命，並且以事實指證明白，這個改造的、積極的新自由主義有領導世界和平與人類進步的資格。

所謂「新自由主義」之「新」的含義在哪裡呢？「美國的政治傳統，本是自由主義，不待說，但傳統的自由主義到今天太多保守性，例如『財產自由』竟是其他一切自由的障礙。羅斯福總統在第一第二兩任總統時推行的一切社會立法，即所謂『新政』

海：東方出版中心，1999年7月版，第198頁。
[61] 吳相湘：〈傅斯年學行並茂〉，收入《民國人物傳》第1冊，臺北：傳記文學出版社，1982年10月，二版，第221頁。

者，雖不揭社會主義之名，也並不是強烈性的社會主義，卻是一個運用常識適合國情的對資本主義現狀之嚴重修正案，其中實在包涵著不少溫和的社會主義成分。」這一成分則是「免於匱乏的自由」，在傅看來「人類要求是自由與平等，而促成這兩事者是物質的和精神的進步。百多年來，自由主義雖為人們造成了法律的平等，卻幫助資本主義更形成了經濟的不平等，這是極可恨的。沒有經濟的平等，其他的平等是假的，自由也每不是真的。但是，如果只問平等，不管自由，那種平等久而久之也要演出新型的不平等來，而且沒有自由的生活是值不得生活的，因為沒有自由便沒有進步了，所以自由與平等不可偏廢，不可偏重，不可以一時的方便，取一捨一。利用物質的進步（即科學與經濟）和精神的進步（即人之相愛心而非相恨心），以促成人類之自由平等，這是新自由主義的使命。」[62]在這裡，傅斯年明確提出了自由主義應該接受社會主義「經濟平等」的概念。

另一篇文章是〈評英國大選〉。在他看來，戰後英國工黨在大選的勝利表明「英國人民之決心傾向溫和的社會主義是毫無可疑了。」[63]保守黨因僅僅抄襲一戰後路易‧喬治混合政府的老調，為英國選民所拋棄；工黨「卻拿出了了一個明晰的、具體的社會經濟方案，這方案比羅故總統的新政更多好幾倍的含了社會主義，例如礦產國有，鋼鐵國有，內地交通國有，土地國管，銀

[62] 傅斯年：〈羅斯福與新自由主義〉，原載1945年4月29日重慶《大公報》，收入《傅斯年全集》第4卷，第289-294頁。

[63] 〈評英國大選〉，原載1945年7月30日《大公報》星期論文。《傅斯年全集》第4卷，第295頁。

行國管，物資繼續實行管制分配製等等，毫不含糊的是一個溫和社會主義制度。工黨的社會主義，是不革命性的，因為工黨是個憲政黨，不是革命黨而且其本身最大力量出自工團（Trade unions），在各種社會主義中最富有保守性，這是使英國工黨永不會與英國共產黨合作的，雖然後者屢次要求入黨。」[64]傅斯年認為，這種試驗曾在歐洲西北部的小國頗有成功，然在像英國這樣的一等大國實行，是歷史上的第一次，故「這個選舉是有世界意義的」。從這個事件，傅斯年聯想到中國，「就理論言，國父中山先生之民生主義，實在是溫和的，合於中國現狀的社會主義。中英國情不同，他們當前要解決的問題是工業，我們要解決的問題是農民，問題雖不同，而其為溫和的社會主義的方案則同。」[65]他把溫和的社會主義，亦即英國工黨式的社會主義看作是社會主義的樣板，以區別於蘇聯模式。「我平生的理想國，是社會主義與自由並發達的國土，有社會主義而無自由，我住不下去，有自由而無社會主義，我也不要住。所以我極其希望英美能做成一個新榜樣，即自由與社會主義之融合，所以我才對此大選發生興趣。」[66]

　　從傅斯年對羅斯福新政和英國大選的讚揚中，我們可以看出他思想的一個明顯傾向，就是自由主義和社會主義的融合，也就是政治自由與經濟平等的結合。這與他在文化上鮮明的思想個性似有不同。在當時一般人看來，資本主義的優長是自由，而社會主義的優越則在平等，能獲得這兩者之長，是一種至為理想的境

---

[64]　〈評英國大選〉，《傅斯年全集》第4卷，第297頁。

[65]　〈評英國大選〉，《傅斯年全集》第4卷，第298頁。

[66]　〈評英國大選〉，《傅斯年全集》第4卷，第299頁。

界。傅斯年所期於戰後中國的也就是這樣一種制度的建構。

為什麼要選擇這樣一種發展模式？這一方面與傅對蘇俄的看法有關。從民族利益出發，他無法容忍蘇聯對中國繼續實行其帝俄時代的沙文主義強權政策，尤其是對戰後蘇聯力圖攫取東北的特殊權益極為憤慨，為此，他曾發表〈中國要和東北共存亡〉、〈我們對於雅爾達秘密協定的抗議〉（與人聯名發表）等文，明確反對蘇聯在中國東北恢復其帝俄時代的特權，傅可以說是戰後一馬當先的反蘇鬥士。因此，在中外關係處理方面，他顯然與胡適一樣屬於親英美派的代表。另一方面，傅斯年並不看好資本主義經濟因自由競爭而出現的貧富兩極分化現象，他評價美國的羅斯福新政和英國工黨贏得大選的歷史意義，讚揚其中所包含的社會主義因素，其用意即在於此。對於中國的現狀，他對官僚資本膨脹更是深惡痛絕，堅決要求剷除「豪門資本」。

抨擊中國官僚資本的總代表宋子文，是傅斯年戰後在政治上引人注目的大手筆。抗戰時期，他曾以無黨派人士參加國民參政會。作為一名參政員，傅斯年積極提出條陳建議，如〈請政府加重救濟難民之工作案〉[67]、〈擬請政府制定《公務員回避法》案〉、[68]〈請嚴禁邪教，以免搖動抗戰心理案〉[69]〈徹查中央信託局歷年積弊，嚴加整頓，懲罰罪人，以重國家之要務而肅官常

---

[67] 〈國民參政會第一次大會紀錄〉，國民參政會秘書處編印，1938年9月，第63、204-206頁。
[68] 〈國民參政會第三次大會紀錄〉，國民參政會秘書處編印，1939年4月，第28頁。
[69] 〈國民參政會第五次大會紀錄〉，國民參政會秘書處編印，1940年8月，第29、81頁。

（場）案〉[70]等。更令人矚目的是，他以一介書生的身份竟敢挺身
而出，揭露孔祥熙貪污腐敗、損公肥私，引起政壇震動，並把孔
最終拉下台。[71]這可以說是他在政壇留下的光輝一章。抗戰以後，
官僚資本迅速膨脹，引起了各方面的注意，為此傅斯年又撰寫了
〈論豪門資本之必須剷除〉、〈宋子文的失敗〉、〈這個樣子的
宋子文非走開不可〉三文，對官僚資本的代表宋子文首先發難。
他說：「『官僚資本』一個名詞是抗戰時候的產物，還是我的朋
友某教授造的，當時的中心對象是孔祥熙，現在大家注意宋子文
多些了，但也決不當忘了孔祥熙。」他對「官僚資本」從三個層
面進行了分析：「第一，國家資本。國家資本的發達是走上計劃
經濟、民生主義、溫性的社會主義必由之路，所以如果辦得好，
我是百分的贊成。這些年國家資本相當發達，但內容和表面大不
相同。」「英國現在工黨所行的社會主義政綱，好多我們已經實
行了，例如鐵路、銀行、主要工業之國有，我們都作了，然而結
果不特愈弄得去社會主義愈遠，而且去任何有效政體、像樣社會
也愈遠，其故皆在人事，不在國家資本之基本觀念上。」「第
二，官僚資本。官僚資本在中國真發達極了，上自權門，下至稍
稍得意稍能經營的公務員，為數實在不少，這幾乎包括中國的資
本階級及上等布爾喬亞。」「第三，權門資本。權門資本是官僚
資本之一類，然而其大無比，……一方面可以吸收、利用、支配

---

[70] 〈國民參政會第四屆第一次大會紀錄〉，國民參政會秘書處編印，1946年
1月，第29、81頁。
[71] 關於傅斯年揭露孔祥熙一案，參見楊天石：〈傅斯年攻倒孔祥熙〉，載
《百年潮》1997年第3期。

國家資本，一方面可以吸取、保護（因保護而受益）次於他的官僚資本。為所欲為，愈受愈大。」在傅看來「豪門資本這樣發達，中國幾無國家的形象。」[72]傅斯年的文章在《觀察》、《世紀評論》發表後，各地報章紛紛轉載，舉國注目。在各方面的一片反對聲中，宋子文被迫辭去行政院長一職。過去人們形容自由主義者與國民黨的關係時，有一個習慣說法──「小罵大幫忙」。就傅斯年來說，幫忙之心的確有之，但大罵也未解其恨。

在如何處理與國民黨或國民政府的關係上，傅斯年也有他個人的看法，從他對胡適參政的意見中可以看出他的態度。1937年「八一三」事變後，蔣介石欲請胡適赴歐美作外交宣傳工作，先請王世杰出面做胡適的工作，「談了兩三晚」，胡適「未肯應允」；再由傅斯年勸說，胡適才鬆了口。[73]1938年7月，蔣介石又三次電請胡適做駐美大使，[74]胡適此時在猶疑之中，他寫信給傅斯年似是徵求傅的意見：「我自己受『逼上梁山』，你們當有所知，何以都不電告你們的意見，萬不得已，我只得犧牲一兩年的學術生涯，勉力為之，至戰事一了，仍回到學校去。」[75]顯然，傅是瞭解此事內情且力主胡適擔任大使之人。他之勸服胡適出任外交工作，則是以抗戰這一最高利益為原則。

[72] 〈論豪門資本之必須剷除〉，1947年3月1日《觀察》第2卷第1期。《傅斯年全集》第4卷，第332頁。

[73] 參見王世杰：〈傅先生在政治上的二三事〉，載1976年1月臺北《傳記文學》第28卷第1期。

[74] 參見〈致江冬秀〉1938年9月24日，收入《胡適書信集》中冊，北京：北京大學出版社，1995年9月版，第757頁。

[75] 〈致傅斯年〉1938年7月30日，《胡適書信集》中冊，第752頁。

　　無獨有偶，1947年1月15日，蔣介石約請傅斯年吃飯，談及請胡適出面任國府委員兼考試院院長。兩人「談了許久」，傅「反復陳說其不便」。[76]胡適回信也同意傅斯年的意見，「我因為很願意幫國家政府的忙，所以不願意加入政府。」

> 我在野，——我們在野，——是國家的、政府的一種力量，
> 對外國，對國內，都可以幫政府的忙，支持他，替他說公
> 平話，給他做面子。若做了國府委員，或做了一院院長，
> 或做了一部部長，……結果是毀了我三十年養成的獨立地
> 位，而完全不能有所作為，結果連我們說公平話的地位也
> 取消了。——用一句通行的話，「成了政府的尾巴」！[77]

　　胡適寫在信上的這段話，雖有做秀的成份，但大體反映了胡適的心跡則不誤。當時，蔣介石要胡適出任國府委員，其意是為其聲譽大跌的國民政府「撐面子」，以挽回其頹勢，這一點在他與傅斯年的第二次談話中清楚地道明。[78]蔣在托傅斯年、王世杰出面轉達其意，沒有產生效應，似感到傅在其中「打岔」，[79]故轉為自己親自出馬，3月5日親筆寫了一封信託何思源面交胡適，「尚望體念時局之艱難，務請惠予諒察」，[80]讀了這封信後，胡適心有

---

[76] 〈傅斯年致胡適〉1947年2月4日，《胡適來往書信選》下冊，第170-172頁。
[77] 〈胡適致傅斯年〉〔稿〕1947年2月6日，《胡適來往書信選》下冊，第175頁。
[78] 〈傅斯年與胡適〉1947年2月20日，《胡適來往書信選》下冊，第176頁。
[79] 〈傅斯年致胡適〉1947年4月7日，《胡適來往書信選》下冊，第198頁。
[80] 〈蔣介石致胡適〉1947年3月5日，《胡適來往書信選》下冊，第181-182頁。

所動，他3月23日寫信給傅斯年，說明自己「近兩個月中」，已辭謝了六次，但據3月18日蔣的口氣，「怕是逃不了的了」，胡適也看出蔣之所以執意如此，「其實仍是對付國外為多」，即出於應對美國人的壓力，以「中國自由主義者」來點綴其政府。[81]而傅則看穿了蔣的心計，函電交加，力主胡不要出任，以為這是「大糞堆上插一朵花」。[82]在傅斯年的力勸之下，胡適再致電蔣介石，堅稱「北大此時尚在風雨飄搖之中，決不許適離開，道義上適亦不願離開北大。萬一命下之日，學校人心解體，不但北大蒙受其害，亦甚非國家之福。」[83]隨即胡適又托湯用彤、饒毓泰、鄭天挺致電朱家驊，幫助其說服蔣。[84]蔣在此情形下，只好暫示「既承尊示，容當再加考慮。」[85]由於朱家驊的堅持，而傅斯年又說胡「在政府並不能發生政治作用，反失去社會上的道德作用。」[86]蔣介石最後放棄了這一打算，4月19日他回電胡適：「此次尊重兄意，不克延致，殊為耿耿。若有兩全之道，則必借重以慰群望也。」[87]此事到此才告一段落。

[81] 〈胡適致傅斯年〉1947年3月23日，收入王泛森：《史語所藏胡適與傅斯年來往函札》，收入《胡適研究叢刊》第三輯，北京：中國青年出版社，1998年，第351-354頁。

[82] 〈傅斯年致胡適〉1947年3月28日，《胡適來往書信選》下冊，第192頁。

[83] 〈胡適致蔣介石〉〔電稿〕，《胡適來往書信選》下冊，第194頁。

[84] 參見〈胡適致傅斯年〉〔電稿，附湯用彤、饒毓泰、鄭天挺致朱家驊〕，《胡適來往書信選》下冊，第195頁。

[85] 〈蔣介石致胡適〉〔電〕1947年4月19日，《胡適來往書信選》下冊，第195頁。

[86] 〈傅斯年致胡適〉1947年4月7日，《胡適來往書信選》下冊，第197-198頁。

[87] 〈蔣介石致胡適〉〔電〕1947年4月19日，《胡適來往書信選》下冊，第198頁。

在處理這一事情時，儘管傅斯年將自己定位於自由主義者，但我們還是可以看到他與胡適的微妙差別。傅是看穿了蔣介石「不講法治」的真面目[88]和對「政府決心改革政治之誠意」的疑慮。[89]故其抱定了不入政府的決心，並希望藉此形成壓力，促成蔣介石在政治上改革，而「現在改革政治之起碼誠意，是沒收孔宋家產」。[90]這是他自恃與蔣介石八、九年經歷，「知之深矣」的經驗。而胡適不這麼看，他明確表示「至於政治情形，我總覺得我在海外九年，看事理比較國內朋友似稍客觀，故對蔣公，對國民黨，都比一般朋友的看法比較寬恕。我並不否認你的『經驗』主義，但我因為沒有這九年經驗，故帶保留一點冷靜的見解。老兄主觀太強，故不能share我的看法。試舉一例，如老兄主張『現在改革政治之起碼誠意是沒收孔宋財產』。我的Anglo-Saxon訓練決不容許我作此見解。」[91]傅與胡的另一個區別是：傅不主張進入政府，不純是為了保持「獨立」的立場，還隱含有給蔣介石以壓力之意。而胡則主要是為了保持自己的「清流」不致因此被玷污。實際上，傅在行政上不僅比胡適練達，且深諳國民黨之內情。故對這一事的處理自然比胡適看得更深，其立場也更堅定。從當時的情形看，對於文化教育這一方面的事務處理，蔣介石主要是倚

---

[88] 參見〈傅斯年致胡適〉1947年4月7日，《胡適來往書信選》下冊，第197-198頁。

[89] 參見〈傅斯年致胡適〉1947年3月28日，《胡適來往書信選》下冊，第192頁。

[90] 參見〈傅斯年致胡適〉1947年3月28日，《胡適來往書信選》下冊，第192頁。

[91] 王汎森：〈史語所藏胡適與傅斯年來往函札〉，收入《胡適研究叢刊》第三輯，北京：中國青年出版社，1998年版，第355頁。

依朱家驊、王世杰、傅斯年這些人的意見，胡適仍不過是他手中的一個花瓶，而這個花瓶是玩給對「中國自由主義」抱有熱切希望的美國朋友馬歇爾這些人看的。[92]而在如何參政的問題上，傅斯年與胡適也有不同看法。傅以為「與其入政府，不如組黨；與其組黨，不如辦報。」[93]故他在這時頗注意寫作時評，在《世紀評論》、《觀察》這些比較激進的自由主義刊物上發表了一些具有震撼力的文章。胡適則不同，1946至1947這兩年間，儘管《觀察》主編儲安平三次約稿，[94]並赫然列名在該刊封面的「撰稿人」名單中，但他卻未在該刊發表過一篇時評政論。胡適組建了一個獨立時論社，從他在1948年9月4日發表的《自由主義》演講，強調容忍反對黨「是近代自由主義裡最可愛慕而又最基本的一個方面」，「是和平的政治社會改革的唯一基礎。」[95]到五十年代他鼓勵雷震組織反對黨，看得出來胡適對組黨是抱有興趣的。

　　戰後圍繞中國走什麼道路？曾一度有過熱烈的討論。共產黨有「新民主主義」的設想，國民黨有意將多年擱置的「憲政」提上議事日程，在國、共兩黨之外遊移的各民主黨派和其他中間人

---

[92] 胡適對此也看得很清楚，參見〈胡適致傅斯年〉1947年3月23日，收入王汎森：〈史語所藏胡適與傅斯年來往函札〉，《胡適研究叢刊》第三輯，第353頁。

[93] 〈傅斯年致胡適〉1947年2月4日，《胡適來信書信選》下冊，第172頁。

[94] 作者按：耿雲志主編的《胡適遺稿及秘藏書信》第41冊，內收〈儲安平致胡適信五通〉，時間為1947年1月21日、7月4日、8月12日、9月12日、10月5日，前四信均與約稿有關，唯最後一信感謝胡適題字，內容不詳，但胡之不願供稿，顯然表明他對《觀察》激進的辦刊傾向持保留態度。

[95] 〈自由主義〉，《胡適文集》第12冊，第809頁。

士也在尋找各自的政治方向，重新確定自己的政治定位。這是政
治上比較開放、思想上相對自由的一個時期。也正是在這樣一種
背景下，民主政治思想獲得了前所未有的發展，自由主義作為一
種思潮獲得了前所未有的影響力。談民主，標榜自由主義（包括
國民黨內的一部分人）蔚然成風，所謂「第三勢力」相當活躍。
傅斯年也是在這種政治背景下表達自己的政治理念，這既可以說
是一種政治表態，也可以說是一種政治訴求。從當時的背景看，
傅對民主社會主義的嚮往，其意還是為了修正國民黨的政治綱
領，將國民黨從一個類似於蘇、德、義之類的政黨拉上英國工黨
或其他西方社會民主黨這條道路上來。這一點與胡適和其他自由
主義者多少有點差異。

　　傅斯年的這種理想很快被嚴酷的現實所沖淡，在國際上，美
蘇兩強進入冷戰局面；在國內，國共兩黨以武力代替和談，內戰
再起。在這樣一種背景下，中間勢力失去了平衡，必須做出非此
即彼的選擇。正是這種情勢的逼迫，傅斯年在生命的最後三年發
表了幾篇政論：〈論美蘇對峙之基本性〉、[96]〈自由與平等〉、[97]
〈蘇聯究竟是一個什麼國家？〉、[98]〈我們為什麼抗俄反共〉、[99]
〈共產黨的吸引力〉[100]，激烈攻擊蘇聯的社會制度和對內對外的

---

[96] 傅斯年：〈論美蘇對峙之基本性〉，載1948年9月《正論》新十一號。

[97] 傅斯年：〈自由與平等〉，載1949年11月20日《自由中國》第1卷第1期。

[98] 傅斯年：〈蘇聯究竟是一個什麼國家？〉，載1949年12月20日《自由中
國》第1卷第3期。

[99] 傅斯年：〈我們為什麼抗俄反共〉，載1950年2月16日《自由中國》第2卷
第4期。

[100] 傅斯年：〈共產黨的吸引力〉，載1950年4月16日《自由中國》第2卷第
8期。

各項政策，完全站在國民黨一邊說話。不過，有趣的是，他之批評蘇聯，倒不是蘇聯是搞社會主義，而是蘇聯搞的是國家資本主義。他以為「今天的蘇聯，在若干情形上已經到了法西斯主義的末段」，[101]蘇聯已演變成為一個「獨佔式的國家資本主義。沒有資本家而國家是個資本家，國家控制一切資本，一切人民的生命都成了國家的資本」。[102]「假如社會主義是對的，現在的蘇聯早已不是社會主義了，相反的，是一個極度發展的新形態的資本主義。」[103]這樣一種將蘇聯往國家資本主義極力推的批評方式，在多大程度上符合蘇聯的實際，我們可以進一步推敲，但它反映了傅斯年並不排斥社會主義，甚至希望在中國能夠落實一種溫和的社會主義——民主社會主義，這是一個值得人們應當注意的事實。

結語

在二十世紀中國，胡適是一個比較典型、純正的自由主義者，他終身都持守這一立場無多大變化，且愈老彌堅。傅斯年與胡適不同，五四時期，他的思想是多種新思想的集合體。三十年

---

[101] 傅斯年：〈論美蘇對峙之基本性〉，載1948年9月《正論》新十一號。

[102] 傅斯年：〈自由與平等〉，載1949年11月20日《自由中國》第1卷第1期。

[103] 傅斯年：〈我們為什麼抗俄反共〉，載1950年2月16日《自由中國》第2卷第4期。

代至抗戰時期，他以國家利益至上，表現了強烈的民族主義情緒。他之無黨，除了想維持自身的學者本色外，主要是基於國家利益至上的觀念，顯然，在他看來，在黨派利益之上有一個值得他追求和獻身的更大目標，這就是國家、民族。他的政治理念突顯姍姍來遲，到抗戰即將結束時才有比較明確的表述，他表達的是一種對民主社會主義的訴求。

從對傅斯年的政治思想討論中，我們可以看出他的政治思想包含三個層次：一是民族主義，這是他政治思想的底色。他對日本帝國主義侵略中國和蘇俄要求在東北的特殊權益的堅定抵禦態度，都是這一思想在現實中的反映。二是民主社會主義，這是他的政治理想。他反對豪門資本，提倡經濟平等，不含糊地提倡一種溫和的社會主義，反映了他接近普通民眾，為民請命的一面，也是他對中國國情的特殊性的一種處理。三是自由主義，這是他處理各種政治關係的態度。他扮演的與國民黨既「抗爭」又合作的角色，他不願加入政府的選擇，他「天馬行空，獨往獨來」、自作主張的政治個性，都是其自由主義思想的外在反映。在現代中國，自由主義是一種比較紛雜而缺乏一致表現的思想，有人以政治理念表現它，有人視其為政治理想，而傅斯年則是以性格表現對它的認同。

無論是傅斯年的民主社會主義理想，還是胡適的自由主義思想，在四十年代後期都沒有可能真正付諸實踐。戰後中國的第三勢力或中間勢力曾一度活躍，很快也變成一種政治泡沫。他們的受挫固然與國際上冷戰局面的降臨有關，也是國內國共兩黨之間不可調和的矛盾必然導致的結果。每當人們輕視這一歷史的挫折

所付出的代價時，我們是否也應該發問，中國畢竟又因此失去了
一次步入民主政治軌道的可能機會?!

（本文原載《北大史學》第8輯，北京：北京大學出版社，
　　2001年12月出版。收入《自由主義與中國近代傳統
　　——「中國近現代思想的演變」研討會論文集》上冊，
　　　香港：中文大學出版社，2002年出版。）

傅斯年與北京大學

　　在民國時期，對北大的建設卓有成績者，除了人們經常提到的蔡元培和胡適這兩位掛帥人物以外，還有兩位值得稱道的大將：蔣夢麟和傅斯年。傅斯年主持北大校務的時間極為短暫，故人們很容易忽略他與北大的關係，其實在「五四」以後的三十年中，傅斯年不僅是一位傑出的北大學人，而且對北大的建樹立下了汗馬功勞。

一、北大「五四」運動的學生領袖

　　傅斯年（1896～1950），山東聊城人。1913年考入北大預科。當時北大預科學制三年，分一、二兩類，一類側重文史，二類偏重數理化等自然科學，傅斯年自幼在家鄉接受了八年的傳統教育，繼承了其深厚的家學淵源，喜好國學，故他選擇了一類。傅斯年入北大之初，長得人高馬大，一付典型的山東大漢模樣，實則身體孱弱。但他天資甚高，又很勤奮，故成績優異，是校內有名的高材生。除了刻苦攻讀學業外，傅斯年還參與課外活動。

1914年，他與同學沈沅等人發起組織了「文學會」，這是一個以學生為主體，以研究辭章作文，提高文學素養為宗旨的業餘團體。他們創辦了一份《勸學》雜誌，刊名由嚴復用草書體題寫而成。後來，他們在此基礎上，又進一步加以擴大，改組為「雄辯會」，該會以修繕辭令，溝通思想，提高思辨能力，鍛煉演講能力為宗旨，內分國文、英文兩部，每部下設演講、著述二科，傅斯年擔任國文部副部長兼編輯長。

在北大預科學習三年，傅斯年接受了嚴格的訓練，成績在班上名列前茅。1916年夏，傅斯年以平均94.6分的高分成績獲得全班第一名，升入北大本科國文門。現將民國五年（1916年）六月傅斯年的畢業考試成績茲錄於此：西洋史93分，經濟85分，心理94分，英文作文94分，論理96分，英文古文98分，法學通論80分，英文文學98分，德文文法讀本97分，文章學98分，地理100分，歷史99分，文字學85分，論理95分，拉丁文70分，操行100分，總計1482分，曠課扣分加3分，總平均92.6分，實得95.6、93.6，94.6分。[1]

傅斯年進國文門之初，頗受當時國學大師章太炎思想和人格的感染，而此時北大文科多為章太炎的門生弟子所把持。由於傅斯年在學生中出類拔萃，頗得黃侃、陳漢章、劉師培諸師的器重和栽培，他們期望這位學生日後繼承章氏學派的衣缽。周圍的同學對這位恃才傲物，舉止豪爽的高材生亦刮目相看，敬而畏之，

[1] 傅斯年預科期間的學習成績現藏於北大檔案館教務檔中。除了這份畢業考試成績單外，此外還保存有民國二年（1913年）十二月，民國四年（1915年）六月兩份成績單。參見歐陽哲生主編：《傅斯年全集》第7卷〈附錄：傅斯年先生年譜簡編〉，長沙：湖南教育出版社，2003年9月版，第400頁。

有的同學竟稱他為「孔子以後的第一人」。[2]據毛子水回憶：

> 在我看起來，他那時的志願，實在是要通當時所謂「國學」的全體；惟以語言文字為讀一切書的門徑，所以托身中國文學系。……當時北京大學文史科學生讀書的風氣，受章太炎先生學說的影響很大。傅先生最初亦是崇信章氏的一人。終因資性卓犖，不久就沖出章氏的樊籠；到後來提到章氏，有時不免有輕蔑的語氣。與其說是辜負啟蒙的恩德，毋寧說這是因為對於那種學派用力較深，所以對那種學派的弊病也看得清楚些，遂至憎惡也較深。[3]

　　導致傅斯年思想觀念發生轉變的是新文化運動。1917年初，蔡元培先生主長北大，先後延攬陳獨秀、胡適、李大釗、錢玄同、周氏兄弟來北大任教，「文學革命」的風暴開始震撼著昔日寂靜而沉悶的校園。胡適在哲學系開設「中國哲學史」課程，原來擔任此課的是陳漢章老先生，他講了兩學期才講到商朝，而胡適徑直從周宣王講起，這種處理中國哲學史的作法，頗使學生們震動，「駭得一堂中舌撟而不能下」。[4]一些學生認為這是思想

---

[2] 伍俶：〈憶孟真〉，收入王富仁、石興澤編：《諤諤之士——名人筆下的傅斯年、傅斯年筆下的名人》，上海：東方出版中心，1999年7月版，第83頁。
[3] 毛子水：〈傅孟真先生傳略〉，原載1951年1月1日《自由中國》第4卷第1期。收入王為松編：《傅斯年印象》，上海：學林出版社，1997年12月版，第160頁。
[4] 顧頡剛：《古史辨》第一冊〈自序〉，北京：樸社，1926年版，第36頁。

造反，不配登堂講授。傅斯年在學生中有一定威信，他曾率學生將一位不學無術的教授朱蓬仙趕下講台。[5]此次同學們又請他來聽課，聽了幾次課以後，他告訴同學們說：「這個人書雖然讀得不多，但他走的這一條路是對的。你們不能鬧。」這樣才平息了一場風波。傅斯年過逝後，胡適提及此事，無限深情地稱他是自己的「保駕人」。[6]

傅斯年日漸敬服胡適，經常去聽他的課，甚至邀集一些同學去胡適家中「客客氣氣的請教受益」。[7]通過深入接觸，胡適「甚驚異孟真中國文學之博與精，和他一接受以科學方法整理舊學以後的創獲之多與深」，因而非常器重這位學生。另一方面，傅斯年也越來越傾倒於胡適的思想和學問，轉向贊成「文學革命」的主張，對西書的閱讀興趣也甚為濃厚。「當時在北京大學師生中，文言文寫得不通或不好而贊成新文學的很多，文言文寫得很通很好而贊成新文學的很少。傅先生便是後一類中的一個」[8]。傅斯年住在校內西齋四號，同室者有精心鑽研哲學和古史的顧頡剛，有專心研究辭章的狄君武，有迷戀佛經的周烈亞，大氣磅礡的傅斯年則「和他的一班不速之客的朋友羅志希等，在高談文學革命和新

---

[5] 羅家倫：〈元氣淋漓的傅孟真〉，原載1950年12月31日臺北《「中央」日報》。收入羅家倫：《逝者如斯集》，臺北：傳記文學出版社，1967年9月1日版，第166頁。

[6] 胡適：〈傅孟真先生的思想〉，收入《胡適作品集》第25冊，臺北：遠流出版公司，1986年3月版，第55頁。

[7] 羅家倫：〈元氣淋漓的傅孟真〉，收入《逝者如斯集》，臺北：傳記文學出版社，1967年9月版，第166頁。

[8] 毛子水：《傅孟真先生傳略》，收入《傅故校長哀挽錄》，第2頁。

文化運動」。[9]以後文學革命的旗幟,「因得孟真而大張」。[10]

　　1918年10月8日,《北京大學日刊》刊登了傅斯年給校長蔡元培先生的投書——〈論哲學門隸屬文科之流弊〉。文中認為,哲學研究的材料來源於自然科學,「凡自然科學作一大進步時,即哲學發一異彩之日,以歷史為哲學之根據,其用甚局,以自然科學為哲學之根據,其用至博。」主張哲學應入理科。[11]此文引起蔡先生的注意。他對這位高材生寄寓厚望,題詞贈曰:「山平水遠蒼茫外,地闊天開指顧中」。[12]

　　這年夏天,傅斯年約集毛子水、羅家倫、顧頡剛、康白情、俞平伯等二十名志同道合的同學成立了北大學生中第一個傾向於新文化的團體——新潮社,並開始籌辦《新潮》雜誌。蔡元培、陳獨秀對他們的行動給予了熱情贊助,他們從北大每年四萬元的經費中提出兩千元給傅斯年辦《新潮》,胡適則出面擔任他們的學術顧問。1919年元旦,由傅斯年主編的《新潮》創刊號問世。在〈《新潮》發刊旨趣書〉中,傅斯年強調該刊是為了幫助青年學生「去遺傳的科舉思想,進於現世的科學思想;去主觀的武斷思想,進於客觀的懷疑思想;為未來社會之人,不為現在社會之人;造成戰勝社會之人格,不為社會所戰勝之人格。」[13]其宗旨與《新青年》如出一

[9]　羅家倫:〈元氣淋漓的傅孟真〉,收入《逝者如斯集》,第168頁。
[10]　羅家倫:〈元氣淋漓的傅孟真〉,收入《逝者如斯集》,第167頁。
[11]　傅斯年:〈論哲學門隸屬文科之流弊〉,原載1918年10月8日《北京大學日刊》。收入《傅斯年全集》第1卷,長沙:湖南教育出版社,2003年9月版,第37頁。
[12]　原件影印載王汎森,杜正勝編:〈傅斯年文物資料選輯〉,臺北:中研院史語所,1995年版,第31頁。
[13]　傅斯年:〈《新潮》發刊旨趣書〉,載1918年1月1日《新潮》創刊號。

轍，怪不得它的出現被視為新文化運動的又一個陣地。傅斯年還豪邁的宣告：「期之以十年，則今日之大學固來日中國一切新學術之策源地；而大學之思潮未必不可普遍中國。」[14]

傅斯年在《新潮》上發表了四十多篇文章，內容涉及文學語言、社會政治、道德倫理、哲學歷史等領域，產生了極大的社會影響，從此他蜚聲文壇，成為北京大學一位富有魅力的學生領袖人物。

「五四」運動的策源地是北大。為抗議巴黎和會把原來德國在山東的一切權利轉讓給日本的決定，5月2日，蔡元培校長將巴黎和會上中國外交失利的消息告訴《新潮》社的羅家倫、傅斯年、康白情、段錫朋等人。5月3日晚，北大全體學生召開大會，傅斯年等新潮社同人出席了這次大會。在這次會議上，傅斯年等20名學生被推為代表，負責第二天大示威的組織事宜。

5月4日上午，傅斯年在堂子胡同國立法政專門學校主持十三校學生代表會議。該會議決定：各校代表立刻回校去集合本校同學，下午一點在天安門前集合彙集，全體抗議帝國主義在巴黎和約上關於山東問題的不公正的決定。下午，各校學生3千餘人在天安門集會，傅斯年擔任遊行總指揮，扛舉大旗，走在隊伍的前列。學生遊行隊伍走至東交民巷西門口美國使館門前受阻，遂轉向曹汝霖的住地——趙家樓。憤怒的學生痛打待在曹家的章宗祥，火燒趙家樓，北洋軍閥派兵趕赴現場鎮壓，當場逮捕學生32人。傅斯年「是到趙家樓打進曹汝霖的住宅的」，但離開現場較

《傅斯年全集》第1卷，第81頁。

[14] 傅斯年：〈《新潮》發刊旨趣書〉，原載1918年1月1日《新潮》創刊號。《傅斯年全集》第1卷，第79頁。

早，故未被捕。當天晚上他回校時對同學姚從吾說：「這回北大損失太大了，同學被捕去好多。」[15]

5月5日，傅斯年與一個「衝動到理智失去平衡的同學」吵架，對方將其金絲眼鏡打落了，於是他一怒之下，賭氣不到北大學生會裡來工作。[16]這樣，傅斯年遂退出了轟轟烈烈的學生運動。

這年夏天，傅斯年畢業於北大文科國文門。談及自己北大時期的學生生活時，傅先生本人曾有一段回憶：

> 我在北京大學六年（預科三年，本科三年），從民國二年到民國八年。那時候學生的平均購買力比現在高得多，吃個小館，不算稀奇。我是個中產階級的無產貧家出身，但也差不多每星期跑到東安市場買肉回來吃。我在這六年中，五年住宿舍，飯食的錢，一月合四塊多錢，吃的和現在銀行下級行員差不多。我在學校的宿舍裡住了五年，最後一年因為在報上作點小文，有幾個錢，便「住公寓」去了。那時候北京大學左右的公寓不計其數，小飯鋪不計其數，買零肉的尤其不計其數。[17]

傅斯年的大學成績優秀，在班上居於前列。第一學年，中國文學160分，文字學180分，中國史90分，中國文學史85分，論理

[15] 傅樂成：〈傅孟真先生與五四運動〉，載1968年4月23日臺北《聯合報》副刊。
[16] 羅家倫：〈元氣淋漓的傅孟真〉，收入《逝者如斯集》，第172頁。
[17] 傅樂成：〈傅孟真先生年譜〉，收入《傅斯年全集》第7冊，臺北：聯經出版事業公司，1980年9月初版，第270-271頁。

學100分，操行140分，總計755分，平均89.9分，扣分1分，實得88.9分。居全班第一名。第二學年，古代文學史93.5分，近代歐洲文學史80分，日文67分，文字學80分，總計320.5分，平均80.1分。列全班第三名（排在楊振聲，羅常培之後）。第三學年，近代文學史87.5分，文字學85分，言語學96分，詞曲82分，日文C班70分，總計420.5分。平均84.1分。居全班第五名（排在區文雄，崔志文，張煊，俞平伯之後）。[18]

二、北大「中興」的軍師

1919年秋，傅斯年考取山東省官費留學。這年冬天，他踏上了赴歐留學的旅程。在英、德學習七年，傅斯年先後就讀於倫敦大學大學院、柏林大學文學院。1926年秋回國，隨後擔任中山大學文科學長。1928年，中央研究院成立，應蔡元培先生之邀，他籌備並出任歷史語言研究所所長。1929年，史語所由廣州遷往北平，這年秋天，傅斯年被聘為北大兼職教授。不久，蔣夢麟主長北大，他續聘傅斯年任北大兼職教授和北大歷史系名譽教授，傅斯年遂成為他治理校務的重要幫手。

據蔣夢麟回憶：「九・一八事變後，北平正在多事之秋，我的參謀就是適之和孟真兩位。事無大小，都就商於兩位。他們兩位代

---

[18] 歐陽哲生主編：《傅斯年全集》第7卷，長沙：湖南教育出版社，2003年9月版，第400-401頁。

北大請了好多位國內著名教授。北大在北伐成功以後之復興，他們兩位的功勞，實在太大了。」[19]蔣還稱讚傅斯年為人處事的兩大特徵「辦事十分細心」和「說一是一，說二是二」的果斷精神。

現能查到傅斯年在1930年代給北大所上的課程有六門：第一門「史學方法導論」（民國二十二年到二十三年度，歷史系二年級必修課），其內容為：「一，中國及歐洲史學觀點之演進。二自然科學與史學之關係。三史科之整理方法」。[20]第二門「中國古代文學史」（民國二十三年度，國文系二，三四年級選修課，週四時），其內容為「（1）自殷周至漢末文籍之考訂及分解；（2）同期中詩文各體之演進；（3）同期中文學與政治社會之相互影響；（4）同期中文學在後代之影響」。[21]第三門「中國上古史單題研究」（民國二十三年度歷史系選修課，週四時），「此科所講，大致以近年考古學在中國古代史範圍中所貢獻者為限；並以新獲知識與經典遺文比核，以辦理下列各問題：（1）地理與歷史。（2）古代部落與種姓。（3）封建。（4）東夷。（5）考古學上之夏。（6）周與西土。（7）春秋戰國間社會之變更。（8）戰國之大統一思想。（9）由部落至帝國。（10）秦漢大統一之因素。」[22]第四門「中國文學史（一）（二）」（民國二十四度國文系二、三、四年級文學組課程，週二時，本年停），第五門「中國文學史專題研究」（與胡適、羅庸合開，週二時），第

---

[19] 蔣夢麟：〈憶孟真〉，原載1950年12月30日臺北《中央日報》。

[20] 民國二十二年度《國立北京大學一覽》，第219、223頁。

[21] 民國二十三年度《國立北京大學一覽》，第217、222頁。

[22] 民國二十三年度《國立北京大學一覽》頁252、259。

六門「漢魏史擇題研究」（與勞幹合開，民國二十四年度歷史系選修課，週二時）。[23]時胡適任北大文學院院長，他見史語所知名學者多，樂於在該所延攬兼職教授。史語所所址在北海靜心齋，離北大很近，所內人員亦多願前往。但兼課多了，勢必影響本所科研工作，所以傅斯年對史語所研究人員外出兼課嚴加控制，經他允准兼課的只有陳寅恪、李濟等幾位大學者。

對傅斯年在北大的教課情形，聽過他的課的學生反應不一。鄧廣銘先生回憶說：

> 我到北京大學讀書的第一年，正趕上胡適先生做文學院長，他聘請了各方面的專家來教《中國通史》課。……北大歷史系主任陳受頤第一堂課就請來了傅先生，想讓他講個商周史的開場白，但陳先生沒把話說明白，傅先生以為是來和北大歷史系的同學們隨便座談，所以沒做任何準備，來到一看，北大二院大禮堂裡坐滿了人。他說，「沒想到這麼多人來聽課」。那堂課他講得雜亂無章。

對傅先生的講課，鄧的評價是「盛名之下，其實難副」。[24]楊向奎先生比較了錢穆、顧頡剛、傅斯年三位講課的各自特點：「錢先生是長江大河，滔滔不絕；而顧先生口吃不能多言，只寫黑板；

[23] 民國二十四年度《國立北京大學一覽》，第165、167、193頁。
[24] 鄧廣銘：〈回憶我的老師傅斯年先生〉，收入《傅斯年》，濟南：山東人民出版社，1991年8月版，第2頁。

傅先生總是坐在講桌後面，議論不休。」[25]楊志玖先生則另有一番感受：

> 1934～1937年，我在北京大學史學系讀書時，曾旁聽過傅先生的先秦史專題課。我雖不能完全領會他講課的內容，但對他發表的獨到的見解，對史籍的熟悉，旁徵博引，融會中西的學識以及滔滔不絕的口才，卻深感新奇和欽佩。他時而背一段《左傳》，時而翻一篇英文文獻，中西互證，左右逢源，宛如一個表演藝術家，聽他的課也是一種藝術享受。[26]

傅斯年去北大教課，附帶一個任務就是選拔尖子，充實史語所研究隊伍。時在北大在讀書的鄧廣銘先生回憶：「傅斯年、董作賓、李濟、梁思永諸先生都在北大講課，想發現選拔人才。後來，北大畢業生到史語所去的很多，我的同學中就有胡厚宣、張政烺、傅樂煥、王崇武等人。」[27]

「九‧一八」事變後，日本帝國主義侵佔東北。日本京都大學教授矢野仁一發表一篇〈滿蒙藏本來並非中國領土〉的論文，別有用心地鼓吹出身東北的偽滿洲皇帝理應有權回到他的故地建立一個獨立國家，以為其支援偽滿洲國提供歷史依據。傅斯年聞

---

[25] 楊向奎：〈回憶傅孟真先生〉，收入《傅斯年》，第10頁。

[26] 楊志玖：〈回憶傅斯年先生〉，收入《傅斯年》，第34頁。

[27] 鄧廣銘：〈回憶我的老師傅斯年先生〉，收入《傅斯年》，濟南：山東人民出版社，1991年8月出版，第3頁。

訊心急如焚，憂憤交加，他在百忙之中，組織方壯猷，徐中舒，
蕭一山，蔣廷黻一起編寫《東北史綱》，專駁日本人「滿蒙藏在
歷史上非中國領土」的謬論。該書第一卷於1932年10月在北平出
版，「這部用民族學，語言學的眼光和舊籍的史地知識，來證明
東北原本是我們中國的郡縣；我們的文化種族和這一塊地方有著
不可分離的關係」。[28]此書曾經李濟節譯成英文送交國際聯盟李
頓調查團，後來李頓調查團的報告書中表示東北是中國的領土，
顯然接受了該書的觀點。1932年，傅斯年還與胡適、丁文江等在
北平創辦《獨立評論》週刊，在該刊他發表〈日寇與熱河平津〉
〈『九‧一八』事變一年了〉、〈國聯調查團報告書一瞥〉等多
篇時評，揭露日寇侵華野心，警醒國人不忘國恥。

　　1930年西北科學考察團瑞典考古學家貝格曼（F. Bergman）
在額濟納河流域的黑城發現簡牘一萬餘枚，即是「居延漢簡」，
次年運抵北平，藏於北平圖書館，由馬衡等人整理釋讀。為了妥
善保存這批歷史文物，1933年經過胡適與傅斯年的協調，移到北
大文科研究所，加速整理。[29]北平淪陷後，傅斯年又將這批材料運
往美國妥為保管，使之免於淪落日偽之手。

　　1936年春，史語所南遷，傅斯年辭去北大兼職，隨所南下。
不久，日寇大舉進攻華北。為了保護文教設施，傅斯年提出將北
京大學、清華大學和南開大學南遷合組的建議，被國民政府採

28　陳槃：〈懷故恩師傅孟真先生有述〉，收入《諤諤之士——名人筆下的
　　傅斯年、傅斯年筆下的名人》，上海：東方出版中心，1999年7月版，第
　　55-56頁。
29　參見王汎森，杜正勝：〈傅斯年文物資料選輯〉，第78頁

納。[30]三所大學後遷至昆明組建成著名的西南聯合大學。在此期間，傅斯年繼胡適去國後，接任了北大文科研究所所長一職。

三、北大復員的代理校長

抗戰勝利後，北大複校。此前蔣夢麟因被任命為行政院秘書長，按有關規定，政府官員不能兼任大學校長，蔣只好去職。國民政府和蔣介石屬意傅斯年接任北大校長，並通過教育部長朱家驊轉告，傅斯年獲悉此訊，立即回信蔣介石，表示堅辭。信曰：

> 日昨朱部長驅先生，以尊命見示，謂蔣夢麟先生之北京大學校長出缺，即以斯年承乏。……自知不能負荷世務，三十年來，讀書述作之志，迄不可改。徒以國家艱難，未敢自逸，故時作謬論。今日月重光，正幸得遂初志，若忽然辦事，必累鈞座知人之明。兼以斯年患惡性血壓高，於茲五年，危險逐年迫切，醫生告誡，謂如再不聽，必生事故。……抑有進者，北京大學之教授全體及一切有關之人，皆盼胡適之先生為校長，為日有年矣。適之先生經師人師，士林所宗，在國內既負盛名，在英美則聲譽之隆，尤為前所未有。今如以為北京大學校長，不特校內感俯順

---

30 參見羅家倫：〈元氣淋漓的傅孟真〉，收入《逝者如斯集》，臺北：傳記文學出版社，1967年9月初版，第180頁。

興情之美；即全國教育界，亦必以為清時佳話而歡欣；在
我盟邦，更感興奮，將以為政府選賢任能者如此，乃中國
政府走上新方向之證明；所謂一舉而數得者也。[31]

　　言詞懇切。國民政府接受了他的請求，決定任命胡適為北大
校長。因為胡適在美未歸，轉推他暫時代理北大校長，並聘為西
南聯大常務委員。朱家驊後來敘及此事原委：「抗戰勝利，各校
復員，北京大學地位重要。我和他商量，想請胡適之先生擔任校
長，他也竭力的主張。不過胡先生不能立即回國，結果，又把代
理校長推在他的身上。他當時雖表示不願，但北大是他的母校，
而胡先生又是他的老師，我以大義相勸，他不得不勉強答應。」[32]
傅斯年上任後，一方面面臨北大的復員問題，一方面要處理「偽
北大」的遺留問題。西南聯大地處偏僻的邊城——昆明。要將數
以千計的北大師生和龐大的校產從昆明搬到北平，其組織工作的
難度可想而知。

　　傅斯年是一個民族感情極強，並極講民族氣節的人。平津
淪陷時期，敵偽在北京大學舊址繼續辦學，國人以「偽北大」視
之。抗戰勝利後，「偽北大」留有數千名師生無從處置。北大復
員前，國民政府曾派陳雪屏去北平負責教育方面的接受事宜，陳
在北平設立了補習班，收容「偽北大」學生，並徵調一批偽教職
人員維持其課業。傅斯年認為文人尤其是教師，為人師表，更應

---

[31] 傅斯年：〈致蔣介石〉，收入歐陽哲生主編：《傅斯年全集》第7卷，長沙：湖南教育出版社，2003年9月版，第285-286頁。
[32] 朱家驊：〈憶亡友傅孟真先生〉，原載1950年12月31日《中央日報》。

保持個人名節。作為全國最高學府的北京大學尤其應做表率。因此，他於10月和12月兩次在重慶聲明，堅決不任用「偽北大」人員。認為：「專科以上學校，必須在禮義廉恥四字上，做一個榜樣，給學生們下一代看。」[33]「偽北大」教職員在國難當頭之時為敵服務，於大節有虧，故不擬繼續錄用。北平報紙評論說他對偽職人員「有一種不共戴天的忿怒」。偽教職人員組織團體，四處遊說，請願，要求北大繼續留用，不少政府官員和朋友也出面講情。傅斯年頂住各方面壓力，堅決辭退了這批偽教職人員。不獨如此，他堅決主張嚴懲漢奸。「偽北大」校長鮑鑒清附敵有據，河北高等法院宣判他無罪，傅先生搜集鮑氏四項罪狀，向有關機關繼續抗告，表明了他對偽職人員的嚴正態度。對於「偽北大」的青年學生，傅斯年則網開一面。他認為：「青年何辜，現在二十歲的大學生，抗戰爆發時還不過是十二歲的孩子，我是主張善為待之，予以就學便利。」[34]對「偽北大」的學生除原陳雪屏代表教育部在北平設立臨時大學進行收容外，傅斯年又派鄭天挺代表北大籌備復員，對「偽北大」學生給予了妥善安置。

傅斯年在北京大學接受和復員中，還抓緊進行學校的各項建設。他設法延攬知名教授來校任教，充實北大師資力量。他除把北大遷往南方的圖書資料和其它設施運回外，還把北大附近的相公府，東廠胡同黎元洪舊居，舊國會大廈數處力爭為北大校產。

[33] 轉引自傅樂成：〈傅孟真先生的民族思想〉，載1963年5月臺北《傳記文學》第2卷第5號。
[34] 〈對《世界日報》記者談：不用偽北大人員，要替青年找第一流教授〉，收入《傅斯年全集》第4卷，長沙：湖南教育出版社，2003年9月版，第313頁。

他在接受「偽北大」的基礎上，將原來的文，理，法三個學院擴大為文，理，法，工，農，醫六個學院，使北大成為門類齊全的綜合性大學。[35]

在北大復校過程中，傅斯年面臨種種複雜的問題，其間還遇到處理西南聯大的「一二‧一」學生運動，各種事務使他身心交瘁，從他1945年10月28日給周枚蓀的信中可見一斑：[36]

枚蓀吾兄：

惠示敬悉，盛情熱心感佩之至。弟貿然代理，半年之後，必遭天殃，有不得不與兄等約者，弟固跳火坑矣，而公等亦不當立於高峰之上，搬請以為樂也，除非大家努力，齊一步驟，此局不易維持也。北大之敵人多矣，隨時可來算帳，且此時不攘外即無以自立，此尤使弟鬥志奮發，而又不得不戒懼者也。此間事，看來與北大無關，實皆息息相關，故教育會議不得不努力，會後不得不留數日，雙十前後可到昆明，住一月再返重慶，即謀北上一看，然後再回來，身體能否得付，亦未可知也。適之先生長校，各方騰歡，宋江出馬，李逵打先鋒，有利亦有弊。

弟赴昆明日期，未能即決者，因驌先月底赴英，諸事均得與之商一大概。以便彼與適之先生面談，尤其是添院之事，弟如早到昆明，返來驌先不在，亦甚不方便也。

---

35 參見蕭超然等著：《北京大學校史》（增訂本），上海：上海教育出版社，1988年4月版，第405-418頁。

36 傅斯年：〈致周枚蓀〉，收入《傅斯年全集》第7卷，第289頁。

前需百萬元是借的，其用處已函。錫予先生，即為生
病同人，有生病眷屬同人，子女不得上學之同人借用之。
錫予附匯西先生，似故借若干（例如每人十萬），錫予先
生或不肯自借，乞兄借付。

建設計畫，已佩佩，一切面談。

景鉞先生近來一信，另紙作復。如已行乞設法轉安。
奚若兄，弟多年敬畏之友人，而立意不與弟談話，弟雖竭
力設法，亦無是何。此為弟赴昆明心中一大疙瘩，盼大為
一說。數年以來，「吾甚慚於孟子」，然彼必諒弟之無他
也。昨雪屏示弟，奚若謂弟之辦法，有甚妙者，有甚糟
者，不可悉聽，聽時有dicrimination。誠哉是言。深知我
者也。

專此教安

弟　斯年　二十八日

端升兄同此不另

　　傅斯年代理校長僅僅一年，就使北大各方面走上了正軌。從
其效率之高，進展之迅速，可見其辦事能力非常人所能比。但這
一切卻使傅斯年的身體受到了嚴重消耗。1946年3月，蔣介石曾請
他出任國府委員，傅斯年在其辭謝信中即寫道：「斯年久患血壓
高，數瀕於危，原擬戰事結束，即赴美就醫，或須用大手術。一
俟胡適之先生返國，擬即就道，往返至少三季，或須一年。今後
如病不大壞，當在草野之間，為國家努力，以答知遇之隆。」[37]信

---

[37] 傅斯年：〈致蔣介石〉，《傅期年全集》第7卷，第304頁。

中雖有托詞的成分，但身懷疾病的確是真。朱家驊後來說：「從昆明遷回北平，再以後來的規復設施，又是一件極繁重的事情，使他身體再度的吃了大虧。」[38]1947年1月7日傅斯年致夫人俞大彩信中云：

> 北京大學可以說兩頭著火，昆明情形已如上述，究竟如何自聯大脫離，大費事，正想中。而北平方面，又弄得很糟，大批偽教職員進來。這是暑假後北大開辦的大障礙，但我決心掃蕩之，決不為北大留此劣跡。實在說這樣局面之下，胡先生辦遠不如我，我在這幾月給他打平天下，他好辦下去。[39]

1947年7月胡適回國，9月正式就任北大校長。傅斯年與他進行了交接。9月20日，北大為傅斯年卸任舉行了茶話會，「席間胡適先生對先生一年來為北大盡瘁工作，備致稱揚。教授亦相繼致詞，謂先生在西南聯合大學時代力謀恢復北大文科研究所，復員後又為北大廣延教授，增加數培之校舍，至足感謝。先生則謙稱：過去為北大辦理成功之事，百分之七十為機會，百分之三十為努力；所謂百分之三十之努力，亦為教授不辭萬里歸來之結果。」[40]29日，傅斯年離開北平前往南京，繼續主持史語所的工作。

---

[38] 朱家驊：〈憶亡友傅孟真先生〉，原載1950年12月31日臺北《中央日報》。

[39] 傅斯年：〈致俞大綵〉，《傅斯年全集》第7卷，第299頁。

[40] 傅樂成：〈傅孟真先生年譜〉，收入《傅斯年全集》第7冊，臺北：聯經出版事業公司，1980年9月初版，第318頁。

在主持北大工作期間，傅斯年對中國高等教育制度所存在的種種流弊有了深切的體驗，從而產生了改革教育體制的一些想法，離開北大前他發表了一篇〈漫談辦學〉。後來他去台灣擔任台大校長，又提筆寫了〈幾個教育的理想〉、〈一個問題——中國的學校制度〉、〈中國學校制度之批評〉等文。[41]將自己在辦教育中所經受的苦痛和盤托出，特別提到「改革教育制度，不可不有新風氣，若風氣不改，一切事無從改，不止教育而已」。[42]

一般人都對「五四」時期主長北大的蔡元培先生給予很高的評價，這自然與當時蔡先生的治校業績分不開。三十年代以後，北大歷經磨難，而蔣夢麟、胡適、傅斯年諸人苦心經營之。關於這幾位師友之間的關係，傅斯年去世前夕，曾發表一個趣談。他說：蔣夢麟先生學問不如蔡子民先生，辦事卻比蔡先生高明。我自己的學問比不上胡適之，但辦事卻比胡先生高明。最後笑著批評蔡、胡兩位先生說：「這兩位先生的辦事，真不敢恭維。」在場的蔣夢麟補充說：「孟真，你這話對極了，所以他們兩位是北大的功臣，我們兩個人不過是北大的功狗。」[43]這一席話算是傅、蔣兩位對自己在北大工作及其所扮演角色的形象定位。

1950年12月20日，傅斯年在台北列席省參議會時，因腦溢血猝發而去逝。哲人其萎，不亦悲乎！胡適在紀念文字中稱讚這位學人「是稀有的天才——記憶力最強，而判斷力最高」，「是第一流做學問好手，而又能組織，能治事，能做領袖人物，而又能

---

[41] 上列文章均收入湖南教育版《傅斯年全集》第5冊。

[42] 傅斯年：〈中國學校制度之批評〉，《傅斯年全集》第6卷，第220頁。

[43] 參閱蔣夢麟：〈憶孟真〉，原載1950年12月30日臺北《中央日報》。

細心辦瑣事。」[44]在自己的朋友中，除了徐志摩、丁文江以外，傅斯年大概算是胡適最看重的人物了。

（本文原載1996年9月《北京大學學報》（哲學社會科學版）第5期。）

---

[44] 胡適：〈關於傅孟真先生生平的報告〉，臺北：中研院史語所，1965年3月26日印行。

新學術的建構
——以傅斯年〈歷史語言研究所工作報告〉
為中心的探討

　　《國立中央研究院年度總報告》收有〈歷史語言研究所工作報告〉，現存有1928年（民國十七年度）至1939年（民國二十八年度），共九冊。其中從民國十七年度至二十四年度，每年一冊；第二十六～二十八年一冊。〈中央研究院工作報告〉現存有民國二十四年十一月、三十年十月、三十一年十月、三十二年九月、三十三年、三十四年、三十五年二月、三十六年二月、三十七年二月諸冊，共9冊，內亦收有〈歷史語言研究所工作報告〉或史語所部分，內容比較單薄。作為歷史語言研究所所長的傅斯年是這些工作報告的責任人或文件提供人，應屬無疑。如1942年10月〈國立中央研究院歷史語言研究所工作報告〉就有落款「負責填報者：傅斯年」的字樣。[1]1928年8月18日傅斯年給楊杏佛的信中曾提到總報告一事：「7月份報告及職員表均錄已出示者，弟甚抱歉，原因助員有兩位放暑假，弟未能代簽，故姑則待之，今已寄出矣。總報告因有照像文件等，請許弟於本月末寄出，至

---

[1] 收入《中華民國史檔案資料彙編》第五輯第二編教育（二），南京：江蘇古籍出版社，1998年4月版，第640-641頁。

感。」[2]可證傅斯年是〈歷史語言研究所工作報告〉的撰稿人或
責任人。基於此，我在主編《傅斯年全集》時，決定補收這些報
告，[3]以見證傅斯年領導史語所工作之成就。至於這些工作報告形
成的具體過程，暫不得其詳。第一種可能是由秘書先行起草，傅
斯年定稿。第二種可能是由各組先行填報，然後彙總到所長處，
由傅斯年統稿。第三種可能是由傅斯年親自撰寫（所附歷史博物
館籌備處報告應不在此例）。如是最後一種方式，則說明傅斯年
擔任所務工作不勝繁重。

　　〈歷史語言研究所工作報告〉在當時是該所年度工作彙報，
具有實錄、年鑑的性質。其內容或設目每年略有不同，通常有：
一、一般敘述。二、組織。三、房屋（或遷移）。四、各組工
作。五、設備（包括圖書）。六、下年度研究計畫。七、出版。
八、歷史博物館籌備處報告。前八年（民國十七年～二十四年）
出版正常，篇幅量較大，用紙、印刷品質頗好，表明當時中研院
經費充足，工作運行較為正常。隨著抗日戰爭的來臨，篇幅量大
為減小，出版日期也不確定，用紙亦差，均為油印裝訂冊，可見
後來中研院工作條件之惡劣，這種情形一直延續到國共內戰時
期。由於軍費成為國民政府的主要負擔，科研經費隨之大為減
縮，中央研究院自然身陷窘境。

[2]　〈致楊杏佛〉，收入歐陽哲生主編：《傅斯年全集》第7卷，長沙：湖南
　　教育出版社，2004年9月版，第68頁。
[3]　台大版《傅孟真先生集》、文星版《傅斯年選集》、聯經版《傅斯年全
　　集》均未收這部分文獻材料，可能是因編者不收公文之故。

時過境遷，這些史語所的年度工作報告當可視為史語所的史料長編，對於我們檢視該所的學術工作進展頗具有史料的價值，至少提供了諸多富有價值的線索。因此，以之為核心材料，與同時期的史語所出版物、同人來往書信和後出的回憶錄等相關材料相互印證，研究歷史語言研究所的學術工作，應是一項頗具價值的學術研究課題。

一、歷史語言研究所工作方針之確定

歷史語言研究所工作之方針詳見於傅斯年〈歷史語言研究所工作之旨趣〉（以下簡稱〈旨趣〉）一文，拙作《傅斯年全集》序言第二節〈要科學的東方學之正統在中國〉，曾對此給予討論。這裡我想再補充強調的是：〈旨趣〉表現的學術理念具有強烈的民族意識、科學意識和學術獨立意識。這些意識對確定史語所的工作定位發生了決定性的意義。

首先看民族意識。李濟在〈傅孟真先生領導的歷史語言研究所〉一文中開首引用了〈旨趣〉的一段話：

> 在中國境內語言學和歷史學的材料是很多的，歐洲人求之尚難得，我們卻坐看他毀壞亡失。我們著實不滿這個狀態，著實不服氣就是物質的原料以外，即便學問的原料也被歐洲人搬了去乃至偷了去。我們很想借幾個不陳的工

具，處治這些新獲見的材料，所以才有這歷史語言研究所
之設置。

李濟解釋說：「這一段文字說明了廿餘年歷史語言研究所工
作的動力所在。文中所說的『不滿』與『不服氣』的情緒，在當
時的學術界，已有很長的歷史；等到國立中央研究院成立以後，
傅孟真先生才把握著這一機會，把那時普遍存在學術界的『不滿
的意』與『不服的氣』導入正規。現在回想十七年的前後情形，
我們可以說，歷史語言研究所的意識形態是綜合若干不同的歷史
因素形成的；在這些因素內，潛伏在知識界下意識的不滿與不
服，都是重要成分。」[4]也就是說，成立史語所，等於是成立中
國歷史、語言學科的「國家隊」，它既要求須代表中國的最高水
準，還負有與歐美列強同行「爭勝」的意味。〈旨趣〉結尾發出
的「我們要科學的東方學之正統在中國！」這一呼喊，即是以傅
斯年為代表的史語所同人發出的心聲。

不過，如果以為與外人「爭勝」是為「排外」之藉口則錯
了。「要反對這種文化侵略，應該先從反對自己的愚蠢起。要瞭
解自己的靈魂，應該先教育自己認識自己的歷史，懂得自己的語
言。這些大道理，是『五四運動』後，一部分學術界所深知的；
卻是直到中央研究院成立後，才得到有組織的表現。」[5]為與外人

---

[4] 李濟：〈傅孟真先生領導的歷史語言研究所——幾個基本概念及幾件重要
工作的回顧〉，收入《傅所長紀念特刊》，臺北：史語所，1951年3月，
第11頁。

[5] 李濟：〈傅孟真先生領導的歷史語言研究所〉，收入《傅所長紀念特
刊》，第12頁。

競爭，傅斯年提出還須借外人之長補吾人之短，為此須聘請外籍研究員。籌備之初，他即向蔡元培、楊杏佛報告了自己的這一想法：「此研究所本不是一個國學院之類，理宜發達我國所能歐洲人所不能者（如文籍考訂等），以歸光榮於中央研究院，同時亦須竭力設法將歐洲所能我國人今尚未能者而亦能之，然後國中之歷史學及語言學與時俱進。故外國人之助力斷不可少。」為此，他提出了聘請伯希和（Paul Pelliot）、米勒（F. W. Muller）、珂羅倔倫（Bernhard Karlren）三人為「外國所員」。[6] 這一國際化舉措顯然有助於加強史語所與國外同行的聯繫，從而提高自身的水準。

其次是科學意識。在〈旨趣〉中，傅斯年開首即道明：「歷史學和語言學在歐洲都是很近才發達的。歷史學不是著史：著史每多多少少帶點古世中世的意味，且每取倫理的手段，作文章家的本事。」對歷史學中的倫理化、文學化的傾向給予了批評。強調歷史學是一門類似自然科學中地質學、物理學、化學一類純客觀的科學。「近代的歷史學只是史料學，利用自然科學供給我們的一切工具，整理一切可逢著的史料，所以近代史學所達到的範域，自地質學以至目下新聞紙，而史學外的達爾文論正是歷史方法之大成。」以後，傅斯年多次聲明史語所的近代科學性質，以別於此前的歷史研究。

在《國立中央研究院歷史語言研究所十七年度報告》第一節〈歷史語言研究所設置之意義〉中，傅斯年重申這一旨趣：

6　《傅斯年全集》第7卷，第61頁。

中央研究院設置之意義，本為發達近代科學，非為提倡所
謂固有之學術。故如以歷史語言之學承固有之遺訓，不欲
新其工具，益其觀念，以成與各自然科學同列之事業，即
不應於中央研究院中設置歷史語言研究所，使之與天文、
地質、物理、化學等同倫。今者決意設置，正以其自然科
學看待歷史語言之學。此雖舊域，其命維新。材料與時增
加，工具與時擴充，觀點與時推進，近代在歐洲之歷史語
言學，其受自然科學，昭然若揭。[7]

　　為達成此項目標，傅斯年提出了六項具體措施：「甲，助成
從事純粹客觀史學及語學之企業。乙，輔助能從事且已從事純粹
客觀史學及語學之人。丙，擇應舉合眾工作次第舉行之。丁，成
就若干能使用近代西洋人所使用之工具之少年學者。戊，使本所
為國內外治此兩類科學者公有之刊佈機關。己，發達歷史語言兩
科之目錄學及文籍檢字學。」前兩條強調歷史語言學的「純粹客
觀」性質；第三條強調開展集體或「合眾」性質的工作，彰顯現
代學術「企業」的性質；第四條說明其面向留學或有西學背景的
學者；第五條說明所刊面向國內外。第六條為發展目錄學和文獻
索引。總之是要將史語所辦成為一個現代學術企業。在《國立中
央研究院歷史語言研究所報告第一期》對這些做法有更為詳盡的
說明。[8]1929年10月6日，傅斯年致信馮友蘭、羅家倫、楊振聲三

[7]　〈國立中央研究院歷史語言研究所十七年度報告〉，收入《傅斯年全集》
　　第6卷，第9頁。
[8]　參見〈國立中央研究院歷史語言研究所報告第一期〉，收入《傅斯年全

人時重申了這一辦所宗旨。[9]1931年修訂的《國立中央研究院歷史語言研究所章程》第一條對此也有扼要說明:「國立中央研究院設置歷史語言研究所,用科學賦給之工具,整理史學的及語學的材料,並以下列之工作為綱領:一、各種集眾的工作。二、各種史學的及語學的材料之尋求、考定、編輯及刊行。」[10]1933年6月30日傅斯年致信胡適,表示:「這個研究所確有一個責任,即『擴充工具、擴充材料』之漢學(最廣義的)。這樣事業零星做也有其他的機會,但近代的學問是工廠,越有聯絡,越有大結果。我這兩年,為此『構閱既多,受辱不少』,然屢思去之而不能不努力下去者,以為此時一散,至少在五年之內,在如此意義(事業的、人的)下的一個集合是不可望的了。」[11]將史語所辦成一個學術企業(或工廠)、一個發達的科學研究機構,已成為傅斯年心中堅定不移的目標。

再次是學術獨立意識。這裡主要涉及到學術與政治的關係,傅斯年本人是一位有著強烈政治關懷和政治熱情的學者,但他深知創辦史語所的真正用意在於振興學術,故在〈旨趣〉書中隻字未提政治,在《歷史語言研究所十七年度報告》所述〈歷史語言研究所設置之意義〉中也無一字言及政治。〈旨趣〉結尾所提「把些傳統的或自造的『仁義理智』和其他主觀,同歷史學和語言學混在一氣的人,絕對不是我們的同志!」似表明了該所與政

集》第6卷,第28-30頁。

[9] 《傅斯年全集》第7卷,第82頁。

[10] 收入《傅斯年全集》第6卷,第369頁。

[11] 收入《傅斯年全集》第7卷,第121頁。

治無涉的態度。本此約規，史語所的所內氣氛自然也是不談政治，史語所的出版物更是純然的學術著作，這表現了史語所同人在處理學術與政治關係時的自律——學術獨立。只有對學術獨立有著深刻的理解，才會著意對其學術品格的自我塑造。在史語所的會議紀錄中，除了在1930年12月6日下午舉行的第一次所務會議上，我們在會議開始時看到有「主席恭讀總理遺囑」[12]這一處略帶有政治宣示的會議紀錄外，似再也找不到其它與政治有關的紀錄。這表現了當時史語所同人對「學術獨立」的維護，即使在外界彌漫著「黨化教育」的氣氛時也是如此。

學術理念中所含的民族意識、科學意識、學術獨立意識確定了史語所工作定位，對史語所後來的發展起了至關重要的作用。以後，傅斯年抱定這一宗旨，在《史學方法論》開首明確強調：「史學的工作是整理史料，不是作藝術的建設，不是做疏通的事業，不是去扶持或推翻這個運動，或那個主義。」[13]在《史料與史學》發刊詞中公開聲明：「本所同人之治史學，不以空論為學問，亦不以『史觀』為急圖，乃純就史料以探史實也。」[14]都凸顯了其「史學即是史料學」的學術理念。史語所之成為史語所，與其穩定地、持續地走這一路線分不開。

---

[12] 《傅斯年全集》第6卷，第274頁。
[13] 《傅斯年全集》第2卷，第308頁。
[14] 《傅斯年全集》第3卷，第335頁。

二、歷史語言研究所的組織機構和制度建設

有關史語所的沿革大致有兩種處理：一是1969年王懋勤編撰的〈歷史語言研究所所史資料初稿〉（未刊）根據史語所的所址變遷大致分為廣州創建，遷往北平，南遷滬京，西遷長沙，再遷昆明，北遷南溪，復員還都，東遷台灣及所址重建諸節。二是1998年10月中研院史語所出版的《中央研究院歷史語言研究所七十年大事記1928──1998》依據歷史內涵分為六個時期：籌備創立期（1928年1月～1929年6月）、塑形鷹揚期（1929年7月～1937年6月）、動盪困頓期（1937年7月～1954年12月）、生息復蘇期（1955年1月～1980年12月）、開展多元期（1981年1月～1997年7月）、新結構與新時代（1997年至今）。我們這裡主要討論前三個時期的1928年到1949年部分，這是史語所的「傅斯年時代」，也可以稱之為該所的「古典時代」。

歷史語言研究所的籌備創立期依其所址變化又可內分為三個階段：第一階段（1928年3月～9月），籌備處設在廣州。3月，大學院聘請傅斯年、顧頡剛、楊振聲三人為常務籌備員。4月史語所籌備處在中山大學成立。5月5日訂定〈歷史語言研究所組織大綱〉。7月正式成立。9月聘任傅斯年為所務秘書代行所長職務。[15]這一時期的研究專案主要有：通信員董作賓承擔的安陽調查、史祿國（M. Shirokooroff）負責的雲南人類學知識調查、編輯員黃仲

---

15 參見《中央研究院歷史語言研究所四十周年紀念特刊》，臺北：1968年10月，第2頁。

琴擔負的泉州調查、助理黎光明擔任的川邊調查。

第二階段（1928年10月～1929年6月）為成立初期，這實為一過渡階段。全所一分為二，「本所正式開始，因南中富於方言民族諸科材料，遂以一部分設於廣州；又因史料在北平最富，故別將一部分設於北平。當時擬定次第設立八組，以事為單位，故組別較多。」[16]其中史料組由陳寅恪在北平負責組織，陳「擬先利用在北平可得之史料，整理清代史中數重要問題」，開始接洽明清內閣大庫檔案。漢語組由趙元任主持，開展的研究有方言調查、各方言之單研究、韻書研究。民間文藝組由劉復任主任，這一組因有北京大學歌謠研究會的工作基礎，其工作得以迅速展開。考古組由李濟任主任，李「於12月1日至安陽，往返兩周，決定次春發掘」。漢字組由特約研究員丁山主持。人類學民物組未請主任，「人類學工作室事，則由史祿國任之」。敦煌材料研究由陳垣主持。另擬設文籍考訂組。[17]1928年制定的〈國立中央研究院歷史語言研究所章程〉第二條規定：「歷史語言研究所暫設下列八組：一、史料。二、漢語。三、文籍考訂。四、民間文藝。五、漢字。六、考古。七、人類學及民物學。八、敦煌材料研究。」[18]實指這一階段的情形。1929年1月中研院聘任傅斯年為代理所長。

---

[16] 〈國立中央研究院歷史語言研究所十七年度報告〉，收入《傅斯年全集》第6卷，第12頁。

[17] 〈國立中央研究院歷史語言研究所十七年度報告〉，收入《傅斯年全集》第6卷，第13-14頁。

[18] 〈國立中央研究院歷史語言研究所章程〉，收入《傅斯年全集》第6卷，第31頁。

　　1929年6月5日進入第三階段。全所移入北平北海靜心齋新址，在機構上也相應作了較大調整。「將原來以事業為單位之組取消，更為較大之組」，下設三組：第一組「史學各面以及文籍校訂等屬之」，第二組「語言學各面以及民間文藝等屬之」，第三組「考古學人類學民族學等屬之」，陳寅恪、趙元任、李濟分任三組主任，[19]他們是史語所三組的學術帶頭人。至此，史語所的格局基本形成，組織機構亦基本確立。對於這一組織機構的調整，李濟先生後來給予高度評價：「這一決議，較之原來的設計，不但是一件切合實情的改進，同時在理論上及組織上也是一大進步。廿餘年來，三組工作之相輔相成，就是這一決議案合理的最大證據。由此也可以看出創辦人刻意求進的精神及他的遠見。」[20]有趣的是，史語所籌備之初，籌備員傅斯年、顧頡剛、楊振聲三人均為北大同學，此時三組主任卻換成了清華國學研究院加盟的三巨頭，除了留下傅斯年這位「光桿司令」外，「北大幫」的痕跡已不復存在。新聘的陳、趙二位是傅斯年留歐時期即熟識的朋友，李濟系李四光推薦，[21]他們三位均有留學歐美的背

[19] 〈國立中央研究院歷史語言研究所十七年度報告〉，收入《傅斯年全集》第6卷，第16-17頁。三組首任主任的任職時間：陳寅恪（1929年6月－1949年）、趙元任（1929年6月－1973年7月）、李濟（1928年10月－1979年8月）。參見《中央研究院史初稿》，臺北：中央研究院總辦事處秘書組編印，1988年6月，第67頁。

[20] 李濟：〈傅孟真先生領導的歷史語言研究所〉，收入《傅所長紀念特刊》，第13頁。

[21] 參見〈傅斯年致馮友蘭、羅家倫、楊振聲〉（1928年10月），收入《羅家倫先生文存》附錄《師友函札》，臺北：中國國民黨中央委員會黨史委員會編輯國民黨黨史會，1996年版，第301-303頁。傅信中稱：「李仲揆盛

景。顧頡剛與史語所的關係從最初的常務籌備員（1928年）、到兼任研究員（1928年）、再到特約研究員（1929～1933）、最後為通信研究員（1933～1948），[22]離開籌備處後與傅斯年漸行漸遠，除了為史語所集刊外編《慶祝蔡元培先生六十五歲論文集》下冊撰寫一篇〈兩漢州制考〉一文外，他未再在史語所出版任何著作，似表現了其疏離的態度。[23]對於陳、趙、李三位的加入，逯耀東先生評論道：「他們留學歐美，對中國學術未來的發展，與傅斯年有相同的理念。他們的結合象徵中國學術已經超越『整理國故』，由傳統向現代的過渡階段，正式進入現代學術研究領域。。」[24]誠為至當之論。

在塑形鷹揚期間，史語所兩度搬遷，先在北平北海靜心齋，1933年6月第一組除徐中舒留北平繼續整理明清檔案外，其餘人員與第二、三組同時遷往上海曹家渡極司菲爾路145號小萬柳堂。1934年10月南京欽天山北極閣新建大廈落成，全所由上海遷至新廈。[25]在組織結構上增設了第四組和附設歷史博物館籌備處。史語

稱李濟之，我見其駁史祿國文，實在甚好。我想請他擔任我們研究所的考古一組主任，如他興趣在人類學，亦好。」

[22] 參見《中央研究院歷史語言研究所四十周年紀念特刊》，第147頁。

[23] 有關顧頡剛與傅斯年及史語所的關係，參見顧潮：〈顧頡剛與傅斯年在青壯年時代的交往〉，載《文史哲》1993年第2期。〈顧頡剛先生與史語所〉，收入《新學術之路》上冊，臺北：中央研究院歷史語言研究所，1988年10月，第85-94頁。

[24] 逯耀東：〈傅斯年與《歷史語言研究所集刊》〉，載1996年10月《台大歷史學報》第20期，第81頁。

[25] 參見《中央研究院歷史語言研究所七十年大事記1928——1998》，第8、10頁。

所成立之初，即有「人類學民物學組」之設置，「嗣因社會科學研究所當時已設有民族學組，故在民國十八年本所由廣州遷至北平後，即將該組取消，以免重複」。[26]1933年夏，傅斯年兼任社會科學研究所所長。1934年夏，社會科學研究所改組，據《國立中央研究院歷史語言研究所二十三年度報告》載：「本所原分第一（歷史）、第二（語言）、第三（考古）三組，本年度將社會科學研究所之民俗改歸本所為第四組（人類學）。該組主任初由李濟君兼任，後因考古組工作繁巨，乃改聘吳定良君擔任。」[27]以後，史語所的組織機構設置沒有大的變動，保持了相當的穩定性，直到1948年沒有變更。在史語所二十週年的報告中，所內四組的工作仍然是：

> 第一組：以研究史學問題及文籍校訂為主要工作，附有明清史料整理室。
>
> 第二組：以研究漢語，中國境內其他語言及實驗語音學為工作範圍，附有語音實驗室。
>
> 第三組：以發掘方法研究中國史前史及上古史為主要工作，兼及後代之考古學。
>
> 第四組：以研究中國民族學為工作，附有標本陳列室。[28]

---

[26] 芮逸夫：〈民族調查與標本之搜集〉，收入《傅所長紀念特刊》，第39頁。

[27] 〈國立中央研究院歷史語言研究所二十三年度報告〉，收入《傅斯年全集》第6卷，第451頁。

[28] 轉引自董作賓：〈歷史語言研究所在學術上的貢獻〉，載1951年1月5日臺北《大陸雜誌》二卷一期。

　　史語所的附屬機構——歷史博物館籌備處，係1929年8月經國民政府教育部劃歸中研院後，8月13日由史語所接收，改名為國立中央研究院歷史語言研究所歷史博物館籌備處，成立籌備委員會，由朱希祖任常務委員會主任，傅斯年、裘善元為常務委員，陳寅恪、李濟、董作賓、徐中舒為委員，由裘善元擔任管理主任，該館設在午門樓上。[29]1934年5月議定歷史博物館籌備處下年度併入中央博物院。

　　在動盪困頓期，史語所七度搬遷。第一次是1937年8月遷至長沙聖經學院，第二次是1938年7月遷到昆明靛花巷三號，第三次是1938年9月遷到昆明北鄉龍泉鎮棕皮營村回應寺、龍頭書塢及寶台山彌陀殿，第四次是1940年冬遷到四川南溪縣李莊鎮板栗坳，第五次是1946年11月自李莊遷回南京雞鳴寺路原址，第六次是1949年1月從南京遷往台北楊梅鎮，第七次是1954年12月從楊梅遷至南港。[30]在此期間，1941年香港淪陷時，史語所存放在香港九龍的圖書、文物、標本全部損失。史語所在此期間，除了新聘一批專、兼任研究人員，其它並無大的變化。1944年3月，第四組體質人類學部分劃出，成立「體質人類學研究所籌備處」，中研院聘吳定良為籌備處主任，凌純聲繼任第四組主任。1947年1月，史語所接收體質人類學研究所籌備處，其業務仍由第四組辦理。[31]

---

[29] 參見《國立中央研究院歷史語言研究所十八年度報告》第五章〈國立中央研究院歷史博物館籌備處十八年度報告〉，收入《傅斯年全集》第6卷，第89-91頁。

[30] 參見《中央研究院歷史語言研究所七十年大事記1928——1998》，第14-24頁。

[31] 參見《中央研究院歷史語言研究所四十周年紀念特刊》，第14、18頁。

　　抗日戰爭勝利後，原在北平的日偽文化機構「東方文化研究所」、「東方文化事業總會」、「近代科學圖書館」均為史語所接管。中研院設置「北平圖書史料管理處」，傅斯年兼主任。1945年11月改聘湯用彤為主任。1947～48年余遜代理主任。

　　1949年1月史語所將其圖書、儀器、文物標本搬往台灣，其人員則一分為二：傅斯年、李濟、董作賓、李方桂、陳槃、全漢昇、周法高等部分人員撤往台灣，趙元任滯留美國[32]；歷史組的陳寅恪、岑仲勉、張政烺、何茲全、王崇武等，考古組的梁思永、夏鼐、郭寶鈞，語言組的丁聲樹，民族組的顏鍠、馬學良，通信研究員顧頡剛、陳垣、馬衡、湯用彤、翁文灝，兼任研究員韓儒林、北平圖書史料整理處代理主任余遜選擇留在大陸。令人感動的是，兩岸史語所同人的情誼卻未曾因政治的阻隔而割捨，1950、60年代，史語所第一組組務由陳槃以代理主任的名義負責，直到陳寅恪去世的消息傳到台灣，陳槃才於1970年6月真除主任之職。[33]另一方面，大陸方面中國科學院成立時，組建考古研究所，以文化部文物局局長鄭振鐸兼任所長，而以梁思永、夏鼐為副所長，亦寓含有所長之職為李濟留下之意。[34]

　　在制度建設方面，1929年2月訂定《國立中央研究院歷史語言

[32] 趙元任係1938年8月離開中國，應邀前往美國夏威夷大學任教，從此未再回史語所主持語言組的工作。關於他的離所，有各種猜測和說法，其中有人提到趙家與李方桂矛盾說。參見李光謨：〈鋤頭考古學家的足跡——李濟治學生涯瑣記〉，北京：中國人民大學出版社，1996年9月版，第108-109頁。

[33] 參見陳弱水：〈1949年前的陳寅恪——學術淵源與治學大要〉，收入《新學術之路》上冊，第104頁。

[34] 石興邦：〈夏鼐先生行傳〉，收入《新學術之路》下冊，第722頁。

研究所章程》，共22條，對所內機構、分組、所務會議職權、研究、編輯人員及其聘任等作了相應規定。[35]1932年8月21日所務會議修訂《國立中央研究院歷史語言研究所章程》，改為五章十五條，內容作了較大修改。如第二章〈所務會議〉，原十一條改為十條。第三章〈組別〉規定設立史學、漢語、考古學三組。第四章〈研究生〉為原來所無。[36]此後，史語所章程未再見大的更改。1935年11月15日所務會議修訂《歷史語言研究所章程》，增設第四組（即人類學組）。[37]1941年6月25日修訂《歷史語言研究所章程》，依照院修正〈研究所組織通則〉所規定，將現有職員分類名稱，依規定調整改任。[38]

史語所雖脫胎於中山大學語言歷史研究所，但究其創建後的關係而言，它與北大、清華兩校的關係更為密切。史語所最初因聘請陳寅恪、趙元任、李濟，不免與清華大學方面關係「緊張」，為此傅斯年致信馮友蘭、羅家倫、楊振聲，特別予以解釋：「現在寅恪、元任、及李濟之，我們的研究所均不免與之發生關係。這不是我們要與清華鬥富，也不是要與清華決賽，雖不量力，亦不至此！亦不是要扯清華的台，有諸公在，義士如我何至如此！」「所以在清華不便派人長期在外時，可由我們任之。我們有應請而請不起，而清華也要請的人時，則由清華請之。有

[35] 參見〈國立中央研究院歷史語言研究所十七年度報告〉，收入《傅斯年全集》第6卷，第31-33頁。
[36] 參見〈國立中央研究院歷史語言研究所二十年度報告〉，收入《傅斯年全集》第6卷，第369-371頁。
[37] 參見《中央研究院歷史語言研究所四十周年紀念特刊》，第8頁。
[38] 參見《中央研究院歷史語言研究所四十周年紀念特刊》，第12頁。

可合作的事時，則合辦之。諸如此類，研究的結果是公物，我們決不與任何機關爭名。」[39]1930年代前期，傅斯年、李濟、董作賓、梁思永諸人曾在北大兼課，除了傳授學業，培養誘掖後生學子；利用教學之便，他們在北大還「選拔一些有培養前途的人進史語所各組做低級研究人員」。[40]抗日戰爭爆發後，北大、清華、南開三校內遷到昆明，組建西南聯合大學，因胡適已身赴美國，傅斯年遂代胡兼任北大文科研究所所長。有了這層關係，兩所的許多工作幾乎迭合為一。[41]1939年8月史語所所務會議通過《歷史語言研究所與北大文科研究所合作辦法》，由史語所代為指導研究生，並予以圖書及宿舍使用之便利。[42]通過密切的人員交流，史語所與清華、北大結成了魚水關係。

傅斯年作為一所之長，頗有「父母官」的作派甚或企業「老闆」的作風。所內年青人畏他如「胖貓」。[43]外界稱他為「老

[39] 〈傅斯年致馮友蘭、羅家倫、楊振聲〉（1928年10月），收入《羅家倫先生文存》附錄《師友函札》，第301-303頁。

[40] 參見鄧廣銘：〈懷念我的恩師傅斯年先生〉，載1996年11月《台大歷史學報》第20期，第7-8頁。

[41] 有關史語所與北大文科研究所的關係，詳見鄭克晟：〈中研院史語所與北大文科研究所——兼憶傅斯年、鄭天挺先生〉，收入布占祥、馬亮寬主編：《傅斯年與中國文化》，天津古籍出版社，2006年3月版，第26-30頁。

[42] 參見《中央研究院歷史語言研究所七十年紀念大事記1928-1998》，第16頁。關於借閱圖書辦法，參見〈中央研究院歷史語言研究所與西南聯大訂立圖書閱讀及借用辦法〉，參見北京大學、清華大學、南開大學、雲南師範大學編：《國立西南聯合大學史料》第六冊，昆明：雲南教育出版社，1998年10月版，第315-316頁。

[43] 參見董作賓：〈歷史語言研究所在學術上的貢獻〉，載1951年1月5日臺北《大陸雜誌》二卷一期。

虎」、「傅大炮」。然對所內人員的管理或聘任，他有自己的原則。對所內學術帶頭人陳寅恪、趙元任、李濟、羅常培等更是體恤有加，照顧備至。1930年代前幾年，陳寅恪在清華兼職，羅常培被北大「借出三年」，對他倆的所外兼職，傅斯年根據他倆的性格分別個案處理：

> 若以寅恪事為例，則寅恪之職務，大事仍由其主持，小事則我代其辦理。莘田兄之研究工作，因不能請元任兄代也。且寅恪能在清華閉門，故文章源源而至（其文章數目在所中一切同人之上），莘田較「近人情」，寅恪之生活非其所能。故在寅恪可用之辦法，在莘田本不適用，況一為事務，一為研究，本不同乎？……蓋寅恪能「關門閉戶，拒人於千里之外」，莘田不能也。[44]

抗戰時期，趙元任在美訪學，生活不易，回國亦難，傅斯年特別囑託胡適幫忙：

> 元任兄回國與否一事，所中同人不能下一斷語。為本所言，無人不盼元任之速歸。元任去此兩年，有形之損失已大，無形之損失更大。如為元任言，此時歸來，未免受苦。物價高漲，生活不易，而元任身體不佳，雖願與我們同甘苦，但恐身體不贊助其精神耳。故如能由先生設法為之捐得在美一二年之薪（一年最好），或是為朋友著想之

---

[44] 《傅斯年全集》第7卷，第133頁。

善法。[45]

　　傅斯年兩度兼任中研院總幹事，第一次是1938年1月，第二次是1940年10月至1941年9月，在這期間，所長一職均由李濟代理。1947年6月至1948年8月傅斯年赴美治病，委派副研究員夏鼐代理所務，表現了他對夏的才幹和人品的高度推崇。[46]夏鼐係1941年留學歸國，先任職於李濟主持的中央博物院籌備處。1942年12月23日傅斯年致信葉企孫，稱：「夏鼐之學問前途甚大，本所早有意聘他。但博物院亦重視之（濟之前云，既要辦博物院，我也要留個好的）。」[47]雙方為爭奪夏鼐，各持己見，據理力爭。第二年夏鼐轉到史語所任副研究員。夏對傅執禮甚恭，以「學生」自稱。[48]

　　史語所之所務管理、機構設置和人員聘任具有自己的特點。凡所內重要事務均由所務會議決定。1929年2月最初訂定的《國立中央研究院歷史語言研究所章程》第四條規定：歷史語言研究所所務會議由所長、秘書、各組主任及專任研究員組織之。第六條規定所務會議的「職權」共十一條：一、審議本所基金之籌集、保管方法及其他財政事項。二、審查本所預算及決算。三、審議本所各項規則。四、議決本所工作進行計畫。五、議決本所圖書設備事項。六、議決著作品出版及獎勵事項。七、議決本所與國內外學術機關聯絡事項。八、審查研究工作之成績。九、審議研究員助理員及

[45] 《傅斯年全集》第7卷，第211頁。
[46] 石興邦：〈夏鼐先生行傳〉，收入《新學術之路》下冊，第717頁。
[47] 《傅斯年全集》第7卷，第272頁。
[48] 參見「傅斯年檔案」III：532。轉引自石興邦：〈夏鼐先生行傳〉，收入《新學術之路》下冊，第718頁。

其他人員任免事項。十、審議其他中央研究院院長或本所所長交議
事項。十一、所務會議於必要時得以設置各項特殊委員會。這些規
定體現出該所的民主管理原則和「合眾」性質。1931年修訂的《國
立中央研究院歷史語言研究所章程》第二章〈所務會議〉對其「職
權」的規定唯將第一、二項合併外，其它沒有變化。所務會議成為
史語所的議事和決策機構，這是該所管理的一大特色。史語所下
屬組別設置以科學性、材料性較強的學科為主，如史學組重史料收
集、考訂，語言組重方言調查，考古組重田野發掘。史語所聘請了
一批特約研究員和外國通信員，這一舉措有利於加強該所與所外、
國外同行的溝通和聯繫。史語所先後聘請的兼任、特約、通信研
究員有蔡元培、胡適、陳垣、馬衡、容庚、朱希祖、馮友蘭、劉
複、沈兼士、丁文江、翁文灝、梁思成、孟森、趙萬里、湯用彤
等，他們都是國內在某一領域的頂尖學者。聘請的外籍研究人員
有，人類學文物學組聘請史祿國為專任研究員，[49]聘請米勒、伯希
和、高本漢三位為通信研究員[50]。1932年第一組又增加外國通訊員
鋼和泰（Stael Holstein）、第三組增加步達生（Black Davidson）、
德日進（P. Teilhard de Chardin），[51]均為國際一流學者。

　　據董作賓先生統計，截止到1948年，史語所發展到擁有14
萬多冊圖書，一千餘箱儀器、標本、古物；研究人員59人，連同

[49] 參見〈國立中央研究院歷史語言研究所十七年度報告〉，收入《傅斯年全
集》第6卷，第15頁。
[50] 參見〈致蔡元培、楊杏佛〉1928年5月5日，收入《傅斯年全集》第6卷，
第61頁。此處將高本漢譯作「珂羅倔倫」。
[51] 參見〈國立中央研究院歷史語言研究所二十一年度報告〉，收入《傅斯年
全集》第6卷，第375-376頁。

職員84人，在人員方面大大超過中研院其它兄弟所；「已刊行的
專書，共有76種，已發表在集刊、報告中的論文，共有五百多
篇，裝起來兩書箱，擺起來一書架。因此，那些兄弟所們，在
敬、畏、妒複雜情緒之下，不能不共尊他是老大哥，稱之曰『大
所』」。[52]在人員規模、成果數量及影響、圖書文物添置等方面，
史語所均躍居中研院各所之首。

三、歷史語言研究所學術工作之開展

　　傅斯年逝世三個月之際，史語所出了一期《傅所長紀念特
刊》，刊登了李光濤的〈明清檔案〉、楊時逢的〈語言調查與語
音實驗〉、石璋如的〈考古工作〉、芮逸夫的〈民族調查與標本
之搜集〉、徐高阮的〈圖書室〉、勞榦〈出版品概況與集刊的編
印〉等文。這些文章從不同方面介紹了傅斯年為推動史語所各項
工作所發揮的領導作用。實際上，也對傅斯年在任期間史語所各
項工作的進展作了回顧和總結。我們且先看史語所「合眾」學術
工作之開展。

---

[52] 董作賓：〈歷史語言研究所在學術上的貢獻〉，載1951年1月5日臺北《大
陸雜誌》二卷一期。據筆者統計，截至1949年史語所搬遷到台灣止，史語
所共聘任各種人員共109人，其中專任研究員、編輯員65人，兼任、特約、
通信研究員21人，職員、助理員23人。此統計參見王懋勤編：〈中央研究
院歷史語言研究所研究人員著作目錄〉，收入《中央研究院歷史語言研究
所四十周年紀念特刊》，第33-190頁。不過，此名單似為一不完全名單。

考古

　　安陽發掘是史語所最具成就、亦最早產生國際影響的一項考古研究工作，有關這一工作來龍去脈的最權威介紹當推李濟先生的英文著作《安陽》。[53]從1928年起至1937年6月底止，史語所在安陽共舉行了十五次發掘。其中前十一次發掘現場情形及經過詳載於〈歷史語言研究所工作報告〉中。1928年8月董作賓至安陽，10月間在小屯「先作小試之發掘，以決後來可大掘否」，此次試掘為期兩旬。[54]1929年春，「在小屯村中更作一次有計劃的工作，頗多創獲」。同年秋季，「繼續前業，是為第三次田野工作」。報告對本年度安陽發掘、整理、研究作了詳盡記載。[55]1931年春季「實為第四次發掘」，考古組全體人員參加，發掘現場為小屯、後岡、四盤磨。[56]1931年11月7日到12月19日第五次安陽發掘，除李濟、吳金鼎外，第三組其他人員均參加。發掘現場為小屯村、後岡。通過此次發掘，對仰韶文化層、後岡文化層、殷墟文化層

---

[53] Li Chi, *Anyang*, Seattle University of Washington Press, 1977。中譯本收入李光謨編：《中國現代學術經典‧李濟卷》，石家莊：河北教育出版社，1996年8月版，第439-683頁。

[54] 參見〈國立中央研究院歷史語言研究所十七年度報告〉，收入《傅斯年全集》第6卷，第10-11頁。

[55] 參見〈國立中央研究院歷史語言研究所十八年度報告〉，收入《傅斯年全集》第6卷，第71-76頁。

[56] 參見〈國立中央研究院歷史語言研究所十九年度報告〉，收入《傅斯年全集》第6卷，第196-197頁。

的上下先後有一清晰的瞭解。「中國早期文化的研究,由此得一大結束」。1932年春第六次安陽發掘,現場發掘地點為小屯村、侯家莊、花園莊。[57]1932年10月24日～12月20日第七次安陽殷墟發掘,李濟指揮,董作賓、李光宇、石璋如等參加。[58]1933年秋季第八次、1934年春季第九次安陽殷墟發掘,兩次工作,分佈於小屯、後岡、侯家莊、武官四處。[59]1934年10月3日至1935年1月1日為第九次,參加者有梁思永、石璋如、劉燿、祁廷□、胡福林、尹煥章六人。發掘地點為侯家莊、西北岡。1935年3月15日到6月22日第十次發掘。兩次發掘發現殷墓及銅製、石製、玉製、陶製等大量各種隨葬品。[60]1935年9月5日至12月18日第十一次發掘,率領人為梁思永,參加者有石璋如等十一人,「工作中心仍在安縣西北十二里之侯家莊西北岡殷代墓地」。[61]1935年9月第十二次殷墟發掘,是為侯家莊西北岡第三次發掘。1936年3月第十三次殷墟發掘,發現空前的YH127甲骨坑。1936年9月第十四次殷墟發掘。1937年3月第十五次殷墟發掘,這是最後一次大規模的發掘。殷墟發掘造就了像李濟、董作賓、梁思永這樣一些國際考古學界知名

---

[57] 參見〈國立中央研究院歷史語言研究所二十年度報告〉,收入《傅斯年全集》第6卷,第294-295頁。

[58] 參見〈國立中央研究院歷史語言研究所二十一年度報告〉,收入《傅斯年全集》第6卷,第387頁。

[59] 參見〈國立中央研究院歷史語言研究所二十二年度報告〉,收入《傅斯年全集》第6卷,第430-432頁。

[60] 參見〈國立中央研究院歷史語言研究所二十三年度報告〉,收入《傅斯年全集》第6卷,第461-468頁。

[61] 參見〈國立中央研究院歷史語言研究所二十四年度報告〉,收入《傅斯年全集》第6卷,第496-501頁。

的學者。

如果單就《史語所工作報告》上的介紹而言，我們似看不到
傅斯年的影子，而只有發掘工作的過程和成果記載。但如結合當
事人的回憶材料，即可看出傅斯年在安陽發掘中所發揮的領導作
用。為殷墟發掘，傅期年曾於1929年11月前往開封調解中研院與
地方的糾紛；1931年春、1932年秋、1935年5月三度親赴安陽小屯
現場視察發掘情形。[62]關於傅斯年與殷墟發掘的關係，知悉內情
的李濟特別交待：「孟真先生與殷墟發掘的關係是多方面的；除
了領導的作用外，行政的交涉與經費的籌畫，他擔負了最大部分
的責任。初期發掘時，這一工作曾遭少數人無理的阻撓，為這件
事，他曾親自跑到開封接洽，因以收到地方上合作的結果。他對
於這事的關切，直到研究報告出版時才告一段落；考古組編輯的
幾種刊物，全是他命名的。」[63]談及史語所的考古工作，石璋如先
生如是說：「考古工作是一件花錢，費力又消耗時間的工作。有
了充分的財力才會產生出大規模的工程。而領導這偉大工程的又
須有專門人才。有了專門人才才會造出精密的工作，若能給以充
分的時間讓那些專門人才繼續的精密工作，就會有燦爛的成績表
現。財力、人力、時間三者是一套考古的成功密訣。孟真所長最
會籌畫款項，最愛專門人才，最會把握時間，最能克難，最有決
斷也最有毅力，因此中央研究院的考古工作蜚聲中外。」[64]可以

---

[62] 參見韓複智編：〈傅斯年先生年譜〉，載1996年10月《台大歷史學報》第
20期，第255、257、259、263頁。

[63] 李濟：〈傅孟真先生領導的歷史語言研究所〉，收入《傅所長紀念特
刊》，第15頁。

[64] 石璋如：〈考古工作〉，收入《傅所長紀念特刊》，第33頁。

說，沒有傅斯年的親自領導和出面疏通各種關係，很難想像安陽發掘工作能夠順利開展，遑論取得蜚聲中外的成就。

明清檔案史料整理

　　史語所成立之初，即著手接洽購回明清內閣大庫檔案。這些檔案在民國二年原存歷史博物館。十年，「歷史博物館因經費短絀，遂將此項檔案大部分較破碎者售出，輾轉為寄居天津之李木齋氏購得」。十七年十二月由北京大學教授馬叔平介紹，開始與李氏接洽購回。「旋議定以一萬八千元為代價，蓋即李氏原付價及歷年為此所出之遷移房租等費」，十八年八、九月間經徐中舒、尹煥章將平津兩處檔案陸續運存午門樓存放。先招雇書記6人、工人19人初步整理。成立明清內閣大庫檔案編委會，推定陳寅恪、朱希祖、陳垣、傅斯年、徐中舒五人為委員，編印《明清史料》叢刊。[65]為保證工作的開展，特訂工作十二條規則，嚴格要求工作人員按章進行，並指定李光濤負責填寫工作日志。隨著工作的進展，所雇人數逐漸遞減，十九年十月減至十一人，二十一年減至三人，最後僅留一人保管。這項工作前期包括檢理、分類，均在1932年終完成。同時編輯出版《明清史料》，從1929年開始陸續出版，至1932年底已出版甲編十冊。因檔案南遷中間停頓了兩年。自1934年起，由陳寅恪、傅斯年、徐中舒重新組織一

---

[65] 參見〈國立中央研究院歷史語言研究所十八年度報告〉，收入《傅斯年全集》第6卷，第59-60頁。

《明清史料》編刊委員會，以陳寅恪為主席，審查史料之編定與刊行；並命練習助理員李光濤為提要，執行編刊校對諸事。[66]1935年1月《明清史料》復刊。到1948年止，又續出了乙編、丙編、丁編三十冊。對史語所的明清檔案整理工作，前有徐中舒的〈內閣檔案之由來及其整理〉[67]、〈再述內閣大庫檔案之由來及其整理〉[68]兩文，後有李光濤的〈記內閣大庫殘餘檔案〉[69]、〈明清檔案與清代開國史料〉[70]兩文作了總結。傅斯年對明清檔案史料的整理頗為重視，從最初爭取經費洽購，到組織明清內閣大庫檔案編委會，發刊《明清史料》，再到對實際整理工作的督促、指導，都與他分不開。他所撰寫的〈《明清史料》發刊例言〉、〈《明清史料》復刊志〉顯現了他對這一工作的措意。明清檔案整理作為史語所的看家本領，這一工作一直延續到後來，迄止1975年8月，已續出了戊、己、庚、辛、壬、癸六編，共一百冊。[71]

史語所整理明清史料的另一項富有影響力的工作是校勘《明實錄》。據《國立中央研究院歷史語言研究所二十三年度報告》載：「校勘《明實錄》之計畫在上年中，即已決定。本年度開始，即由那廉君、鄧詩熙、潘愨三人任校對，而以助理員李晉華複校，兼總其成。計明列朝實錄約三千卷，共三百冊。每月每人

---

[66] 參見〈國立中央研究院歷史語言研究所二十三年度報告〉，收入《傅斯年全集》第6卷，第455頁。

[67] 載《明清史料》甲編第一本，上海：商務印書館，1932年出版。

[68] 載《國立中央研究院歷史語言研究所集刊》第三本第四分，1933年。

[69] 載1955年《大陸雜誌》第11卷第4、5、6期。

[70] 載1970年《中央研究院歷史語言研究所集刊》第四十二本第二分。

[71] 參見王戎笙：〈傅斯年與明清檔案〉，載1996年11月《台大歷史學報》第二十期，第23-34頁。

約校五十卷，即五冊，共十五冊，至本年度止，已校至正德朝畢，及嘉靖朝之小半，計一千七百餘卷，一百七十餘本。預計至明年一月間，當即完全校畢，全書即可以付印矣。」[72]但因實際參與這項工作的人較少，加上未校完的嘉靖、隆慶、萬曆、泰昌、天啟五朝實錄「殘缺過多，抄補需時」，工作量因需參校的文獻材料增補而不斷加大，此整理工作一拖再拖，直到1948年，史語所工作報告述及此工作，「校勘列朝實錄（副研究員王崇武）用抱經樓本校完泰昌（光宗）朝及熹宗（天啟）朝之一半，此係第三遍」[73]。據勞榦回憶：「《明實錄》的整理是孟真先生首先注意到的，搜集了七種本子來校，並且經過故李晉華先生的用心整理，大致已經有頭緒了，因為經費問題，尚未付印。在整理《明實錄》之時，孟真先生對明史曾經下過很深的功力，作過〈明成祖生母記疑〉、〈明成祖生母問題匯證〉。」[74]《明實錄》的出版延至1963年7月才啟動，歷時近四年，直到1967年3月才完成。[75]

---

[72] 參見〈國立中央研究院歷史語言研究所二十三年度報告〉，收入《傅斯年全集》第6卷，第456頁。

[73] 參見〈國立中央研究院歷史語言研究所工作報告〉，收入《傅斯年全集》第6卷，第595頁。

[74] 傅樂成：〈傅孟真先生年譜〉，臺北：傳記文學出版社，1979年5月版，第41-42頁。

[75] 參見黃彰健：〈歷史語言研究所校印《明實錄》的工作〉，載《中央研究院歷史語言研究所四十週年紀念特刊》，第207-213頁。黃彰健：〈影印國立北平圖書館藏明紅格本明實錄並附校勘記序〉，載1971年7月《中央研究院歷史語言研究所集刊》第32本。

語言調查與語音實驗

　　語言組的工作也不示弱。據李濟先生回憶：「史言所創設之始，即毅然地擺脫了章炳麟的權威，而得到趙元任先生的合作，以百分之百的現代科學工具，復興中國的語言學。自民國十七年起，直至七七事變的一年，復興的中國語言學的進步，是一線直上的。在這一時代，史言所的第二組建設了一個正確的研究標準，提出了並解決了若干中國語言學的基本問題，完成了不少的方言調查，同時造就了不少的青年語言學家。」[76]對章太炎在文字學領域的霸權地位不滿，源自傅斯年的〈歷史語言研究所工作之旨趣〉，是文嚴厲地批評「章氏在文字學以外是個文人，在文字學以內做了一部《文始》，一步倒退過孫詒讓，再步倒退過吳大澂，三步倒退過阮元，不待自己不能用新材料，即是別人已經開頭用了的新材料，他還抹殺著，至於那《新方言》，東西南北的猜出去，何嘗尋揚雄就一字因地變異作觀察？這麼竟倒退過二千年了。」傅斯年明確反對章太炎一本《說文解字》的古文字學研究路數，「以《說文》為本體，為究竟，去作研究的文字學，是書院學究的作為，僅以《說文》為材料之一種，能充量的辨別著去用一切材料，如金文、甲骨文等，因而成就的文字學，乃是科學的研究。」這也是他大力推動殷墟發掘，力主以甲骨文材料研

---

[76] 李濟：〈傅孟真先生領導的歷史語言研究所〉，收入《傅所長紀念特刊》，第16頁。

究殷商史；聘請容庚為特約研究員，由史語所出版氏著《秦漢金文錄》、《金文編》的緣由。

關於第二組（語言組）的語言調查，參與其事的楊時逢回憶：「孟真先生創辦歷史語言研究所，以語言與歷史並重，先生認請漢語學之研究，須以方言研究為成就之道路。故在開辦之初，即計畫全國方言調查。先後在趙元任、李方桂兩先生領導下進行漢語及非漢語之調查。」[77]這些調查見證於史語所工作報告者有：自1928年11月至1929年2月，趙元任「在兩粵作初次之方言調查，其範圍東至潮汕，西至南寧，北至樂昌，南至中山」，記瑤歌97首，其中前90首係用蓄音機蠟筒記下[78]。1929年李方桂「赴廣東調查，於所記瓊山樂會方言中發現『吸氣輔音』（Inspiratory Consonants or Clicks），又在廣東北江搜集八排瑤之語言材料甚多」[79]，還前往海南島調查黎語及本地漢語，到1930年初回所[80]。1930年王靜如「曾往深澤縣調查音值及記束鹿安平一帶八縣之聲調，其中有入聲之類，為北方方言之罕見之現象」[81]。1931年王靜如「曾赴河北省南部大名一帶調查方音四五種[82]。1933年由「中華

---

[77] 楊時逢：〈語言調查與語音實驗〉，收入《傅所長紀念特刊》，第27頁。

[78] 參見〈國立中央研究院歷史語言研究所十七年度報告〉，收入《傅斯年全集》第6卷，第19頁。

[79] 參見〈國立中央研究院歷史語言研究所十八年度報告〉，收入《傅斯年全集》第6卷，第63頁。

[80] 參見〈國立中央研究院歷史語言研究所十九年度報告〉，收入《傅斯年全集》第6卷，第191頁。

[81] 參見〈國立中央研究院歷史語言研究所十九年度報告〉，收入《傅斯年全集》第6卷，第191頁。

[82] 參見〈國立中央研究院歷史語言研究所二十年度報告〉，收入《傅斯年全

教育文化基金董事會補助費項下，聘請白滌洲為臨時調查員，自
二十二年度三月起，赴河南隴海路沿線，及陝西陽關中道所屬，
調查各地方音及北音入聲演變之狀況」，共調查了29縣[83]。1933
年10月至1934年4月李方桂赴暹羅調查語言，「以準備作泰語的比
較研究」；1934年3月起，羅常培「在滬物色舊徽州府屬歙、黟、
休寧、續溪、祁門、婺源六縣之發音人逐一記錄其聲韻調之系
統」；6月中趙元任、楊時逢「出發赴徽州，先以屯溪為第一站，
然後分赴各縣調查，此次在當地調查之旨趣，除覆核在滬所得結
果外，並偏重話音材料之搜集，及應用詞彙之擴充」[84]。1935年
春，「史語所重新擬定方針，作各省方言之粗略調查，其精密程
度，以以後不必重複再做所做之部分為度」[85]。9月，李方桂赴廣
西調查泰語及其他非漢語。10～11月，趙元任偕楊時逢、葛毅赴
湖南調查方言。1936年秋，趙元任在所調查湖北鐘祥方言。[86]抗日
戰爭期間，史語所遷到昆明。「第二組（語言學）調查漢語方言
並從事西南各土語之研究」[87]。對這些方言調查活動，趙元任、李

集》第6卷，第292頁。

[83] 參見〈國立中央研究院歷史語言研究所二十一年度報告〉，收入《傅斯年
全集》第6卷，第385頁。

[84] 參見〈國立中央研究院歷史語言研究所二十二年度報告〉，收入《傅斯年
全集》第6卷，第428頁。

[85] 參見楊時逢：〈語言調查與語音實驗〉，收入《傅所長紀念特刊》，第
27頁。

[86] 參見〈國立中央研究院歷史語言研究所二十四年度報告〉，收入《傅斯年
全集》第6卷，第492-493頁。

[87] 參見〈國立中央研究院歷史語言研究所工作報告〉，收入《傅斯年全集》
第6卷，第550頁。關於抗戰時期語言組的工作詳情，參見羅常培：〈語言
學在雲南〉，收入氏著：《語言與文化》，北京出版社，2004年1月版，

方桂各有詳略不等的回憶。[88]趙述及從吳語調查到粵語調查、再到南方言調查及江西、湖南、湖北方言調查，稱「最過癮的是調查皖南各處的方言」，「湖北一省調查得最詳細，一共紀錄了六十四處的方音跟故事」。

語言組的另一項重要工作是從事語音實驗，設立音檔，建立語音實驗室。史語所設立之初，即計畫建立語音實驗室。1929年春在北平籌設一實驗室，向國外購置實驗儀器；同時開設語音實驗班，這些工作均詳載於歷年史語所工作報告。1933年10月趙元任赴美訪學歸來，從美國購回了一批新式語音儀器。[89]1934年所址遷搬入南京新建築後，專闢四室作語音實驗室，裝有隔音和吸音設備。音檔方面包括購置和自行灌製兩類，購置語片，計達一千餘片；灌製音檔多為各地方言材料，共約二千餘片。[90]語言組的這些工作亦引起了國際上的注意，據李濟先生說：「南京北極閣語音實驗室的建設工作，在那時是一件國際注意的科學事業，所呈獻的急追猛進的陣容，曾使坐第一把交椅的歐洲中國語言學家，瑞典高本漢教授為之咋舌。這固然完全由於第二組同仁的共同努力，孟真先生的支持，實是這一燦爛運動的動力。」[91]

第200-220頁。

[88] 參見趙元任：〈我的語言自傳〉，載《歷史語言研究所集刊》第43本第3分，1971年9月。李濟著、王啟龍、鄧小詠譯：《李方桂先生口述史》，北京：清華大學出版社，2003年9月，第41-49、53-55頁。

[89] 儀器目錄參見〈國立中央研究院歷史語言研究所二十二年度報告〉，收入《傅斯年全集》第6卷，第423頁。

[90] 參見楊時逢：〈語言調查與語音實驗〉，收入《傅所長紀念特刊》，第31頁。

[91] 李濟：〈傅孟真先生領導的歷史語言研究所〉，收入《傅所長紀念特

民族研究與調查

1928年史語所在廣州成立時，人類學民物學組「已進行者為檢查廣州與昆明男女學校兒童及兵士及赴川滇交界區，習其語言，調查民物」。[92]1934年社會科學所的民族學組併入史語所後，研究範圍擴大，體質與文化並重，研究與調查並舉。研究之工作包括隋唐時代頭蓋骨之研究、頭骨指數相關度之研究、手與指紋之研究、四川人體質之研究、兒童體質發育程式之研究，這些工作均由吳定良負責。調查主要為雲南民族與雲南人種之調查，由凌純聲、陶雲逵分別負責。[93]另籌設兩實驗室：一為統計學實驗室，備有各種計算機與數學繪圖儀器；一為人類學實驗室，測量各種骨骼和人體。據芮逸夫回憶，「在文化方面，孟真先生最重視西南各族之原始文化。於是凌純聲先生遂與陶先生同時出發，前往雲南調查民族。」[94]1935～36年，吳定良除接手丁文江從事的「中國人體質之研究」外，其它工作大致與上年同。[95]凌純聲則

刊》，第16頁。

[92] 參見蔡元培：〈國立中央研究院工作報告〉（1929年3月15日），收入《傅斯年全集》第6卷，第42頁。

[93] 參見〈國立中央研究院歷史語言研究所二十三年度報告〉，收入《傅斯年全集》第6卷，第470-472頁。

[94] 芮逸夫：〈民族調查與標本之搜集〉，收入《傅所長紀念特刊》，第39頁。

[95] 參見〈國立中央研究院歷史語言研究所二十四年度報告〉，收入《傅斯年全集》第6卷，第501-503頁。

率同勇士衡、芮逸夫參加中、英政府會勘滇、緬南段界務之民族
調查工作，「前後三年間，調查之區域，包括湘、浙、滇三省；
族類則包括苗、畲、擺夷、傈僳、阿佧、撲喇、山頭、崩龍、佧
剌、佧佤等十餘種；搜集標本六百餘件，攝得照片一千餘楨。」[96]
抗日戰爭爆發後的兩、三年，吳定良的研究課題有：人類頭骨眉
間□（Glabella）凸度之研究、漢族鎖骨之研究、漢族肱骨之研
究、殷代下顎骨之研究、畫手與足週邊形（Contour）儀器之改
進、配地立雪（Pelidisi）指數表及其應用、手之形態及與年齡
職業上之關係、小屯頭骨報告。凌純聲、芮逸夫擔任湘西苗族調
查、滇涵南段未定界之民族調查。陶雲逵負責擺夷之體制、擺夷
之生育婚喪研究。[97]1941年7月史語所與中央博物院合組川康民族
考察團，凌純聲、芮逸夫參加，前往四川西北及西康東北一帶調
查羌民和嘉戎，至第二年二月結束。與此同時，吳定良赴貴州安
順、普定等地展開苗夷之調查。在研究方面，主要從事殷代頭骨
之研究、貴州苗夷血液型之研究、中華民族體質之分類、中國人
額骨中縫之研究、畲民宗譜之研究。[98]1942年12月，芮逸夫與胡慶
鈞前往川南敘永調查苗族，到1943年5月結束。[99]

---

[96] 芮逸夫：〈民族調查與標本之搜集〉，收入《傅所長紀念特刊》，第39頁。

[97] 參見〈國立中央研究院歷史語言研究所二十六年度至二十八年度報告〉，
收入《傅斯年全集》第6卷，第542-545頁。

[98] 參見國立中央研究院文書處編：《國立中央研究院工作報告》（民國三十
年十月，油印本）「歷史語言研究所」部分。《國立中央研究院工作報
告》（民國三十一年十月，油印本）「歷史語言研究所」部分。

[99] 參見國立中央研究院文書處編：《國立中央研究院工作報告》（民國三十
二年九月，油印本）「歷史語言研究所」部分。

在標本搜集文面，從1931年秋社會科學所民族學組設立「民族學標本陳列室」開始採集，迄1946年11月復員回到南京止，前後共搜得標本一千五百餘件，史語所特闢專室整理、陳列這些標本。到1949年遷台以前，其已陳列就緒者，計有：湘、滇、川、黔、苗族標本五櫥，二百一十件；浙江畬民二櫥，六十二種；台灣高山族四櫥一架，一百二十二件；四川保儸二櫥，二十四件；雲南擺夷三櫥，五十六件；貴州仲家一櫥，九十二件；雲南倮黑、傈儸、撲喇、阿昌一櫥，八十四件；崩龍、口喇、佧佤等合一櫥，五十六件；山頭、古宗合一櫥，三十二件；歐洲石器及非、澳、美三洲民族標本合三櫥一架，一百七十九件。其餘尚在整理中。[100]第四組的工作成果不太為人們所注意，其實吳定良、凌純聲篳路藍縷，在近代中國人類學、民族學研究領域實有奠基之功。

史語所工作報告除了對「合眾」性質的工作有一詳細的記載，對個人的研究亦有清楚的交待。這裡我們僅以陳寅恪為例，從史語所的工作報告可以清晰獲得陳先生學術工作的線索：民國十七年，史語所設立之初，陳寅恪除利用北平史料研究清史外，「尚有考定蒙古源流，及校讀番藏」，協同助理員于道泉編纂藏文籍目錄。[101]十八年，「治蒙古源流，凡關於此書所採取之史籍，期一一探索而專訂之」。此一年中共成論文五篇：〈大乘義

[100] 芮逸夫：〈民族調查與標本之搜集〉，收入《傅所長紀念特刊》，第40頁。

[101] 參見〈國立中央研究院歷史語言研究所十七年度報告〉，收入《傅斯年全集》第6卷，第13、17頁。陳寅恪與於道泉所編《西藏文籍目錄》列為史語所單刊甲種第2種，但未見刊行，原因待考。

章書後〉（集刊第一本第二分）、〈靈州寧夏榆林三城譯名考〉
（集刊第一本第二分）、〈吐蕃彝泰贊普名號年代考〉（集刊第
二本第一分）、〈敦煌本維摩詰經文殊師利問疾品演義跋〉（集
刊第二本第一分）、〈西遊記玄奘弟子故事之演變〉（集刊第二
本第一分）。「十八年冬並在故宮圖書館發見蒙文《蒙古源流》
及清文譯本，蓋漢文《蒙古源流》係就清文譯出，而清文譯自蒙
文，得此可以校訂此書翻譯之錯誤。此外又按日檢閱北平圖書館
所藏敦煌卷子，為研究敦煌史跡之預備」。[102]十九年，「陳寅恪
以流傳的及最近發見的梵文手抄本，與番經漢藏對勘，以校正遺
文之異同，成書之年代，翻譯之公式等問題。又十八年並在故宮
博物館圖書館內發見《蒙古源流》及清文譯本，蓋《蒙古源流》
一書漢文原從清文譯出，而清文又譯自蒙文，現即此二書為蒙古
源流之專題研究，共成論文四篇：〈蒙古源流作者世系考〉、
〈彰所知論與蒙古源流〉、〈幾何原本滿文譯本跋〉、〈西夏文
佛母孔雀明王經考釋序〉。此外又檢閱北平圖書館所藏敦煌卷
子，為研究敦煌史籍之預備」。下年度計畫「繼續為蒙古源流及
敦煌材料之研究」。[103]二十年，「陳寅恪研究六朝唐宋以來之佛
教經典及與外族有關之史料，共成論文三篇：〈西夏文佛母孔雀
明王經考釋序〉（集刊第二本第四分）、〈支敏度學說考〉（集
刊外編《慶祝蔡元培先生六十五歲論文集》）、〈李唐氏族之推

---

[102] 參見〈國立中央研究院歷史語言研究所十八年度報告〉，收入《傅斯年全
集》第6卷，第61頁。
[103] 參見〈國立中央研究院歷史語言研究所十九年度報告〉，收入《傅斯年全
集》第6卷，第188、199頁。

測〉（集刊第三本第一分）」。下年度計畫「擬作《晉南北朝隋
唐思想史》及西北民族史料之研究。」[104]二十一年，「陳寅恪研
究魏晉六朝思想史，及西北民族史料，共成論文兩篇：〈南嶽大
師發誓願文跋〉（集刊第三本第三分）、〈天師道與濱海地域之
關係〉（集刊第三本第四分）」。下年度計畫「仍繼續作《晉南
北朝隋唐思想史》及西北民族史料之研究。」[105]此處和上年所提
《晉南北朝隋唐思想史》並未見成書，下落如何，仍待考。二十
二年，「陳寅恪繼續為中國邊裔史及中古思想學術史的研究，成
〈天師道與濱海地域之關係〉及〈李唐氏族之推測後記〉論文
兩篇」。[106]二十三年，「陳寅恪研究中古佛教經典、文籍及與外
族有關之史料。本年度側重於有唐一代之研究，計成論文兩篇：
（子）〈武曌與佛教〉，（丑）〈李德裕貶死年月及歸葬傳說考
辨〉」。[107]二十四年，「陳寅恪繼續研究中古佛教經典文籍，本
年度為關係有唐一代之研究，著三論、四論〈李唐世家〉及〈論
韓愈之生平〉等論文三篇」。[108]三十五至三十六年，「在北平，

---

[104] 參見〈國立中央研究院歷史語言研究所二十年度報告〉，收入《傅斯年全集》第6卷，第290、301頁。

[105] 參見〈國立中央研究院歷史語言研究所二十一年度報告〉，收入《傅斯年全集》第6卷，第381、389頁。

[106] 參見〈國立中央研究院歷史語言研究所二十二年度報告〉，收入《傅斯年全集》第6卷，第424頁。

[107] 參見〈國立中央研究院歷史語言研究所二十三年度報告〉，收入《傅斯年全集》第6卷，第453頁。

[108] 參見〈國立中央研究院歷史語言研究所二十四年度報告〉，收入《傅斯年全集》第6卷，第489頁。

繼續研究此一時期之史事」（指南北朝唐五代史研究）。[109]三十六至三十七年，「在北平，繼續研究此一時期之史事，寫成〈元微之悼亡詩及豔詩箋證〉一文」。[110]有關陳寅恪的科研工作除了在抗戰時期只有簡略提及外，[111]1928～1935年這一段每年均有較詳細的記載。遺憾的是，這些材料少見人有心利用，現有的蔣天樞《陳寅恪先生編年事輯》幾無參照、卞僧慧《陳寅恪先生年譜長編》（初稿）亦只有一處引證[112]。如果將史語所工作報告與陳寅恪的學術工作結合考察，應能獲得更多線索和材料。

1928年4月6日傅斯年致信胡適表示：「中央研究院語言歷史研究所業已籌備，決非先生戲稱謂狡兔二窟，實斯年等實現理想之奮鬥。為中國而豪外國，必黽勉匍匐而赴之。現在不吹，我等自信兩年之後，必有可觀。」[113]從史語所的工作進展看，傅斯

109 〈國立中央研究院歷史語言研究所工作報告〉（民國三十五年十月至三十六年九月），收入《傅斯年全集》第6卷，第569頁。
110 〈國立中央研究院歷史語言研究所工作報告〉（民國三十六年十月至三十七年二月），收入《傅斯年全集》第6卷，第595頁。
111 僅在《國立中央研究院工作報告》民國三十三年（1944）油印本「歷史語言研究所」部分記有：「南北朝唐五代史研究，寫定之《隋唐制度淵源略論》業已付印。」在《國立中央研究院工作報告》（民國三十二年九月）油印本「歷史語言研究所」部分記有：「南北朝唐五代史研究：《唐代政治史述論》一書，已於本年七月出版。《隋唐制度淵源略論》一書初稿在商務印書館淪陷，今重編付印。」〈國立中央研究院歷史語言研究所二十六年度至二十八年度報告〉（民國二十八年三月）未提陳寅恪。
112 卞僧慧著僅引〈國立中央研究院歷史語言研究所十九年度報告〉中相關材料，參見氏著：《陳寅恪先生年譜長編》（初稿），北京：中華書局，2010年4月版，第131頁。
113 中國社科院近代史研究所中華民國史研究室編：《胡適來往書信選》上冊，香港：中華書局，1983年11月版，第478頁。

年的確兌現了他的承諾。在短短的十多年時間裡，史語所迅速成長為一個國際學術界注目的中國歷史學、語言學、民族學研究重鎮，這一「速成」之成就，確實相當可觀。

在史語所前二十三年中，正是國家內憂外患頻仍，社會劇烈動盪的歷史時期，其工作開展自然遇到不少的困難。其中最大的一個問題就是搬遷。從1928年創所至1949年搬遷台灣，史語所歷經多次遷移。抗戰時期搬遷到西南邊陲，尤使史語所全體同人經受了一次巨大的身心考驗。對此，李濟感慨地回憶道：「自七七事變起，到卅五年復員南京止，九年的時間，在西南山地，帶了一千一百三十二箱圖書儀器檔案標本繞了一個大圈子；這一時代的生活雖苦，精神卻極振奮。計畫的工作固然大半停頓；利用特別的機會，也作了不少的語言、民族的調查及考古的發掘。室內的研究，雖然不能順利地進行，但成熟的著作亦漸有完成的：如陳寅恪先生的《唐代政治史述論稿》及《隋唐制度淵源略論稿》，董作賓先生的《殷曆譜》，趙元任先生等編輯的《湖北方言調查報告》都是抗戰時代出版的巨著。但這一時代最艱難的任務卻在保存從南京帶出來的千餘箱圖書儀器檔案及本所開辦以來費盡辛苦搜集的數百箱第一等歷史學、語言學、考古學、人類學的原始資料。」[114]史語所前期之工作開展雖困難重重，但同人的堅強意志和對科學的不懈追求，終使前面的阻礙如冰溶雪化般消融，這倒是應驗了人們熟悉的一句成語：精誠所至，金石為開。

---

[114] 李濟：〈傅孟真先生領導的歷史語言研究所〉，收入《傅所長紀念特刊》，第18頁。

四、歷史語言研究所工作成果之體現

　　史語所的工作成果主要體現在該所出版的一系列出版品中。史語所出版品包括：專刊（包括各種單行專刊、安陽發掘報告、中國考古學報、方言調查報告）、單刊（內分甲、乙兩種）、集刊（分集刊、集刊外編）、其它一般刊物（如史料叢書、中國考古報告集、人類學集刊、中國人類學志、影印流傳刊物等）。這些出版品各有分工，「其中集刊是定期的論文專集；集刊中的論文倘若篇幅太長，可以刊行單冊的，即列為單刊。各種的專門著作歸入專刊。此外如《史料叢書》、《中國考古報告集》、《人類學集刊》因為自成一個條貫，所以不列入專刊之列。《安陽發掘報告》因為在編次專刊之時即已編號，《中國考古學報》與《安陽發掘報告》性質相近，仍然編入專刊。」[115]據統計，從1928年至1940年，「在短暫十三年間，歷史語言研究所刊行之學術性論著有八大類，共七十九本，其中除單本專著外，含有論文二九三篇；編纂及影印之史料有七種三十八本。」[116]而到1951年3月，此數字有了進一步的攀升，據勞榦先生統計：「截至現在，專刊已編號的共計有三十三種（其中有三種尚未完成），單刊甲種共計有二十一種（有一種未印成），單刊乙種共計有五種。集

---

[115] 勞榦：〈出版品概況與集刊的編印〉，收入《傅所長紀念特刊》，第45、46頁。

[116] 參見《中央研究院史初稿》，臺北：中央研究院總力事處秘書組編印，1988年6月，第37-38頁。

刊已出至第二十二本。一般刊物中《史料叢書》已印出七種，《中國考古報告集》已出兩種三本，《人類學集刊》已出兩卷，《中國人類學志》已出一種，影印流傳書籍已出兩種，其他刊物已出四種。」「本所印刷事宜抗戰以前由孟真先生自行主持的，抗戰時宜交由董彥堂先生主持。復員以後董先生出國，組織了一個出版委員會，因為在這個時期由我暫任集刊的編輯事項，為方便起見，當時所有的出版物，關於集稿、發排及校對，也由我經手再寄到上海去，直至董彥堂先生歸國為止。」[117]這是傅斯年在任期間史語所的出版情況概況，這些出版品基本上反映了史語所在傅斯年任所長期間的工作成就。下面我們逐類對這些出版物作一簡介：

專刊

內有《安陽發掘報告》四期（1929年12月、1930年12月、1931年6月、1933年6月）。《中國考古學報》（1936年8月、1947年3月、1948年5月、1949年）四冊。這兩種報告集中反映了考古組的發掘工作（特別是殷墟發掘）成果。《湖北方言調查報告》（趙元任等著，1948年5月）及晚出的《雲南方言調查》（楊時逢著，1969年12月）、《湖南方言調查》（楊時逢著，1974年12月）、《李莊方言記》（楊時逢著，1987年1月）等方言調查報告則反映了語言組的方言調查成果。

---

[117] 勞榦：〈出版品概況與集刊的編印〉，收入《傅所長紀念特刊》，第46頁。

　　各種單行專刊30種，其中劉複《敦煌掇瑣》（之二，1931至32年）、陳垣《敦煌劫餘錄》（之四，1931年3月）是敦煌學的拓荒之作。容庚《秦漢金文錄》（之五，1931年12月）、《金文編》（之八，正編1938年、續編1935年6月）是金文研究的集大成之作。陳寅恪《唐代政治史述論稿》（之二十，1944年2月）、《隋唐制度淵源略論稿》（之二十二，1944年）是隋唐政治史研究的經典之作。勞幹《居延漢簡考釋》（之二十一，釋文之部1943年6月、考證之部1944年9月）為居延漢簡研究的重要著作。

單刊

　　甲種共21種。內以語言組的成果較多，如趙元任《廣西猺歌記音》（之，1930年）、《鐘祥方言記》（之十五，1939年9月），羅常培《廈門音系》（之四，1930年）、《唐五代西北方音》（之十二，1933年）、《臨川音系》（之十七，1940年12月），李方桂《龍州土語》（之十六，1940年9月）、《武鳴土語》（之十九，1957年）、《莫話記略》（之二十，1943年5月），王靜如《西夏研究》（之八、十一、十三，三輯，1932年、1933年）等均出自該系列。

　　乙種5種。容媛輯、容庚校《金石書錄目》（1930年）列第二種，董作賓、胡厚宣的《甲骨年表》（1937年）列第四種，傅斯年《性命古訓辨證》（1940年）列第五種。

歷史語言研究所集刊

截止到1950年底，已出22本。據統計，創所時期第一代同人在該刊發表論文的篇數為：陳寅恪（28篇）、徐中舒（19篇）、傅斯年（15篇）、董作賓（11篇）、趙元任（9篇）、羅常培（14篇）、李方桂（9篇）、李濟（1篇）、丁山（10篇）、劉複（3篇）、梁思永（2篇）、王靜如（9篇）、李家瑞（3篇）。此外，特約研究員、編輯員或外國通信員等亦在該刊發表了力作：胡適（4篇）、陳垣（1篇）、朱希祖（3篇）、孟森（4篇）、林語堂（3篇）、容肇祖（3篇）、高本漢（3篇）、陳受頤（1篇）。從1935年以後開始出現一批新的作者，他們算是史語所的第二代成員，這些人有：勞榦（從1935年10月第五本第一分起，27篇）、陳述（從1935年第五本第三分起，7篇）、岑仲勉（1935年12月第五本第四分起，38篇）、全漢昇（1936年第七本第一分起，16篇）、丁聲樹（1936年第六本第四分起，6篇）、李晉華（從1936年第六本第一分起，3篇）、李光濤（從1936年第六本第一分起，15篇）、陳槃（從1937年第七本第二分起，16篇）、董同龢（從1938年第七本第四分起，7篇）、周一良（從1938年第七本第四分起，3篇）、王崇武（從1939年第八本第三分起，10篇）、張政烺（從1939年第八本第三分起，9篇）、胡厚宣（從1939年第八本第二分起，5篇）、傅樂煥（從1942年第十本起，3篇）、逯欽立（（從1947年第十二本起，6篇）、石璋如（從1948

年第十三本起，3篇）、周法高（從1948年第十三本起，13篇）、高去尋（從1948年第十四本起，1篇）、芮逸夫（從1948年第十四本起，6篇）、何茲全（從1948年第十四本起，3篇）、馬學良（從1948年第十四本起，2篇）、王叔岷（從1948年第十六本起，4篇）、楊志玖（從1948年第十七本起，1篇）、王明（從1948年第十八本起，3篇）、嚴耕望（從1948年第十八本起，4篇）、夏鼐（從1948年第十九本起，2篇）。[118]論文數量的多少雖說不能定奪每一位作者水準的高低，但以《集刊》評審之嚴、擇文之精，加上作者在專刊、單刊、報告集上發表的著作，綜合作一評估，基本上可以看出各位研究人員的實力。《集刊》最能反映史語所同人的研究水準和研究動態，外界一般視之為史語所的招牌。

此外還有集刊外編三種：《慶祝蔡元培先生六十五歲論文集》（1933年1月）、《史料與史學》（1944年6月）、《六同別錄》（1945年1月）。

人類學集刊

僅於1938、1941年出版兩卷，每卷兩期。所載論文24篇：吳定良（6篇）、芮逸夫（3篇）、凌純聲（2篇）、陶雲逵（2篇）、吳汝康（2篇）、張查理（2篇，內中一篇與白英才合

---

[118] 以上統計參見王懋勤編：〈中央研究院歷史語言研究所研究人員著作目錄〉，收入《中央研究院歷史語言研究所四十周年紀念特刊》，第33-190頁。

作）、聞宥（2篇）、藍思克（2篇）、顏闇（2篇）、史圖博（1篇）。與《歷史語言研究所集刊》相比，《人類學集刊》在學術影響方面相對弱小。

中國考古報告集

僅出兩種：《城子崖》（1934年）、《小屯》（第一、二本）。

史料叢書

以明清史料整理最有成就，這方面的成果有：《明清史料》（四編）、《內閣大庫書檔舊目》（1933年9月）。

史語所的出版物有三個特點：一是所內專任研究人員的學術著作或工作報告（如考古發掘報告、方言調查報告）大多在所內出版，因此史語所的出版物基本上反映了所內專職研究人員的工作成果。二是注意吸收特約研究員或外國通信員的研究成果，如《集刊》上發表胡適的〈建文遜國傳說的演變〉（第一本第一分）、〈說儒〉（第四本第三分）、〈楞伽宗考〉（第五本第三分），孟森的〈《清史稿》中建州衛考辨〉、〈清始祖布庫里雍順之考訂〉（第三本第三分）、〈八旗制度考實〉（第六本第三分）即是他們的力作。語言組趙元任、李方桂、羅常培三人合作

翻譯高本漢的《中國音韻學研究》（商務印書館1940年出版）是
一項介紹國外同行高水準研究著作的範例。三是不拘一格培養和
扶植後進學者。1930年代中期以後的《集刊》逐漸推出了一批青
年學者的力作，他們在《集刊》上發表的論文數量後來居上。岑
仲勉、李光濤在所內的第二代學者中成果突出，在其專攻領域產
量甚高，《集刊》不惜篇幅刊登他們的論著，例如，《集刊》第
十二本即刊登了岑仲勉十一篇、李光濤七篇論文。岑仲勉與傅斯
年原無任何關係，學歷亦低，僅憑陳垣一紙之介，即破格受聘為
專任研究員，陳槃憶及此事，感慨萬千：「岑君兀傲，閉戶撰
述，不與聞外事，不追逐應酬。師嘗語槃曰，岑君一空依傍，特
立獨行，以有今日之成就，豪傑之士也。師之優容學人，雅量如
此。」[119]一些所外學者在某一領域嶄露頭角，《集刊》也注意吸
引他們的力作，如《集刊》所刊專攻宋史的鄧廣銘的《宋史職官
志考正》（第十本）、《宋史刑法志考正》（第二十本下冊）、
著名明史學者吳晗的《記明實錄》（第十八本），即屬此列。傅
斯年最初所標明的「使本所為國內外治此兩類科學者公有之刊佈
機關」的治所宗旨，確非虛言。

---

[119] 陳槃：〈師門識錄〉，收入《傅故校長哀挽錄》卷二，第56頁。

結語

　　中研院自1928年成立，次第建立地質、天文、氣象、社會科學、物理、化學、工程、歷史語言、心理、動物、數學、醫學、植物、體質人類等十四個研究所，然以成長之迅速，成果之顯著，則無出史語所之右。故本應以自然科學優先發展且見長的中研院，反以史語所為龍頭老大，這更顯史語所之特殊地位。傅斯年對史語所獲得此一地位，無疑起有主要作用。誠如朱家驊所稱：「廿餘年來，中國歷史語言學所以能樹立一個相當的基礎，和本院歷史語言研究所所以能博得國際間的贊許，他領導研究的力量，實在不小。」[120]史語所前期的成長與傅斯年的個人主觀努力及其所具條件密不可分，這也是史語所同人深切懷念這位創所所長的緣由所在。由於傅斯年特殊的人脈關係，史語所在聚積人才、爭取經費和購置圖書設備方面，都獲得了較大的補給。這在那個社會動盪、政局不穩、經濟拮据的年代，可謂是對一種極限的突破。

　　作為近代中國的歷史學、語言學研究重鎮，史語所迅速取得成功的訣竅在於它找到了新學術的生長點和突破口。舉凡安陽殷墟發掘、四裔之學的拓展、金文、居延漢簡的研究、明清檔案的整理、方言調查、北平民俗研究、民族調查與標本之搜集……這些無一不是新學術在各個領域成功的工作典範。選擇這些課題，又是與一種敏銳而科學的學術理念聯繫在一起。

---

[120] 朱家驊：〈序〉，收入《傳所長紀念特刊》，第1頁。

　　史語所作為國立中央研究院機構充分發揮並體現了現代學術體制的優勢。王國維自殺身亡時，顧頡剛曾慨歎：「國家沒有專門學問的機關害死了王國維！我們應該建設專門研究的機關！」[121]中研院史語所的成立正是彌補這一缺憾。現代學術企業發軔於西方，其特點是制度化、合眾化、規模化。傅斯年在建所伊始，一本構建現代學術企業的理念，提出辦所的六項要求，多次強調反對將史語所辦成一個類似存古學堂甚或國學院一類的東西，從一初始即將史語所深深扎根於現代學術的土壤之中，使其在現代學術體制內循環。《歷史語言研究所章程》的制訂、史語所學科組織的建設、史語所學術隊伍的形成、史語所系列學術著作的出版，正是反映了現代學術企業成長的要求，史語所在短時間內獲得成功，充分證明了現代學術體制的優勢。

（原載《文史哲》2011年第6期，收入王志剛、馬亮寬主編：
　　　《傅斯年學術思想的傳統與現代研討會論文集》，
　　天津人民出版社，2011年6月出版，第148-173頁。）

---

[121] 顧頡剛：〈悼王靜安先生〉，載1928年《文學週報》第五卷第一、二期。

傅斯年的「國學」觀及其時代意義
——《大家國學‧傅斯年卷》前言

　　「國學」的熱潮正在席捲中國學術界。在這個時刻，我以為重溫傅斯年當年不同於「國粹派」的「國學觀」，似有必要。至少它提醒我們在「國學」研究中應該注意防止某些可能發生的偏向。

　　「國學」本意為中國之學或本國學術，這一詞的使用最初應是針對外國學術或西洋學術而言。近代以後，由於西學的大量輸入，作為與之對立的「中學」隨之被人們頻繁地使用，十九世紀下半期，圍繞「中學」與「西學」的關係，洋務派、維新派都曾有過激烈的討論。所謂「中學為體，西學為用」即是經過一番討論後所形成的主流意見或經官方認定的模式。十九世紀末二十世紀初，經過中日甲午戰爭和八國聯軍侵華戰爭的的挫辱，中國陷入了半殖民地的危難境地，民族危機空前嚴重。為挽救中華民族的危機，在文化領域興起一股「國粹派」勢力，他們受啟於西歐文藝復興運動「古學復興」，提倡挖掘「國粹」，以激勵種性。作為「國粹派」的精神領袖章太炎如是解釋他們的宗旨：「為甚提倡國粹？不是要人尊信孔教，只是要人愛惜我們漢種的歷史。這個歷史，是就廣義的，其中可以分為三項：一是語言文字，二

是典章制度,三是人物事蹟。」[1]「國粹派」以《國粹學報》為核心陣地,在上海設立國學保存會,在東京成立「國學振起社」,出版「國粹叢編」、「國粹叢書」,講國學,倡國粹蔚然成風。這種學風儼然成為一派──章太炎派,在學術界逐漸成為一股勢力。民國初年,章太炎的弟子陸續北上進入北大,取代原在京師大學堂占主導地位的桐城派,成為北大文科的主流派,可見其力量之盛。從歷史的角度看,「國粹派」提倡研究國學,講求文字訓詁,在學術上自有其地位。但隨著新舊文化替換的急速進行,「國粹派」逐漸也顯示出其過時的老態。

新文化運動的興起不僅是對康有為為代表的孔教派的挑戰,也隱然包含著對章太炎為精神靈魂的「國粹派」的超越。胡適撰寫〈諸子不出於王官論〉,即是在學術上對章太炎的一次挑戰。「五四」時期,傅斯年在為毛子水〈國故和科學的精神〉一文所作的識語中明確表達了不同於「國粹派」的意見,也是在「章太炎派」外別立一幟。傅斯年提出自己「想做篇《國故論》,大旨是:(1)研究國故有兩種手段:一、整理國故;二、追摹國故。由前一說,是我所最佩服的:把我中國已往的學術、政治、社會等等做材料,研究出些有系統的事物來,不特有益於中國學問界,或者有補於『世界的』科學。」「至於追摹國故,忘了理性,忘了自己,真所謂『其愚不可及』了。」「(2)所以國故的研究是學術上的事,不是文學上的事;國故是材料,不是主義。若是本著『大國故主義』行下去──一切以古義為斷──在社會

---

[1]　章太炎:〈在東京留學生歡迎會演說辭〉,載1906年7月25日《民報》第6號。

上有非常的危險。」「（3）國粹不成一個名詞（請問國而且粹的有幾），實在不如國故妥協。至於保存國粹，尤其可笑。凡是一件事物，講到保存兩字，就把往博物院去的運命和盤托出了。」「（4）研究國故必須用科學的主義和方法，決不是『抱殘守缺』的人所能辦到的。」「（5）研究國故好像和輸入新知立於對待的地位。其實兩件事的範圍，分量需要，是一對百的比例。」[2]這五條意見，條條都是針對「國粹派」而發，反對「追摹國故」，提出「國故是材料，不是主義」，譏諷「保存國粹」不成一名詞，提出「研究國故必須用科學的主義和方法」、「輸入新知」比「研究國故」更為重要，極為鮮明地表現了新文化派對「國粹派」不屑的態度。這是傅斯年在《新潮》雜誌中第一次明確反對「國粹派」的立場，實際上也是他與章太炎派決裂的開始。

1920年以後，傅斯年前往英國倫敦大學留學，以後又進入德國柏林大學，長達七年的留學生活，浸泡於西方學術之中，使他對現代學術的科學性有了更深的體驗。這些新的學術經驗，在他留學時期與胡適、顧頡剛的通信中已有一定程度的反映。留學歸國後，傅斯年先後主長國立中山大學語言歷史研究所、中央研究院歷史語言研究所，得以有機會充分施展自己在學術上的行政才幹和躬行自己的學術理想。在〈歷史語言研究所工作之旨趣〉一文中，傅斯年系統地表達了自己對建設新的歷史學的基本構想和思路，其中不乏對過時的「國粹派」和新近的「整理國故」運動的批評。這裡他引人注目地提出了一個重要觀點，即「我們反對『國故』一個觀念」。「國故本來即是國粹，不過說來客氣一點

---

2   載1919年5月《新潮》第1卷第5號。

兒，而所謂國學院也恐怕是一個改良的存古學堂。原來『國學』『中國學』等等名詞，說來都甚不詳，西洋人造了支那學『新諾邏輯』一個名詞，本是和埃及脫邏輯亞西亞邏輯同等看的，難道我們自己也要如此看嗎？果然中國還有將來，為什麼算學、天文、物理、化學等等不都成了國學，為什麼國學之下都僅僅是些言語、歷史、民俗等題目？」這就實際上要求新建立的歷史語言研究所同人劃清自己與「國粹派」、「國學院」甚至「整理國故」這些帶「國」字型大小的學派、學術機構和學術運動的界限，將對中國歷史、語言文字、民俗的研究置於更為廣闊的空間背景──世界視域之中。

在〈旨趣〉中，傅斯年表達的另一個重要觀點，即是須注意吸收西方學者的長處。在研究中國歷史、語言文字等人文學科領域，傅斯年提醒人們西方學者表現出許多中國學者所缺乏的專長，如重視挖掘和使用地下考古材料、文物材料，重視研究周邊少數民族語言、歷史，「凡中國人所忽略。如匈奴、鮮卑突厥、回紇、契丹、女真、蒙古、滿洲等問題，在歐洲人卻施格外的注意。」「又如最有趣的一些材料，如神祇崇拜、歌謠、民俗，各地各時雕刻文式之差別，中國人把他們忽略了千百年，還是歐洲人開頭為有規模的注意。」「如希拉藝術如何影響中國佛教藝術，中央亞細亞的文化成分如何影響到中國的物事，中國文化成分如何由安西西去，等等，西洋的東方學者之拿手好戲，日本近年來也有竟敢去幹的，中國人目前只好拱手謝之而已。」這些都是中國學者值得效法和借鑒的。換句話說，被我們稱之為「國學」的中國歷史、語言文字、民俗研究，其實也並不完全為我們

國人所專有,西方學者由於具備近代科學的眼光,在治學上亦有中國學者所不及的地方。

在〈旨趣〉結尾,傅斯年喊出了三句響亮的口號:

> 一、把些傳統的或自造的「仁義禮智」和其他主觀,同歷史和語言學混在一氣的人,絕對不是我們的同志!
>
> 二、要把歷史學語言學建設得和生物學地質學等那樣,乃是我們的同志!
>
> 三、我們要科學的東方學之正統在中國!

這是傅斯年對史語所同人的要求,也可以說是一種「新國學」觀。以這樣一種觀念為約規,當年歷史語言研究所同人真正突破了傳統的「仁義禮智」的儒家觀念,獲得了新的科學性質,並在世界視域內與歐美、日本同行展開學術競爭,中國歷史學、語言學開始進入一個新的階段。

總之,傅斯年的「國學」觀是科學的「國學」觀,是要求具備世界眼光的「國學」觀,這種新的「國學」觀雖仍有其不完善之處,但在新的歷史條件下,它對我們思考拓展國學研究畢竟提供了一種新的可能。

傅斯年的治學範圍甚廣,其成就涉及中國上古史、明清史、哲學史、文學史、《史記》研究、東北史研究等。其中最具影響力的自然是推體現他的史學思想的文字,特別是〈歷史語言研究所工作之旨趣〉,他對「民族與古代中國史」研究的一系列文章和《性命古訓辨證》,它們不僅被他本人視為代表作,亦已被學

術界奉為經典之作。根據傅斯年的這種學術佈局，本卷將傅斯年的文字分為三輯：第一輯「史學思想與史學方法」。第二輯「民族與古代中國史研究」。第三輯《性命古訓辨證》。希望讀者能借助本卷，對傅斯年的學術思想及其成就有一基本的瞭解。

2008年7月23日於京西藍旗營

（載2008年11月17日《光明日報‧國學版》。

收入《大家國學‧傅斯年卷》，

天津人民出版社，2009年2月出版）

中國近代思想史上的傅斯年
——《中國近代思想家文庫‧傅斯年卷》導言

　　近代中國是一個急劇變動、迅速轉型的時代。在近代中國的思想星空，依據知識人與思想的關係，我們大致可以分為三種類型：第一類是對理論建構表現了濃厚的興趣，或建造自身的理論體系（如康有為、孫中山、毛澤東），或輸入外來思想理論（如嚴復、胡適），為時代的理論建樹做出了自己獨到的貢獻。現有的中國近代思想史研究論著大都以這類人物為研究對象或研究題材。第二類是活躍在社會政治舞台、或文化學術領域，對時代的公共話題，發表自己的意見或主張，成為公共空間的重要發言人。相對來說，他們的思想缺乏原創性，只是某種輿論的代言人。第三類是基本恪守在自己工作的專業領域，不輕易對非專業領域的變動發表言論或看法，思想具有較強的本專業學理性質。如就對時代的思想影響而言，傅斯年介乎第二、三類。故在通論性的中國近代思想史著作裡，我們常常找不到有關專門論述他的思想的章節。

　　但傅斯年決不是一個輕易被人忽略的歷史人物。傅斯年從早年進入北京大學苦讀六年，到負笈留學英、德七載，從創設中央研究院第一大所——歷史語言研究所，到擔任北京大學代理校

長、台灣大學校長,他都身處知識圈的高層,身負重任,運籌帷幄,是圈內的核心人物之一。傅斯年富有個性、極具主張、敢於陳詞,這使他的言論具有代表性和衝刺力。傅斯年是留學歐美知識精英的代表,是中西文化融會的精粹。在近代文化思想界,他是中國文化「西化」傾向的代言人,是中國歷史學、語言學、考古學「科學化」的大力推動者,是社會民主主義的提倡者。他雖沒有鴻篇巨製式的理論著述,只有表述他思想主張的若干言論文字,但這些數量不多的文章所表現的堅定立場和明確取向,足以使其成為某種思想選擇的代表,從而進入中國近代思想史的視野。

一、思想主題的初步展開: 文化重建與社會重建

　　傅斯年思想的第一次噴發是在「五四」時期。正如戊戌維新運動和辛亥革命為上一代、甚至兩代的知識精英提供了表現思想的舞台一樣,五四運動為年青一代創造思想提供了新的更為廣闊的天地。在北京大學預科、本科(1913～1919)的六年時光裡,正是北大積聚全國人材的重要發展時期,京師大學堂遺留的桐城派,民國初年北上的章太炎派,鍍金鍍銀的「海歸」彙聚北大,使北大成為各個流派、各種外來知識來源的薈萃之地。這裡積聚各種力量,同時各種力量在這裡尋機較量,政治、文化充滿變數,新思想的力量努力尋找自己的突破口。蔡元培主長北大,陳

獨秀執掌文科，《新青年》搬入北大，胡適為代表的一批具有革新傾向的「海歸」進入北大任教，1917年發生的這一系列變動，終於在這裡完成了新思想、新文化的聚集，新的思想潮流在急劇醞釀之中，蓄勢噴發。

傅斯年是率先向《新青年》投稿的北大學生，他先後在該刊發表〈文學革新申義〉、〈文言合一草議〉、〈戲劇改良各面觀〉、〈再論戲劇改良〉等文，步胡適、陳獨秀之後，繼續猛烈抨擊佔據晚清文壇的桐城末流「最不足觀」，盛推「新文學之偉大精神」，「明確而非含糊，即與駢文根本上不能相容」。[1]同時將視角由「破壞」轉向「建設」，從「文言合一」、「戲劇改良」方面對新文學提出更為具體、切實的建設性意見，這使他成為北大學生在新文學陣營的排頭兵。這些文章見解之成熟、文字之練達，不讓於他的老師。對於正在推進的白話文運動，傅斯年表達了一些在後來看來頗帶「形式主義」偏向的激進意見，如提出寫作白話文可「直用西洋詞法」，「中國語受歐化，本是件免不了的事情。十年以後，定有歐化的國語文學」。[2]指陳中國文藝界之病根在於「為士人所專」，「若夫文學更以流連光景、狀況山川為高，與人事切合者尤少也」，改進之途：「第一，宜取普及，不可限於少數人。第二，宜切合人生，不可徒作曠遠超脫之境。」[3]《新青年》曾就漢語是否可改用拼音文字展開討論，此問題首因《新青年》四卷一號刊發錢玄同〈論注音字母〉一文而

[1] 傅斯年：〈文學革命申義〉，載1918年1月15日《新青年》第4卷第1號。

[2] 傅斯年：〈怎樣做白話文〉，載1919年2月1日《新潮》第1卷第2號。

[3] 傅斯年：〈中國文藝界之病根〉，載1919年2月1日《新潮》第1卷第2號。

起，一向言論偏激的吳稚暉卻回覆錢玄同與之商榷，[4]。在〈漢語改用拼音文字的初步談〉這篇「急就章」裡，傅斯年明確回答了當時引起爭議的幾個問題：「（1）漢字應當用拼音文字替代否？答：絕對的應當。（2）漢語能用拼音文字表達否？答：絕對的可能。（3）漢字能無須改造用別種方法補救否？答：絕對的不可能。……（5）漢語的拼音字如何施行？答：先從製作拼音文字字典做起。」[5]這篇文字在讀者群中產生了強烈反響，它被當作主張用拼音文字代替漢字的代表作，常被後來的論者所詬病。實際上，這場討論蘊藏著某種有意偏激的策略運用，誠如魯迅後來所指出：「中國人的性情是總喜歡調和，折中的。譬如你說，這屋子太暗，須在這裡開一個窗，大家一定不允許的。但如果你主張拆掉屋頂，他們就會來調和，願意開窗了。沒有更激烈的主張，他們總連平和的改革也不肯行。那時白話文之得以通行，就因為有廢掉中國字而用羅馬字母的議論的緣故。」[6]在新文化陣營裡，傅斯年與胡適、周作人這些「新生代」代表的共同話語越來越多，有時甚至成了他們的「代言人」，發出他們不便發表的更為激進的聲音。

傅斯年在北大讀書期間，本專業雖是國文，但其涉獵範圍卻文、史、哲兼有，具有「通才」的素養，這是一個大家的雛形。在文學語言方面，他發表了〈中國文學史分期之研究〉、書評

---

[4] 參見吳敬恒：〈致錢玄同先生論注音字母書〉，載1918年5月15日《新青年》第4卷第5號。

[5] 傅斯年：〈漢語改用拼音文字之初步談〉，載1919年3月1日《新潮》第1卷第3號。

[6] 〈三閒集·無聲的中國〉，收入《魯迅全集》第4卷，北京：人民文學出版社，1981年版，第13-14頁。

〈王國維著《宋元戲曲史》〉、〈《樂府詩集》一百卷〉、〈宋朱熹的《詩經集傳》和《詩序辨》〉；在史學方面，他發表了〈中國歷史分期之研究〉、書評《史記志疑》；在哲學方面，他發表了〈致蔡元培：論哲學門隸屬文科之流弊〉、書評〈論理學講義〉、〈失勒博士的《形式邏輯》〉、〈對於中國今日談哲學之感念〉，這些文字並非浮泛之論，而是具有專業的水準。請看他推薦王國維《宋元戲曲史》的理由，完全是一種全新的文學見解。

> 研治中國文學，而不解外國文學；撰述中國文學史，而未讀外國文學者，將永無得真之一日。以舊法著中國文學史，為文人列傳可也，為類書可也，為雜抄可也，為辛文房《唐才子傳》體可也，或變黃、全二君「學案體」以為「文案體」可也，或竟成《世說新語》可也；欲為近代科學的文學史，不可也。文學史有其職司，更具特殊之體制；若不能盡此職司，而從此體制，必為無意義之作。王君此作，固不可謂盡美無缺，然體裁總不差也。[7]

再看他對梁玉繩《史記志疑》一書的評論，全力提倡一種「與其過而信之也，毋寧過而疑之」的疑古精神：

> 是書之長，在於敢於疑古，詳於辨證。其短則浮詞充盈，有甚無謂者，又見其細不見其大，能逐條疑之，不能括全

7　傅斯年：〈出版界評．王國維《宋元戲曲史》〉，載1919年1月1日《新潮》第1卷第1號。

體為言。蓋於《史記》刪改之跡，猶不能直探其本也。崔懷琴之《史記探源》視此進一等矣。[8]

再看他對哲學的理解，完全是以近代科學為基準：

> 所謂哲學的正經軌道，決不會指初民的國民思想，決不會指往古的不能成全備系統的哲學，定是指近代的哲學；更嚴格的說起來，應當指最近三四十年中的新哲學——因為舊哲學的各種系統，經過一番科學大進步以後，很少可以存在的，只有應時而起的新系統，可以希望發展。……近半世紀裡，哲學的惟一彩色是受科學的洗禮，其先是受自然科學的洗禮，後來是受人事科學（Social Science）的洗禮。[9]

　　這些觀點顯是傅斯年接受西方近代科學影響的明證。他對西方學術知識有著直接尋求的欲望，在大學時期即已開始養成閱讀英文專業書籍的習慣，同窗羅家倫說他「瀏覽英文的能力很強」，[10]在他的藏書裡，人們可找到一些1918年前購買的英文原版書，如文德爾班的《哲學史》、羅素的《哲學的科學方法》、

---

[8]　傅斯年：〈故書新評‧《史記志疑》三十六卷〉，載1919年1月1日《新潮》第1卷第1號。

[9]　傅斯年：〈對於中國今日談哲學者之感念〉，載1919年5月1日《新潮》第1卷第3號。

[10]　羅家倫：〈元氣淋漓的傅孟真〉，載1950年12月31日臺北《中央日報》。

杜威等編的《創造性思維：實驗主義論文集》。[11]傅斯年這種泛人文傾向與他追摹的偶像胡適的影響有一定關係。

　　傅斯年的學術早熟在他的學術評論中得到了淋漓盡致的表現。他全面反思中國傳統學術，指責其所存七大基本誤謬：一、「以學為單位者至少，以人為單位者轉多。前者謂之科學，後者謂之家學。」二、「不以個性之存在，而以為人奴隸為其神聖之天職。」三、「不認時間之存在，不察形勢之轉移。」四、「每不解計學上分工原理（Division of Labour），『各思以其道易天下』」。五、「好談致用，其結果乃至一無所用。」六、「凡治學術，必有用以為學之器。學之得失，惟器之良劣是賴。」「名家之學，中土絕少」。七、「吾又見中國學術思想界中，實有一種無形而有形之空洞間架，到處應用。」[12]對傳統學術思想進行全面清算。以為「惟此基本誤謬為中國思想不良之物質，又為最有勢力之特質，則欲澄清中國思想界，宜自去此基本誤謬始。且惟此基本誤謬分別中西思想之根本精神，則欲收容西洋學術思想以為我用，宜先去此基本誤謬，然後有以不相左矣。」[13]明晰中西學術之優劣，表達了虛容接受西方學術的強烈意願。

　　傅斯年對當時學界諸多名家的批評，表現了不凡的學術探索精神和思想銳氣，從北大流傳他指摘章太炎弟子朱蓬仙教授《文

[11] 參見王汎森：《傅斯年：中國近代歷史與政治中的個體生命》，北京：生活‧讀書‧新知 三聯書店，2012年版，第26頁。
[12] 傅斯年：〈中國學術思想界之基本誤謬〉，載1918年4月15日《新青年》第4卷第4號。
[13] 傅斯年：〈中國學術思想界之基本誤謬〉，載1918年4月15日《新青年》第4卷第4號。

心雕龍》講義稿錯誤的故事;到他被同學拉去聽胡適的「中國哲學史大綱」一課,以鑒別胡適學問的高低。傅斯年儼然成為一位學生推戴的「學監」或學術員警。從他批評馬敘倫著《莊子札記》,「先生之書,有自居創獲之見,實則攘自他人,而不言所自來者」。[14]到借評論蔣維喬編譯《論理學講義》一書對教科書所發的一番議論。從他對嚴譯的酷評:「嚴幾道翻譯西洋書用子書的筆法,策論的筆法,八股的筆法……替外國學者穿中國學究衣服,真可說是把我之短,補人之長。」[15]到他對時下在北大占主流地位的章太炎派發出不屑的輕蔑,「國粹不成一個名詞(請問國而且粹的有幾),實在不如國故妥協。至於保存國粹,尤其可笑」。「研究國故必須用科學的主義和方法,決不是『抱殘守缺』的人所能辦到的」。[16]這些學術評論表現了傅斯年為代表的新青年追求科學的取向,在這些批評言詞的背後,人們可以感受到由於「西學輸入」帶來的新的學術規範正在改變學術的評價規則。胡適「驚異孟真中國學問之博與精,和他一接受以科學方法整理舊學以後的創獲之多與深」。[17]年青一代經過新思潮的洗禮,長江後浪推前浪,顯現超越師輩、後來居上的勢頭。

中日甲午戰爭以後,日本「東學」乘勢在中國傳播開來。日本著名學者桑原隲藏在其著《支那史要》一書中,將中國歷史

---

[14] 傅斯年:〈馬敘倫著《莊子札記》〉,載1919年1月1日《新潮》第1卷第1號。

[15] 傅斯年:〈怎樣做白話文?〉,載1919年1月1日《新潮》第1卷第2號。

[16] 傅斯年:〈毛子水〈國故和科學的精神〉識語〉,載1919年5月1日《新潮》第1卷第5號。

[17] 羅家倫:〈元氣淋漓的傅孟真〉,載1950年12月31日臺北《中央日報》。

分為上古的漢族締造時代、中古的漢族極盛時代、近古的蒙古族
代興時代、近世歐人東漸時代四期，其說因該著譯為漢文，在國
內學界甚為流行，所謂「近年出版歷史教科書，概以桑原氏為
準，未見有變更綱者」。傅斯年不同意其說。他從「分期標準之
不一」、「誤認為在歷來所謂漢族者為古今一貫」兩方面加以批
駁，以為「今桑原氏之分期法，始以漢族升降為別，後又為東西
交通為判，所據以為本者不能上下一貫，其弊一也」。「取西
洋歷史以為喻，漢世猶之羅馬帝國，隋唐猶之察里曼後之羅馬
帝國，名號相衍，統緒相傳，而實質大異。今桑原氏泯其代謝
之跡，強合一致，名曰『漢族極盛時代』，是為巨謬，其弊二
也」。[18]從西方直接獲取學術資源的「五四」學人開始與「東學」
明爭暗戰，中日之間由此開啟一場「學戰」。

　　傅斯年是《新潮》的靈魂人物。他不僅撰寫了〈《新潮》發
刊旨趣書〉，而且在該刊發表了大量作品。前幾期甚至於有「包
攬」之嫌，成為該刊最引人注目的「急先鋒」。胡適曾盛推《新
潮》：「在內容和見解兩方面，都比他們的先生們辦的《新青
年》還成熟得多，內容也豐富得多，見解也成熟得多。」[19]在五
四時期的個性解放運動中，傅斯年將思想鋒芒伸向了社會，表現
了對社會、對人生探究的興趣。從清末以來，追求進步的學人將
思想探索的目光聚焦在兩大問題：一是如何使個人的能力得到發

18　傅斯年：〈中國歷史分期之研究〉，載1918年4月17日至23日《北京大學
　　日刊》。
19　胡適：〈中國文藝復興運動〉，收入《胡適作品集》第24冊，臺北：遠流
　　出版公司，1988年三版，第179頁。

揮,對這一問題的探討將人們引向個性解放、個人主義;一是如何將民族、國家、社會整合成一個有序、協調、有機的整體,建構一個現代意義上的民族國家,人們對民族主義、國家主義、軍國主義、社會主義的思考反映了這方面的探尋。對這兩大問題的思考實為對傳統儒家倫理「修身、齊家、治國、平天下」理念的突破。

什麼是阻礙個性發展的最大勢力?傅斯年的回答是「中國的家庭」。「中國人對於家庭負累的重大,更可以使他所有事業,完全烏有,並且一層一層的向不道德的中心去」。他視腐敗的舊家庭為「萬惡之原」,「希望其改選成新式」,但不主張像無政府主義那樣廢除家庭制度。[20]傅斯年對個性的追求可從他對「瘋子」的讚揚看出:「在現在的社會裡求『超人』,只有瘋子當得起,瘋子的思想,總比我們超過一層;瘋子的感情,總比我們來得真摯,瘋子的行事,便是可望而不可即的。瘋子對於社會有一個透徹的見解,因而對於人生有一個透徹的覺悟,因而行事決絕,不受世間習俗的拘束。」[21]這裡的所謂「瘋子」與魯迅《狂人日記》中的「狂人」同類。傅斯年與魯迅一樣,也受到尼采式的「超人」思想影響。[22]

傅斯年更為關注的是「社會」的建設,這是他五四時期社會政治思想的最大特色。「中國社會形質極為奇異,西人觀察者

---

[20] 傅斯年:〈萬惡之原(一)〉,載1919年1月1日《新潮》第1卷第1號。

[21] 傅斯年:〈一段瘋話〉,載1919年4月1日《新潮》第1卷第4號。

[22] 傅斯年與魯迅通信討論過《狂人日記》,參見〈對於《新潮》一部分的意見〉,載1919年5月1日《新潮》第1卷第5號。

恆謂中國有群眾無社會，又謂中國社會為二千年前之初民宗法社會，不適於今日。尋其實際，此言是矣。蓋中國人本無生活可言，更有何社會真義可說？」[23]創刊《新潮》時他即一針見血地指出這一點，故《新潮》以重建社會為其四大責任之一。傅斯年批判在中國流行的「左道」人生觀念，即「達生觀」、「出世觀」、「物質主義」、「遺傳的倫理觀念」四大表現後，提出「為公眾的福利自由發展個人」。[24]顯然，他所崇尚的人生觀是與「公眾的福利」聯繫在一起的。在傅斯年看來，「中國一般的社會，有社會實質的絕少；大多數的社會，不過是群眾罷了。凡名稱其實的社會——有能力的社會，有機體的社會——總要有個密細的組織，健全的活動力。若要僅僅散沙一盤，只好說是『烏合之眾』。」他區別了兩個與此相聯的概念：「社會上之秩序」與「社會內之秩序」。「前者謂社會表面上的安寧，後者謂社會組織上的系統」。中國社會內部秩序「實在是七岔八亂」，「中國社會的內部，不是有條理的，易詞言之，是大半不就軌道的。」[25]為了重建社會，傅斯年提出「社會的信條」，他強調「我們必須建設合理性的新信條，同時破除不適時的舊信條」。[26]與胡適對「主義」的蔑視不同，傅斯年對「主義」非常重視，「人總是要有主義的」。「沒有主義的不是人，因為人總應有主義的」。「沒主義的人不能做事」，「沒主義的人，不配發議論」。他將

[23]　傅斯年：〈《新潮》發刊旨趣書〉，載1919年1月1日《新潮》第1卷第1號。

[24]　傅斯年：〈人生問題發端〉，載1919年1月1日《新潮》第1卷第1號。

[25]　傅斯年：〈社會——群眾〉，載1919年2月1日《新潮》第1卷第2號。

[26]　傅斯年：〈社會的信條〉，載1919年2月1日《新潮》第1卷第2號。

「主義」的問題與國民性問題聯繫在一起,「中國人所以這樣沒主義,仍然是心氣薄弱的緣故」。[27]他認為五四運動的進步之處表現在「社會性」的責任心的培養:「我對五四運動所以重視的,為它的出發點是直接行動,是喚起公眾責任心的運動。我是絕不主張國家主義的人;然而人類生活的發揮,全以責任心為基礎,所以五四運動自是今後偌大的一個平民運動的最先一步。」[28]他甚至認為,「從5月4日以後,中國算有了『社會』了」。[29]這種重視「社會」的思想很可能是他接近「俄國社會革命」的基因,他期待「從此法國式的革命——政治革命——大半成了過往的事;俄國式的革命——社會革命——要到處散佈了。」[30]他甚至作過一次農村社會調查——《山東底一部分的農民狀況大略記》,表達他對農民疾苦的關切之情。

胡適提倡個人主義,周作人提倡「新村主義」,他倆曾就各自的思想選擇表達訴求並展開爭論。以傅斯年與胡適的私人關係而論,他似應站在胡適一邊,事實上,在這場爭論面前他卻顯得無所適從。「近中蓄積之問題良多,而毫無解決之法。即如近中胡、周二先生所爭之個人生活或社會生活,又如組織所供獻之Efficiency與自由所供獻的Intenlligence,其比較之量如何,又如個人或社會的關係,等等,很難決的問題,對待的兩方面,同時在我心識界裡各占地盤,一人心識,分成兩片,非特本人大苦,而

---

[27] 傅斯年:〈心氣薄弱之中國人〉,載1919年2月1日《新潮》第1卷第2號。

[28] 傅斯年:〈中國狗和中國人〉,載1919年11月1日《新青年》第6卷第6號。

[29] 傅斯年:〈時代與曙光與危機〉,載1996年11月《中國文化》第14期。

[30] 傅斯年:〈社會革命——俄國式的革命〉,載1919年2月1日《新潮》第1卷第1號。

且容易成一種心理上的疾病，因此還只好請學問的救濟罷。」[31]這表現了他對胡適思想的某種保留。

　　傅斯年的「社會」思想與陳獨秀、李大釗的影響有著直接的關係。傅斯年自述在北大讀書時，「守常的那間房子，在當時幾乎是我們一群朋友的俱樂部，在那邊無話不談」。[32]可見李大釗當時與傅斯年這群青年學生親密無間的關係。傅斯年一直維持與陳獨秀的情誼，三十年代陳獨秀被捕下獄時，他曾撰〈陳獨秀案〉一文為之辯護。抗戰時期，陳獨秀潦倒四川江津時，傅又前往探望，並欲聘請陳氏到史語所來做研究員，可謂極盡學生之禮。

　　離開北大校園，傅斯年遠渡重洋，負笈去歐洲求學。在留學英國倫敦大學、德國柏林大學的六、七年間，傅斯年似變得無所適從。他的興趣太多，求知欲過強，自我期盼過高，這使他在茫茫學海裡有一種漂泊感。在倫敦大學他想學心理學，到了柏林大學，幾無專業，選修課程顯得雜亂無章。1926年秋，當胡適在巴黎與他會面時，對他有一種「頗頹放」的異樣感。傅斯年也以「懶」字檢討自己。但在歐洲的留學，畢竟使他接觸到一個完全與中學不同的文化世界，雖然他在國內已是新文化的一分子，對西學亦有接觸，但畢竟那是二手的、膚淺的，那時的思想也是缺乏邏輯和理論底蘊。在倫敦，他與著名作家威爾斯（H. G. Wells）多有接觸，韋氏的《世界史綱》中的漢唐部分多得傅斯

[31] 吳稚暉、傅斯年：〈國內國外求學問題〉，載1920年《新教育》第3卷第4期。

[32] 傅斯年：〈追憶王光祈先生〉，收入《王光祈先生紀念冊》，收入歐陽哲生主編：《傅斯年全集》第4冊，長沙：湖南教育出版社，2003年9月版，第487頁。

年之助。[33]在柏林大學他選修過藏學家弗蘭克（Herman Frank，1870～1930）的課程，對歐洲的東方學之精髓有真實體驗。這些因素使他區別於自己的同學顧頡剛，甚至於老師胡適。中國新史學之成長，外部資源有二途：一是日本之東洋學，王國維受之影響極大，未曾留學的顧頡剛亦從王氏處間接受益；一是歐洲之東方學（包括漢學），陳寅恪、傅斯年取徑此路。畢竟歐洲漢學在當時居世界領先地位，而日本東洋學之誕生，實得歐洲東方學之啟發，陳、傅能後來居上，究其原因正在於此。

留歐時期的傅斯年，對留學問題特別關注，這方面的材料，我們過去對之不甚措意。初到英國的傅斯年發現，「留學是一個教育問題，同時是一個社會問題，所以相連的範圍極大，從教育方針到國民經濟的統計，都要著想的」。他對當時各種留學途徑（教育部官費、各省津貼費、各衙署津貼費、儉學生、勤工儉學生、非儉學的自費生）加以討論，在通盤考察留學現狀的基礎上，傅斯年得出三點批評意見：「第一、我以為留學界中團體的精神與組織太少了，凡事都是各人幹各人的。」「第二、我覺得在國外求學的人，應該對於國內的事有清白的知識。」「第三、我以為留學界中應該借重留學界以外停留歐美的中國學者的感化。」這些意見表現出傅斯年並不以留學為傲，而是以平常心對待：「當這容受歐化的時候，往西洋留學，只要機會容許，是人人應盡的義務，決不能自恃太奢。」[34] 在〈留英紀行〉中，傅

---

[33] Wells, H. G., *The outline of history: being a plain history of life and mankind*, New.York: The Macmilan Company, 1921, pp632-633.

[34] 傅斯年：〈留學問題談〉，載1920年6月9～12日《晨報》。

斯年向徐彥之報告了自己赴英途中沿途風景和所入倫敦大學的情
形。初到英國的「第一層感想是：物質上不如在中國所想像的那
個高法，精神是不如在中國所想像的那個低法」。他的思想隨著
進入英國社會也起了一層變化，「一年以前，我的意氣極盛；不
好的地方，是意氣陷我許多錯謬。好的地方是他很能鼓勵我、催
促我，現在覺得比以前平靜得許多，沒有從前自信的強了。這不
能說是不好，但天地間的道理處處對著遲疑，因此心志上覺得很
懶怠，這是不得了的。考慮的心思周密，施行的強度減少，這要
尋個救濟的法子。」[35]在〈要留學英國的人最先要知道的事〉一
文中，傅斯年極盡所能，向那些欲走出國門，去英國求學的年
青學人介紹留學英國之預備（包括經費、身體、語言等）、英國
大學情形、入學考試和生活日用品之準備等，其介紹之詳，反
映了傅斯年心思之周密的一面。[36]在致信蔡元培就留學問題討論
時，傅斯年直言不諱地批評：「北大此刻之講學風氣，從嚴格上
說去，仍是議論的風氣，而非講學的風氣。就是說，大學供給輿
論者頗多，而供給學術者頗少。」對於留學，他提出兩點意見：
「第一是移家留學，我對此懷疑之點很多，存生Existence、生活
life與就學三件事，決不一樣。」並表示「我很相信改良社會的原
則，是以比較的最自然的方法，而謀最大量的效果。」「第二是
留學的發達，似應與國內教育平行。若專為跛形的發達，收效頗
不大。」他強調：「第一國內若無學術之高潔空氣，雖國外有，

---

[35] 傅斯年：〈留英紀行〉，載1920年8月6、7日《晨報》。
[36] 參見傅斯年：〈要留學英國的人最先要知道的事〉，載1920年8月12-15日
《晨報》。

但一經轉回國內，易就沉淪。第二教育不是教育各個人，乃是教育各個人而及眾。在國（外）的地勢便不如在國內了。此刻在北大讀書，和在巴黎流蕩，比起來，還是上一頂好罷。」他特別推薦李四光、丁燮林這兩位「留英的精粹」，希望北大能聘請他們，[37]以李、丁後來的成就看，足見傅斯年有知人之明。留學問題是中國近代教育轉型中的重要問題，身處異域的傅斯年根據切身的經驗，對這一問題的反省和思考，表明他的思想步入一個新的境界。

綜攬傅斯年「五四」前後發表的文字，他既有提倡新文學的激昂文字，又有精細入微的學術批評；既有響應時代風潮的社會政治評論，又有強烈的自我反省意識和民族文化批判意識。新文化運動給傅斯年提供了自我表現的舞台，《新青年》使他嶄露頭角，《新潮》讓他大展身手，成為同齡人中之翹楚，五四運動使他成為學生領袖，這一切促使了他的早熟。五四時期的傅斯年已顯露出他某些基本的思想特質，他是批評型的思想者，這是典型的「五四人」的精神氣質；他是通才型的學人，這一素養使他日後有成為學術領袖的可能；他對社會政治問題的探究興趣來自於強烈的社會責任心，這一傾向導致他有可能併入社會政治的主流，他後來與國民黨的合作與他的公益關懷有著某種聯繫；他是個性解放浪潮的弄潮兒，但他的思想不宜以個人主義來限定，至少他與胡適所信奉的自由主義政治哲學有相當區別。歷史選擇了他，他注定要成為創造歷史的人。

---

[37] 吳稚暉、傅斯年：〈國內與國外求學問題〉，載1920年《新教育》第3卷第4期。

二、中流砥柱：在學術與政治兩樓作戰

　　1926年冬，傅斯年應時任中山大學校務委員朱家驊之召回國。中山大學為國民黨一手創辦並主導，此時成了進步知識分子聚集的大本營。年僅三十一歲的傅斯年被任命為文學院院長及文學、歷史兩學系主任。此前，傅斯年與國民黨已建立了密切關係，國民黨元老蔡元培任北大校長時就有意栽培傅斯年，雙方建立了非常默契的師生關係。另一名國民黨元老吳稚暉曾與傅斯年就留學問題在英國倫敦促膝長談。[38]實際負責中山大學校務的朱家驊曾於1920～1923年在柏林大學地質系留學，那時傅斯年即與他相識。據朱家驊回憶：「到了民國十五年，我在中山大學為了充實文學院，要找一位對新文學有創造力，並對治新史學負有時名的學者來主持國文系和史學史，和戴季陶、顧孟餘兩先生商量，聘請他來擔任院長兼兩系主任。」[39]朱氏對傅斯年頗為倚重，深通內情的鄧廣銘先生對此有所析論：「倘無朱氏的大力相助，傅先生在回國初年，在其才能、智力、學術思想的發揮等方面，可能完全是另一種情況的。」[40]傅斯年在北京大學、柏林大學的同窗密友羅家倫從德國歸國後，更是投身北伐，身披戎裝，很快赴任國立清華大學校長。1927年國民黨「清黨」時，傅斯年在政治上明

---

[38] 參見吳稚暉、傅斯年：〈國內與國外求學問題〉，〈吳稚暉先生致蔡子民先生函〉，載1920年《新教育》第3卷第4期。

[39] 朱家驊：〈悼亡友傅孟真先生〉，載1950年12月31日臺北《中央日報》。

[40] 鄧廣銘：〈懷念我的恩師傅斯年先生〉，載《台大歷史學報》第二十輯《傅故校長孟真先生百齡紀念論文集》，臺北：1996年11月，第17頁。

確站在國民黨一邊。[41]北大高材生、五四運動學生領袖、留歐背景這些耀眼的光環,使傅斯年、羅家倫這些青年才俊迅速擢升為學界的權勢人物。1928年中央研究院成立,傅斯年被任命為該院第一大所歷史語言研究所所長。從此,史語所成為他精心經營的學術「企業」。

朱家驊的重用,蔡元培的提拔,顯示了大家有意讓傅斯年擔負起振興文史學科的重任。的確,傅斯年不負所望,在學術思想上自成理路,有其前瞻性的規劃。在學術上傅斯年力圖打開一個新局面。他主長中山大學文科,創建史語所,中興北大,無不表現了自己的這一抱負——創建新的學術機關,為新學術的成長創造條件。

在中山大學創建語言歷史研究所,為該所《週刊》致發刊詞時,傅斯年就提出了明確的學術目標:「我們要實地搜羅材料,到民眾中尋方言,到古文化的遺址去發掘,到各種的人間社會去採風問俗,建設許多的新學問!我們要使中國的語言學者和歷史學者的造詣達到現代學術界的水平線上,和全世界的學者通力合

---

[41] 參見傅斯年:〈「清黨」中之「五卅」〉,載《政治訓育》1927年第14期。〈我對於日本出兵山東的感想〉,載《政治訓育》1927年第15期。這兩篇文章係筆者新近發現。過去因材料缺乏,人們幾不提傅斯年在國共分裂時的政治表現,這兩文反映了他當時既反帝,又反共的立場。從後一文使用的「我們國民黨」行文口氣看,傅斯年當時可能加入了國民黨。何思源曾回憶是他將國民黨黨證交給傅斯年(參見何茲全:〈憶傅孟真師〉,載1992年1月臺北《傳記文學》第60卷第2期)。緊隨前一文之後正是何思源〈「五卅」二周年紀念感言〉。傅、何兩人在國民黨黨刊《政治訓育》上發表文章,應是他們政治身份的確證。傅斯年後來似從這一政治身份「淡出」,以至人們誤認為他為無黨派人士。

作！」這是一個懸的很高的目標。在為《歷史語言研究所集刊》
所撰〈歷史語言研究所工作之旨趣〉時，傅斯年將此前在《週
刊》所闡發的學術觀念衍為長篇大論，他的學術思想進而得以更
為通透、明晰的說明。

〈歷史語言研究所工作之旨趣〉從討論西方語言學、歷史
學為何在近世發達，而曾經發達的中國語言學、歷史學反而在近
代落後入手，提出學術發展的三條標準：一、「凡能直接研究材
料，便進步。凡間接的研究前人所研究或前人所創造之系統，而
不繁豐細密的參照所包含的事實，便退步」。二、「凡一種學問
能擴張他研究的材料便進步，不能的便退步」。傅斯年在此提到
西方漢學研究的兩個強項：一是研究四裔問題的「虜學」，如匈
奴、鮮卑、突厥、回紇、契丹、女真、蒙古、滿洲等問題。二是
善於利用和發掘神祇崇拜、歌謠、民俗等材料。他特別提到值得
利用的新材料，諸如金文、漢簡、敦煌石藏、內閣檔案、摩尼經
典等。三、「凡一種學問能擴充他作研究時應用的工具的，則進
步，不能的，則退步」。這裡的所謂「工具」不是僅指科學方
法，而是包括各種科學技術手段、方法，「現代的歷史學研究，
已經成了一個各種科學的方法之彙集。地質、地理、考古、生
物、氣象、天文等學，無一不供給研究歷史問題者之工具」。這
三條對歷史學者來說，其實是常規要求。如就發掘新材料，拓展
新領域而言，王國維治史、顧頡剛的「古史辨」都已有相當自覺
的意識。傅斯年此篇〈旨趣〉之所長在於他有明確的超越意識。
他反對當時盛行的「國故」觀念，從而使歷史學研究突破傳統的
「國學」藩籬，朝著科學化的方向發展。他強調處理材料的做法

是「存而不補」、「證而不疏」。在具體開展的研究工作方面，傅斯年列舉歷史組的工作包括：一、文籍考訂；二、史料徵集；三、考古；四、人類及民物；五、比較藝術。其中第二至五項均具開拓性的意義。語言組有：六、漢語；七、西南語；八、中央亞細亞語；九、語言學。第七至九項明顯與西來學風的影響有關。作為國家學術機關，傅斯年意識到學術研究不應再是「由個人作孤立的研究」，而是「大家補其所不能，互相引會，互相訂正」，史語所正是承擔這樣一個「集眾」的載體。在〈旨趣〉的最後，傅斯年高呼：「一、把些傳統的或自造的『仁義禮智』和其他主觀，同歷史學和語言學混到一氣的人，絕對不是我們的同志！二、要把歷史學語言學建設得和生物學地質學等同等樣，乃是我們的同志。三、我們要科學的東方學之正統在中國！」第一條實為與傳統史學劃清界限；第二條指明歷史學、語言學發展的科學化方向；第三條標明中國歷史學、語言學的追超對象是歐洲的東方學。〈旨趣〉完全是一篇宣言書，一篇向傳統學術和西方東方學挑戰的宣言書。因此，在近代學術史上，它具有里程碑的意義。[42]

如果沒有史語所同仁後來學術工作的跟進，這篇宣言式的〈旨趣〉可能就會成為笑柄，遺為對手譏笑。但這篇〈旨趣〉所表達的思想並不是傅斯年個人的豪言壯語，實為一個正在崛起的學術群體的共同意願和他們的理想追求。從1928到1937年這十年間，史語所迅速成長為一個世界著名的研究中國歷史、考古、語

---

[42] 有關此文的詳細評述，參見拙作〈《傅斯年全集》序言〉，長沙：湖南教育出版社，2003年版，第23-36頁。

言的重鎮。中國歷史學、考古學、語言學研究開始與西方同行交
流、對話，步入「現代化」的快車道。

傅斯年除了擔負史語所繁重的領導、組織工作外，他本人
在學術上也試圖樹立典範，開出一條新路，這主要表現在他對上
古史的重建和對思想史的探究之中，為此，他的研究工作主要是
在兩個方面展開：一是圍繞「民族與古代中國史」這一主題撰寫
系列論文。二是撰著《性命古訓辨證》。後來傅斯年申報中研院
第一屆院士所提供的代表作正是這兩件作品。傅斯年治中國古代
史，善於將文字、器物、考古材料相互印證，著重民族、語言兩
大要素考察，實得歐洲東方學之精髓，這有力地拓展了中國史的
研究視野。此外，為了應付在中山大學、北京大學的教學工作，
他曾開設過「中國古代文學史」、「史學方法導論」等課程，留
有〈中國古代文學史講義〉、〈《詩經》講義稿〉、〈戰國子家
敘論〉、〈史學方法導論〉等文稿。「九一八」事變後，日寇侵
佔我國東北，策劃成立了偽「滿洲國」，為駁斥日本學者矢野仁
一鼓吹的「滿蒙藏非中國本來領土」的無恥瀾言，證明東北是中
國的固有領土，他帶頭撰寫《東北史綱》。七七事變後，傅斯年
打算撰寫一部《中華民族革命史》，惜未完稿，只成第一章〈界
說與斷限〉、第四章〈金元之禍及中國人之抵抗〉，文中表現了
強烈的民族意識，反映了傅斯年講究民族氣節的一面。[43]

三十年代的中國是一個內憂外患頻仍的時期，作為一個對國
家、對民族有責任心、有使命感的知識精英，對此自然是負有不

---

[43] 相關論述參見傅樂成：〈傅孟真先生的民族思想〉，原載1963年5、6月臺
北《傳記文學》第2卷第5、6期。

可推卸的責任。傅斯年利用《獨立評論》、《大公報》等報刊作為自己參與社會政治的陣地，成為著名的公共知識分子。

《獨立評論》是胡適、丁文江、傅斯年、蔣廷黻等八、九個朋友創辦的刊物。它標榜「不倚傍任何黨派，不迷信任何成見，用負責任的言論來發表我們各人思考的結果」。傅斯年是獨立評論社中活躍的一員。這個同人圈子發起了幾個重要議題的討論，事關政府的決策和國家的前途。

一是民主與獨裁問題的討論，以胡適為代表的民主派與以丁文江、蔣廷黻為代表的新式獨裁論或開明專制派，兩方各執己見，傅斯年發表的〈中國現在要有政府〉一文，表現了他的意見，這就是對現有政府的維護。在他看來，在當時的形勢裡，「雖有一個最好的政府，中國未必不亡，若根本沒有了政府，必成亡種之亡。」而「此時的中國政治若離了國民黨便沒有了政府」，「此時國民黨之中心人物，能負國家之責任者，已經很少了。」「今日國民黨的領袖，曰胡、曰汪、曰蔣。他們三人之有領袖地位，自然不是無因的。」[44]顯然，傅斯年是傾向於有政府、是擁護中央政府。這種思想傾向表現在西安事變的風口浪尖中，傅斯年在《中央日報》公開發表〈論張賊叛變〉、〈討賊中之大路〉兩文，明確地表明他擁蔣反張的立場，其用意自然是在支持中央政府。傅斯年在西安事變的這一表現，顯然贏得了蔣介石的信任，1937年七七事變後，他應蔣介石之邀參加廬山談話會，接著又前往南京出席國防參議會。1938年國民參政會成立，再被舉

---

[44] 傅斯年：〈中國現有要有政府〉，載1932年6月19日《獨立評論》第5號。

為參政員，傅雖推辭，蔣在幕後仍大力推薦。[45]

　　傅斯年擁戴政府的態度是與他對「國家統一」的立場相聯。他對中華民族有一基本看法，他認為「中華民族是整個的」：「我們中華民族，說一種話，寫一種字，據同一的文化，行同一倫理，儼然是一個家族。也有憑附在這個民族上的少數民族，但我們中華民族自古有一種美德，便是無歧視小民族的偏見，而有四海一家之風度」。傅斯年對中華民族的這一看法，甚至影響到他對民族研究的態度，抗戰時期，吳文藻、費孝通試圖從人類學、民族學角度調查西南少數民族，證明「中華民族不能說是一個」之說，西南苗、瑤、猓玀皆是民族，傅斯年不同意這樣處理，以為對「邊疆」、「民族」等具「刺激性之名詞」須慎重使用。[46]在新發現的一篇以「四川與中國」為題的演講文中，傅斯年

---

[45] 參見「中研院」史語所「傅檔」所藏〈朱家驊致傅斯年〉（未刊，1938年5月4日）。朱信中稱：「吾兄已為山東推出之（參政員）候選人，兄雖不願，恐難擺脫。介公星期會談，亦囑特約參加，且時時提及兄之近況。」此信可證蔣介石對傅斯年出任參政員有特別關照。傅斯年係「依照《國民參政會組織條例》第三條（丁）項遴選者」。按此條規定：「由曾在各重要文化團體或經濟團體服務三年以上，著有信望，或努力國事信望久著之人員中，選任五十名。」另據鄒韜奮〈「來賓」中的各黨派人物〉一文，傅斯年被列為參政員「教授派」成員。參見孟廣涵主編：《國民參政會紀實》上卷，重慶：重慶出版社，1985年版，第68、46、72頁。1942年7月27日國民政府公佈〈第三屆國民參政會參政員名單〉、1945年4月23日國民政府公佈〈第四屆國民參政會參政員名單〉，傅斯年改為由山東省遴選。參見孟廣涵主編：《國民參政會紀實》下卷，第1057、1423頁。從文化團體的代表調到山東省的代表，這微妙地透現出傅斯年與當者更為密切的合作關係。

[46] 參見傅樂成：〈傅孟真先生的民族思想〉，載1963年5、6月臺北《傳記文學》第2卷第5、6期。文中「三、民族問題的討論」對此有專門討論。

總結四川正、反兩方面的歷史經驗，殷殷相告：「以地理而論，四川的物產豐富，土地肥沃，所謂天府之國。以歷史而論，『漢人』這個名字，是由於四川——漢中這個地方得來的，四川和整個的民族是有特殊的關係。我們可以說，四川是有良好的地利，光榮的歷史，但是，我們要善於運用這良好的地利，以鞏固民族復興的根據地，決不當使這個肥美的處所作為野心家出沒的營寨；同時，我們更要繼續發揚四川光榮的史跡，以奠定國家統一的基礎，決不當使這個富有歷史意味的地方，隨那些部落思想的人們而失其偉大。」[47]為鞏固四川這塊大後方根據地，傅斯年提醒人們切防割據勢力可能對抗戰帶來的不利隱患。

傅斯年政治思想的基礎或者底線是「國家統一」。他對民國政治情形的看法頗能反映他的這一心態：

> 中國經辛亥年的革命，由帝制進為共和，一統的江山儼然不改。只可惜政治上不得領袖，被袁世凱遺留下些冤孽惡魔。北廷則打進打出速度賽過五季，四方則率土分崩，複雜超於十國。中山先生執大義以勵國民，國民赴之，如水之就下。民國十五六年以來，以北方軍閥之惡貫滿盈，全國居然統一，平情而論，統一後之施政，何曾全是朝氣，統一後之兩次大戰，尤其斫喪國家之元氣。中年失望，自甘於頹廢；青年失望，極端的左傾。即以我個人論，也是

---

[47] 傅斯年：〈四川與中國〉，載1937年6月19日《統一評論》第3卷第24期。又載1937年《中央週報》第473期、1937年《西北導報》第3卷第1期。此文係據傅斯年在成都軍分校講演錄整理而成。

　　失望已極之人，逃身於不關世務之學，以求不得不見者。
然而在如此情勢之下，仍然統一，在如此施政之下，全國
之善良國民，仍然擁護中央政府者，豈不因為中華民族本
是一體，前者以臨時的阻力，偶呈極不自然的分裂現象，
一朝水到渠成，誰能禦之？所以這些年以來，我們老百姓
的第一願望是統一，第一要求是統一，最大的恐懼是不統
一，最大的怨恨是對於破壞統一者。[48]

　　把「國家統一」置於最高的民族利益，希望統合四分五裂、
「五代十國」式的民國。
　　二是東西文化論戰，以胡適、陳序經為代表的西化派與十
教授為代表的「中國本位文化建設」論者展開論爭。如果說在政
治抉擇上，《獨立評論》同人存有極大分歧，那麼在中西文化關
係上，他們的選擇則較為一致地傾向「西化」。從傅斯年在〈所
謂「國醫」〉、〈再論所謂「國醫」〉兩文所表達的對中醫的嚴
屬批評態度，人們可以看出他的中西文化觀的端倪。三十年代的
中西醫之爭實在是中西文化論戰的縮影。「中國現在最無恥、最
可恨、最可使人短氣的事……是所謂西醫、中醫之爭。」「只有
中醫、西醫之爭，真把中國人的劣根性暴露得無所不至！」「我
是寧死不請教中醫的，因為我覺得若不如此便對不住我所受的教
育。」[49]對中醫如此偏激的批評，除傅斯年以外，殆無第二人。正

---

[48] 傅斯年：〈中華民族是整個的〉，載1935年12月15日《獨立評論》第
　　181號。
[49] 傅斯年：〈論所謂「國醫」〉，載1934年6月26日《獨立評論》第115號。

因為如此，傅斯年幾成為中醫界的眾矢之的。[50]丁文江去世時，傅斯年曾如是表彰他的這位亡友：「他是歐化中國過程中產生的最高的菁華，他是用科學知識作燃料的大馬力機器。」[51]其實這也是他為自己所撰寫的墓誌銘。

　　1930年代「西化」派的主張就其本質來說，是對現代化的一次強烈訴求。在「現代化」一詞尚未在中國流行開來之前，「西化」一詞其實就是「現代化」的代名。抱持「西化」主張的代表人物（如胡適、傅斯年、陳序經等）並非不瞭解或不尊重中國的傳統文化，而是根據他們對世界趨勢的瞭解，堅持「西化」（現代化）這一大方向。他們在表述這一主張時可能因「知識的傲慢」而招致國人的不滿和抵觸，但它確是新文化當時最有力量的表現。傅斯年的文化觀在三篇未刊的〈中國三百年來對外來文化之反應〉、〈文明的估價〉、〈現代文化與現代精神〉（未完稿）文稿中得到了較為系統、深入的闡述。傅斯年將近三百年來中國對外來文化之反應分為三個階段：第一階段從明末到清初的八十年間，主要是對西洋天主教的輸入；第二階段從康熙以後到道光、光緒年間，以曾國藩、李鴻章為代表的洋務派主張學習的科學、文教；第三階段是從清末到民國。傅斯年以為受到「中體西用」觀的影響，國人重應用輕理論，故近代科學在中國不能發

[50] 參見趙寒松：〈再評傅孟真《再論所謂國醫》〉，載1934年《國醫正言》第6、7期。王合三：〈異哉傅孟真「所謂國醫」〉。載1934年《現代中醫》第1卷第9期。
[51] 傅斯年：〈我所認識的丁文江先生〉，載1936年2月16日《獨立評論》第188號。

達。[52]關於「文明的估價」，傅斯年提出了三點認識：「第一，兩
個民族接觸，便發生了文化交流，如果甲民族文化受乙民族文化
的影響，而乙民族文化不受甲民族文化的影響時，那麼能影響別
人的乙文化自然較為高超，不能影響別人而反為別人所影響的甲
文化自然比較低下，這是對文化估價的一個標準。但是這個標準
往往有例外的地方，一個好懶的民族即使文化較低，也不容易受
外來優秀文化的影響。」傅斯年以古代中印文化交流說明了這一
情形。「第二，凡是一種民族文化，對於那個民族的生存幫助大
的價值較高，反之，對於那個民族的生存沒有什麼幫助的價值較
低。中國歷史上每一個朝代，凡是社會繁榮達到極高峰的時候，
往往跟著就是外族侵略最慘痛的時候，這實在不能不說是文化的
一個弱點。」「第三，如果單能據上述第二點的標準，往往就很
容易會將專講生存專講力量的文明看得極高。自從十九世紀烏托
邦思想盛行以來，有一個很大的進展，就是認為一切事物，都應
該以大多數人的福利為前提。這樣說來，那麼在一個文明之中，
大多數人的生活能夠有意義的，這種文明的價值就高，大多數人
的生活沒有什麼意義的，這種文明的價值就低。」傅斯年以納粹
國家「都被一些英雄主義者所支配，完全喪失了他們的人生意
義」為例說明這一點。[53]如何造就現代文化或現代精神？傅斯年認
為，「造成現代我們生存在內的文化，造成現代精神之為矛盾的
大都只能有三件事情：第一件是科學特別是科學之應用，第二件

---

[52] 傅斯年：〈中國三百年來對外來文化之反應〉，臺北：中研院史語所「傅
檔」I-708。

[53] 傅斯年：〈文明的估價〉，臺北：中研院史語所「傅檔」I-706。

是資本發展，第三件是民族意識。這三件東西相互反應成就了現在的廣博偉業而矛盾悲慘的世界」。[54]將「民族意識」視為鑄造現代文化的要件，這是我們評估傅斯年中西文化觀時不能忽視的一項內容。這三篇新發現的文稿，為我們瞭解傅斯年的文化觀提供了新的重要參考材料。

三是對日關係問題，這是獨立評論社同人極為重視、也是意見分歧的一個問題。大敵當前，東北淪亡，華北危機，傅斯年當然將這一問題置於思考的重點。在獨立評論社同人中，圍繞對日政策的取捨有兩種意見：一派以蔣廷黻、胡適、丁文江為代表的主和派，他們希望通過推遲中日全面戰爭的發生，為中國贏得必要的戰備時間和國際上的支持。蔣廷黻曾如是談及這一派的意見：「大體說來，當時評論社的朋友們沒有一個是極端主張戰的。大家都主和，不過在程度上及條件上有不同而已，主和最徹底的莫過於在君，其次要算適之和我，孟和好像稍微激昂一點。」[55]一派是以傅斯年為代表的強硬派。三十年代曾在北大歷史系讀書的吳相湘對傅的立場有詳細評說：

> 自「九一八」以後，傅斯年為喚起國魂抵抗侵略，時在《獨立評論》及《大公報》撰文，表現異常積極抗日態度。民國二十一年十月，北大教授馬衡等企圖劃北平為中立的「文化

---

[54] 傅斯年：〈現代文化與現代精神〉（未完稿），臺北：中研院史語所「傅檔」I-778。
[55] 蔣廷黻：〈我所記得的丁在君〉，載1956年12月臺北《中央研究院院刊》第三輯。

城」以苟且偷安。傅斯年聞訊曾加勸阻，不聽，乃寄信蔡元
培院長表示反對：「斯年實為中國讀書人慚愧！」民國二
十二年五月，塘沽停戰協定簽訂，傅斯年極表反對。六月四
日，胡適在《獨立評論》發表〈保全華北的重要〉專文，認
為當局一時無力收復失地，贊成華北停戰。傅斯年接閱此文
大怒，要求退出獨立評論社，嚴正表現愛真理甚於愛吾師。
胡適為此非常傷感。嗣經丁文江寄長信勸解，傅始打消退社
原意。然積極抗日主張則持之益堅，力言退讓應有限度。民
國二十四年度，日本策動「華北特殊化」。冀察政務委員會
蕭振瀛招待北平教育界，企圖勸說就範。傅斯年聞蕭言即挺
身而起，當面斥責蕭，表示堅決反對態度，誓死不屈精神。
於是北平整個混沌空氣為之一變。[56]

　　傅斯年並不是左派，但他對日所持堅決抵抗的態度，使其成為
北平抗戰知識分子的中流砥柱。為表達其抗日意志之堅定，傅斯年
用唐代赴朝抗倭名將劉「仁軌」之名命其新誕生的兒子以喻其志。
在獨立評論社同人中，傅斯年的對日態度有點「特立獨行」的味
道，的確表現了他極為強硬的民族主義者個性。幾乎在三十年代國
際形勢每個重大轉折關頭，傅斯年都有異乎尋常的言論表現。
　　偽滿洲國成立時，傅斯年特撰寫〈滿洲傀儡劇主人公溥儀〉
一文，戳穿這場傀儡劇的把戲。[57]「九一八」事變發生一周年之

[56]　吳相湘：〈傅斯年學行並茂〉，收入氏著：《民國百人傳》第一冊，臺
北：傳記文學出版社，1982年9月15日再版。
[57]　孟真：〈滿洲傀儡劇主人公溥儀〉，載1932年《良友》第65期。此文係筆

際，傅斯年即認定這是與第一次世界大戰和俄國革命並列的「二十世紀世界史上三件最大事件之一」。他分析了當前的國內外形勢。「淺看來是絕望，深看是大有希望」。所謂「失望」者的表現一是「在如此嚴重的國難之下，統治中國者自身竟弄不出一個辦法來」；二是「人民仍在苟安的夢中而毫無振作的氣象」；三是「世界上對此事件反應之麻木，中國人自己的事，而想到別人反應的態度，誠然是可恥的」；四是「中國的政治似乎竟沒有出路」。「希望」之處在於：一是「東北是亡不了的」，此地在民族上永為中國人；二是「只要軍隊稍有紀律，地方便可以平安，只要政府能夠維持最低限度的秩序，人民便可以猛烈的進步」；三是「東北之大變關係世界大局者過於巴爾幹，日本既以作鯨吞亞澳的發動，遲早必橫生糾紛」；四是「中國人不是一個可以滅亡的民族」。[58]李頓調查團報告發表以後，國內外輿論紛嚷，傅斯年認其為「含糊之傑作」。不過，他以為「中國政府既不可抹殺此報告，以分日本之謗，也不便絕無說明不附條件的欣然承認，以陷自己之地位，只好加之以嚴重之保留，副之以詳盡之宣言，而接受之。」[59]傅斯年對國際形勢觀察的重點：一是國聯的動向與歐美國家對華局勢演變的態度，這方面他發表了〈這次的國聯大會〉、〈國聯態度轉變之推測〉、〈國聯與中國〉、〈國聯之淪落與復興〉、〈國聯組織與世界和平〉。二是歐洲形勢與日

者新近發現。從文章的內容和筆調看，「孟真」應是傅斯年的署名，而不大可能是另一個「孟真」。

[58] 傅斯年：〈「九一八」一年了〉，載1932年9月18日《獨立評論》第18號。

[59] 傅斯年：〈國聯調查團報告書一瞥〉，載1932年10月16日《獨立評論》第22號。

本對華政策之關聯。這方面他有〈法德問題之一勺〉、〈今天和一九一四〉、〈日俄衝突之可能〉、〈一喜一懼的國際局面〉、〈歐洲兩集團對峙之再起〉等。三是日本對華侵略政策及其進展，如〈日寇與熱河平津〉、〈不懂得日本的情形！〉、〈溥逆竊號與外部態度〉、〈中日關善??!!〉等。傅斯年在當時似扮演了一個業餘國際形勢「觀察員」或評論家的角色。

國民政府可能賦予傅斯年觀察國際局勢的使命，如果說傅斯年對內政的主張帶有「諫」的因素，那麼他的對外言論則帶有「謀」的元素。在史語所檔案中，留有傅斯年的一篇未刊長文〈歐美形勢與中國〉目錄，全文分十二節：一、生存在均勢上的中國。二、均勢之破裂。三、英國遠東政策之傳統。四、美國遠東政策之升降。五、國聯與歐洲和平。六、蘇聯與遠東。七、八年來英國之威望。八、中國與倭之不能妥協性。九、倭寇大舉之最近原因。十、最近的歐洲復興，十一、前途。十二、我們努力的幾個方向。惜只留有小引、第一、二節文稿。顯然，傅斯年是有心對1930年代紛繁複雜的國際形勢做一全面、系統的分析，此文不像是一篇欲公開發表的時評政論，而可能是為國民政府條陳的意見，與史語所「傅檔」收藏的〈謹陳對德態度之意見〉和〈關於九國公約會議之意見〉相仿。

九一八事變發生時，北平圖書館召開了一次會議討論時局。傅斯年在會上慷慨陳詞，提出「師生何以報國？」的問題。可見在這位懷抱現代理念的知識精英心中，仍承受著數千年來傳承不斷的士大夫憂懷。現代與傳統如此奇妙地集於一身。在那個紛紛嚷嚷、激烈動盪的年代，傅斯年縱橫馳騁於公共論壇的身姿與

「天下興亡、匹夫有責」的清流並無二致，其言論舉止稱得上是一個比較純淨的知識分子。對國家、對民族、對專業，他都盡到了一個知識分子的應有責任。

三、後期思想的問題意識：
戰爭、國家與世界前途

從1927年到1937年這十年間，是傅斯年一生最為忙碌、也是他盛產成果的一段時光。1937年蘆溝橋事變爆發，戰爭的烽火覆蓋了整個國家，打斷了正在進行的現代化進程，擾亂了人們正常的生活秩序。抗戰八年，傅斯年為人事、公事、國事所累，惡劣的生活、工作環境使其身心不支，在學術上惟有一部《性命古訓辨證》可以塞責，這部著作其實在戰前已基本完成。隨後又是國共內戰，美蘇冷戰，國內國際形勢變幻莫測，整個國家為戰爭所困擾，傅斯年的後期生活可以說為戰爭的陰影所籠罩，戰爭自然成了他揮之不去的思想主題。

抗戰時期，傅斯年實際涉足政治，以無黨派身份參加國民參政會。國民參政會作為戰時的議政機構，具有極大的影響力，他在參政會的一個大動作是炮轟行政院長孔祥熙，將孔拉下台。[60]他內心真正掛牽的還是戰局。他借翻譯邱吉爾的〈日本的軍事冒險〉一

60 參見楊天石：〈傅斯年攻倒孔祥熙〉、〈蔣孔關係探微〉，收入氏著：《海外訪史錄》，北京：社科文獻出版社，2002年版，第528-555頁。

文，向人們展現有利中國的世界形勢，並預測日本最終失敗的命運，以鼓勵國人的抗戰意志。[61]陳之邁說：「當代文人中懂得軍事的有三人最為出色：一為張季鸞先生，一為丁文江先生，一為傅孟真先生。從他們的著作及言論中我學到了許多軍事常識，這是在歐美留學所絕對學不到的。」[62]體現傅斯年軍事素養的大概要推〈地利與勝利〉、〈抗戰兩年之回顧〉、〈「第二戰場」的前瞻〉這三篇文章，試看他對日寇在抗戰初期使用戰術的精闢分析：

> 從倭賊在蘆溝橋尋釁起，到現在二十二個月的中間，我們根據經驗，可以判定倭賊作戰的總策略是這樣的：用他認為最相應的代價，換取我們最重要的交通樞紐，而且在一處呈膠滯狀態時，另從側面襲攻，或在距爭奪處甚遠之另一區域進攻，使得我們感覺調動上之困難。倭賊用這個方法，侵略我們，自始至今沒有例外。
>
> 倭賊之終必歸於全敗，也就要在這個戰略決定了。在德國，乃至在全部歐洲，除蘇聯外，所發達的這樣戰略，都是為國家較小，交通發達，工業繁盛，易於速戰速決的地方而適用的。倭賊用這法子而不能決，更談不到速決，則其失敗的運命，便算註定了。[63]

61　傅斯年譯：〈日本的軍事冒險〉，載1938年《政論旬刊》第1卷第114期。據傅斯年在文前稱，邱吉爾原作載1938年5月26日《倫敦每日電聞》及《晨郵報》。

62　陳之邁：〈關於傅孟真先生的幾件事〉，載1976年3月臺北《傳記文學》第28卷第3期。

63　傅斯年：〈地利與勝利〉，載1939年4月昆明《大公報》。

　　根據日本的戰略戰術,傅斯年提出我方依恃江南地利制敵三術:「第一,我們要充分發揮江南山地中地形的便利,使得倭賊沿江的深入失其重要。」「第二,因為倭賊的戰略,是沒有變化的,我們大致可以料定,他在每下一步的攻擊地是何處,而預謀對付。」「第三,我們用作抗戰復興的根據的川滇黔桂四省,固有其地形地利上之絕大優點,亦有其缺點,發揮其優點,補救其缺點,是現在當務之急,亦是後方軍民應日夜不息,合作進行之事。」[64]1944年美、英開闢第二戰場以後,傅斯年對此後的形勢分做四段加以推演:(一)登陸,(二)擴充混合為大戰線,(三)決戰,(四)德虜無條件投降。他預估形勢的進展,「英美的海空軍優勢,兼以德虜這次仍舊受他歷來最恐懼而也最免不了的『兩面戰場』之拘束,盟方陸海空軍三方面之高度配合,造成了革命的新戰術,就是在西歐登陸。以後的進展必然節節勝利,而且每段勝利必付重大代價的。其所以必然節節勝利者,以實力優越之故,最大的難題就是登陸,而登陸業已試驗的成功;其所以必付重大代價者,以在這些地方打仗,在德虜是拿手好戲。」[65]傅斯年對軍事形勢的評論,確實達到了行家的水準。

　　傅斯年運用自己擅長的心理分析和豐富的歷史知識發表了一些極具宣傳衝擊效應的政論:〈汪賊與倭寇──一個心理的分解〉、〈盛世危言〉、〈天朝‧洋奴‧萬邦協和〉、〈我替倭奴占了一卦〉等文,警示國民政府,鞭撻漢奸汪偽、抨擊日倭侵

略。在抗戰的最後兩年，傅斯年有兩篇紀念「五四」的文字——〈五四偶談〉（1943年5月4日）、〈「五四」二十五年〉（1944年5月4日），表現出他思想的某些微妙變化。在《五四偶談》中，傅斯年強調五四運動在「文化積累」中的特殊作用：「『五四』未嘗不為『文化的積累』留下一個永久的崖層。因今日文化之超於原人時代之文化者，以其積累之厚者。積累文化猶如積山，必不除原有者，而於其上更加一層，然後可以後來居上，愈久愈高。」「五四之遺物自帶著法蘭西革命之色澤，而包括開明時代之成分。」五四以後，「學自然科學人文科學者之增加，以學問為事業之增加，遂開民二十以後各種科學各有根基之局，似與『五四』不無關係吧？即在今天說『科學與民主』，也不算是過時罷？」文末，傅斯年罕見地、也許是首次公開將蘇俄的布爾什維克主義者與德國的納粹主義者並列為批評對象，稱這「兩種人要把自原人石器時代的文化起點，一齊拆去，重新蓋起來，盡抹殺以前的累積」。[66]

1944年是五四運動的二十五周年，回顧歷史，傅斯年感慨萬端：

> 「五四」的積極口號是「民主」與「科學」。在這口號中，檢討二十五年的成績，真正可嘆得很。……注意科學不是「五四」的新發明，今天的自然科學家，很多立志就學遠在「五四」以前的。不過，科學成了青年的一般口號，自「五四」始，這口號很發生了他的作用，集體的

---

[66] 傅斯年：〈五四偶談〉，載1943年5月4日重慶《中央日報》。

自覺總比個人的嗜好力量大。所以若干研究組織之成立，
若干青年科學家之成就，不能不說受這個口號的刺激。在
抗戰的前夕，若干自然科學在中國已經站穩了腳，例如地
質、物理、生理、生物化學，而人文社會科學之客觀研
究，也有很速的進展。若不是倭鬼來擾，則以抗戰前五年
的速度論，中國今天可以有幾個科學中心，可以有幾種科
學很像個樣子了。

考察科學發展的歷史，傅斯年認定學術自由、思想解放、追
求真理是科學進步的真正途徑，「為科學而科學」是科學的「清
淨法門」。顯然，傅斯年真正關心的還是科學在中國如何生根的
問題，他語重心長地說：

全部科學史告訴我們，若沒有所謂學院自由（Academic
Freedom），科學的進步是不可能的。全部科學史告訴我
們，近代科學是從教條、學院哲學（Scholasticism）、推
測哲學（Speculative philosophy）、社會成見中解放出來
的，不是反過來向這些東西倒上去的。全部科學史又告訴
我們，大科學家自然也有好人，有壞人，原來好壞本自難
分，有好近名的，有好小利的，原來這也情有可原，但決
沒有亂說謊話的、作誇大狂的、強不知以為知的。……所
以今日提倡科學的方法極簡單，建設幾個真正可以作工作
的所在，就是說，有適宜設備的所在，而容納真正可以作
科學工作的若干人於其中就夠了。……工作的環境可以培

　　植科學家，宣傳與運動是製造不出科學家的。[67]

　　抗戰勝利以後，國際國內局勢很快逆轉，一切朝著與人們所期盼的相反方向發展。國際上美蘇對峙，冷戰局面降臨。國內陷入內戰，國共兩黨劃友為仇，整個社會的精神生活迅速呈現兩極對立狀態。在這樣一種新形勢下，被蔣介石任命為北大代理校長的傅斯年，抱持「精忠報國」的傳統觀念，為國民政府撐面子，做政府的「諍友」。1946年春蔣介石赴北平視察，兩人同遊文天祥祠，在「萬古綱常」匾額下留影，顯示兩者建立起「君臣」般的親密合作關係。

　　面對風雲變幻的國際形勢，傅斯年頻頻發聲，顯示了他對國際局勢異乎尋常的關注。傅斯年敏銳地觀察到東北所處地緣政治的敏感性。他領銜發表〈我們對於雅爾達秘密協定的抗議〉，撰寫時論〈中國要和東北共存亡〉，表達對美、英、蘇三國背著中國簽訂《雅爾達協定》，出賣中國東北主權的嚴重抗議。「中國的東北（『滿洲』），誠然是近代戰史中最炫耀的因素。為它，起了日俄戰爭，而日俄戰爭是第一次世界大戰的前奏。為它，起了『九一八』瀋陽事變，而瀋陽事變就是第二次世界大戰邏輯的開始。」為防止東北再次重演「特殊化」、「傾外化」、「分割化」的局面，傅斯年提出建議：「一、東北的經濟必須中國本位化、和平化、均沾化。」「二、東北的政治必須統一化、無黨

---

[67] 傅斯年：〈「五四」二十五年〉，載1944年5月4日重慶《大公報》星期論文。

化。」[68]在當時這是一相情願、自相矛盾的構想。國共兩黨均視東北為首要必爭之地，內戰的戰火最先就是在這裡燃起。後來的朝鮮戰爭也是發生在東北亞，劍指東北，可見這一區域在冷戰中的特殊地位。

在與德、日法西斯國家和蘇聯社會主義制度的對抗、競爭中，美、英做出自身的調整。傅斯年注意到美、英出現的「新自由主義」這一國際新動向。他借〈羅斯福與新自由主義〉一文，對羅斯福「新政」作了積極、正面評價：「他給自由主義一個新動向，新生命，並且以事實指證明白，這個改造的、積極的新自由主義有領導世界和平與人類進步的資格。」傅斯年欣賞盧梭的政治、教育哲學，認為他「激動了新興的第三階級」，「於是對封建宗教的勢力之統治者發生革命，以自由為號召，以解放為歸宿」。不幸的是，十九世紀自由主義因與資本主義結合，失去了其本有的人道主義色彩。「自由主義本是一種人道主義，只緣與資本主義結合而失其靈性，今若恢復靈魂，只有恢復靈魂，只有反對發達的資本主義」。羅斯福「新政」正是對自由主義「配合」資本主義傾向的一次修正，一次新的修復。他「雖不搞社會主義之名，也並不是強烈性的社會主義，卻是一個運用常識適合國情的資本主義現狀之嚴重修正案，其中實在包含著不少溫和的社會主義成分」。傅斯年高度讚揚羅斯福總統1941年1月6日在國會宣佈的「四大自由」，即言論自由、宗教信仰自由、免於匱乏的自由、免於恐懼的自由。後兩項納入「自由」的權利，「可知

---

[68] 傅斯年：〈中國要和東北共存亡〉，載1946年3月3日重慶《大公報》星期論文。

他的自由論含有一半是新成分，以此新成分補充舊有者，而自由
主義之整個立場為之改變，消極的變為積極的，面子的變為充實
的，散漫的變為計畫的，國際競爭的變為國際合作的。原來的自
由主義與資本主義結合，實有助長帝國主義之咎，他的第三原則
──免於匱乏──不特淨化原來者，且正反其道而行之。」他呼
籲自由、平等兩不捨，兩者應該均衡發展。他理想的新自由主義
是：「利用物質的進步（即科學與經濟）和精神的進步（即人之
相愛心而非相恨心），以促成人類之自由平等，這是新自由主義
的使命。」[69]

　　傅斯年以〈評英國大選〉為題，說明工黨之勝實在是英國人
民對「溫和的社會主義」的選擇。工黨參加競選，「拿出了一個
明晰的、具體的社會經濟方案，這方案比羅故總統的新政更多的
好幾倍的包含了社會主義，例如礦產國有、鋼鐵國有、內地交通
國有、土地國管、銀行國管、物資繼續實行管制分配製等等，毫
不含糊的是一個溫和社會主義制度。工黨的社會主義，是不革命
性的，因為工黨是個憲政黨，不是革命黨」。傅斯年認為「在老
牌資本主義的英國，有這樣一個明顯的國有國營經濟政綱，而以
大多數當選，不能不算世界上頭等的大事，這中間，可以象徵英
國人之有朝氣，老大帝國人民之有覺悟。」中英兩國國情不同，
英國的問題在工業，中國的問題是在農民，「而其為溫和社會主
義的方案則同」。「國父孫中山之民生主義，實在是溫和的，合
於中國現狀的社會主義。」故國民黨與英國工黨（特別是開明左
翼分子），「在理論上很有共同點」，可以合作。傅斯年鼓勵國

---

[69] 傅斯年：〈羅斯福與新自由主義〉，載1945年4月29日重慶《大公報》。

民黨「看看世界大勢」，走英國工黨之路。他直白地宣稱：「我
平生的理想國，是社會主義與自由並發達的國土，有社會主義而
無自由，我住不下去；有自由而無社會主義，我也不要住。所以
我極其希望英美能作成一個新榜樣，即自由與社會主義之融合，
所以我才對此大選發生興趣。」[70]這樣一種將自由與社會主義調
和起來的想法，實際上是社會民主主義或民主社會主義，這正是
英國工黨持行的理論。所以，傅斯年與胡適的理論認同明顯有些
差異，胡適的自由主義思想幾不提「平等」，因而也缺乏社會主
義的因素。在二戰結束之際，傅斯年借探討美、英之動向，表明
自己的社會理想，這對國人自然是一次思想的勸導，對重返故
都、即將執政的國民黨其實也是一個嚴重的提示。

　　第二次世界大戰落下帷幕不久，國際上很快出現美蘇對峙
的冷戰局面。針對這一形勢，人們對美蘇之優長、蘇聯的性質等
問題紛紛發出疑問。許多人認為美國有自由，蘇聯有平等，自由
與平等不能兩立。對於時人爭議最多的「自由」與「平等」關
係，傅斯年認為：「沒有經濟平等，固然不能達到真面（正）的
政治自由，但是沒有政治自由，也決不能達到社會平等。」主張
自由與平等並重。但如果二者之間的關係不能維持平衡，即「在
『自由』『平等』不能理想的達到之前，與其要求絕對的『平
等』而受了騙，毋寧保持著相當大量的『自由』，而暫時放棄
一部份的經濟平等。這樣，將來還有奮鬥的餘地。」[71]這種偏向
「自由」的選擇，也許正是傅斯年與左翼知識分子的區隔所在。

---

[70] 傅斯年：〈評英國大選〉，載1945年7月30日重慶《大公報》。
[71] 傅斯年：〈自由與平等〉，載1949年11月20日《自由中國》第1卷第1期。

傅斯年視蘇俄為「獨佔式的國家資本主義」、「選拔式的封建主義」、「唯物論的東正教會」三位一體的國家，他回顧中國的歷史，「在中國歷史上我們的邊患多來自北方，北方常有一些野蠻的民族在威脅我們的生存。舊俄羅斯的帝國主義，蘇聯的新野蠻主義，正是橫在我們眼前最大的危機，也是我民族生存最大的威脅。」[72]在其反蘇立場的背後，仍然有著強有力的民族主義動因。與那些撤退到台灣的國民黨人是出於對三民主義的忠誠不同，傅斯年在大變局中更是基於對世界前途的思考而做出自己的選擇。

傅斯年後期陷身更深的人事糾紛之中。他在大學時代脫離章太炎派，組建史語所時與顧頡剛之爭，在獨立評論社中與蔣廷黻等的矛盾，這些都不過是學人之間的不同意見而已。傅斯年後期真正捲入政爭，抗戰時期，他搜集證據，在國民參政會拍案而起，攻倒孔祥熙。抗戰勝利後，他堅持原則，不徇私情，嚴懲漢奸敵偽人員，為此得罪了一些為之說情的「好好先生」。內戰之初，他在《觀察》、《世紀評論》發表〈論豪門資本之必須剷除〉、〈這個樣子的宋子文非走開不可〉、〈宋子文的失敗〉，發出獅子般的吼聲，舉國為之震撼，他是朝野清流派的代言人。1949年政權交替之前，蔣介石預先將他安排到台灣大學任校長，他身不由己、別無選擇地離開了大陸。在處理人事關係上，傅斯年晚年可謂心力交瘁，以致最後倒在台大校長這一工作崗位上，兌現了他自己「歸骨於田橫之島」的悲壯遺言。

---

[72] 傅斯年：〈蘇聯究竟是一個什麼國家？〉，載1949年12月20日《自由中國》第1卷第3期。

結語

　　傅斯年一生處在中國近代思想的激流之中，為個人的學業、社會的理想、國家的前途，他一生都在努力而艱難的探索。通過解析他一生走過的思想歷程，我們可以獲致如下認識：第一，傅斯年一生奔走於學術與政治兩樓，學術志趣與政治情懷並存。他的學術思想清晰而富有條理、得到較為系統的表達，這主要體現在〈歷史語言研究所工作之旨趣〉。他的社會政治思想缺乏理論底蘊，他對許多問題的看法是片斷的、零碎的，有時甚至是矛盾的。他對個性的張揚和對社會重建的關懷，他的「西化」傾向與民族主義的立場，他試圖將自由與社會主義調和的意圖，都表現出「求全」而「兩難」的矛盾境遇。傅斯年的思想呈現出學術與社會政治二元分離的狀態，表現了學術與政治的緊張關係。在中國近代思想史上，思想家們幾乎無一例外地陷入各種思想矛盾，這是個體生命與時代巨潮相互碰撞的反映。思想家們被時代的大潮所裹挾，其命運起伏不定，與變幻莫測的時代風雲一樣充滿了變數。傅斯年的人生軌跡正是近代中國這個大時代的一個縮影。第二，傅斯年的思想在「科學」上貢獻良多，於「民主」下筆較少，這是他作為一個「五四」知識人的內在限制。五四時期，陳獨秀提出以「民主」和「科學」為現代化的基本內涵和兩大目標，這一主張遂成為新文化群體的共同理想。科學發展須以民主建設為前提，民主與科學在互動中相互推進。民國政治體制

與現代民主政治要求雖有一定距離，但它畢竟提供了形式上的基本要件，這就為科學發展鋪墊了重要基礎。中央研究院的建立標誌著學術研究納入國家體制的範圍，這為科學發展提供了重要保障。傅斯年炮轟孔、宋豪門家族，卻不觸動國民黨的「黨國」體制；晚年雖也標舉新自由主義，試圖修正國民黨的「三民主義」意識形態，這與胡適堅持提倡人權、民主、自由，構成對國民黨「黨國」體制的挑戰有明顯差異。或許這並非是傅斯年不願，而是其不能的緣故。第三，作為公共知識公子，傅斯年雖有影響輿論和當局的功能，但不能起到聚合社會力量的作用。五四以後的中國，支配社會政治運動的真正力量來自於國共兩大政黨，國共兩黨有著各自的意識形態，保持獨立人格或自由意志的知識精英如不與國共兩黨發生關係或密切聯繫，其實際作用力可能就很有限，這是知識精英難以避免的悲劇命運。傅斯年的特殊之處也許在於他利用民國新拓的公共空間，以「諍友」這樣一種方式處理與國民黨的合作關係，這一身份定位既為他獲得了一定的社會地位和影響力，也預示著他的人生最終以悲劇落幕。

　　本書選文擬分為四卷，各卷收錄文字內容依次為：卷一為五四時期的代表作，卷二為論述歷史學方法和歷史學代表作，卷三為時評政論，卷四為教育方面的文字。這樣的設計大體反映了傅斯年在各方面的思想。因篇幅限制，所收文章不免存有這樣那樣的遺漏，如其史學代表作「民族與古代中國史」系列論文、討論

中西文化關係的文稿和晚年的一些政論、教育文字即未收入，選文或有不如人意之處，敬請讀者諒解。

2013年12月1日於海澱水清木華園

（收入《中國近代思想家文庫‧傅斯年卷》，
北京：中國人民大學出版社，2014年出版）

附錄　傅斯年先生年譜簡編[1]

1896年（清光緒二十二年）　一歲

3月26日（二月十三日辰時），誕生於山東省聊城縣北門內祖宅，取名斯年，字孟真。父親傅旭安，字曉麓。母親李氏。祖父傅淦，字笠泉。斯年為長子，下有一弟斯岩，字孟博。

1897年（光緒二十三年）　二歲

在聊城。

1898年（光緒二十四年）　三歲

在聊城。

---

[1] 在製作本年譜時，曾參考傅樂成著：〈傅孟真先生年譜〉（臺北：傳記文學出版社，1979年5月再版）、韓復智編：《傅斯年先生年譜》（載《台大歷史學報》第二十期〈傅故校長孟真先生百齡紀念論文集〉，臺北：1996年11月，第231-306頁），特此說明。

1899年（光緒二十五年）　四歲

　　在聊城。

1900年（光緒二十六年）　五歲

　　在聊城。

1901年（光緒二十七年）　六歲

　　春，入聊城孫達宸之學塾。祖父傅淦課讀於家。

1902年（光緒二十八年）　七歲

　　在學塾攻讀，祖父課讀於家。

1903年（光緒二十九年）　八歲

　　在學塾攻讀，祖父課讀於家。

1904年（光緒二十九年）　九歲

　　在學塾攻讀，祖父課讀於家。
　　五月，父傅旭安病逝，享年三十九歲。

1905年（光緒三十一年） 十歲

春，入東昌府立小學堂讀書。祖父課讀於家。

1906年（光緒三十二年） 十一歲

在東昌府立小學堂攻讀，祖父課讀於家。是歲讀畢《十三經》。

1907年（光緒三十三年） 十二歲

在東昌府立小學堂攻讀，祖父課讀於家。

1908年（光緒三十四年） 十三歲

在東昌府立小學堂攻讀，祖父課讀於家。

隨侯延塽（雪舫）進士至天津，住孔繁淦（傅淦的門生）家，由父執吳樹棠（筱洲）按時接濟。

1909年（清宣統元年） 十四歲

春，考入天津府立中學堂，開始接受新式教育。

1910年（宣統二年）　十五歲

在天津府立中學堂讀書。

1911年（宣統三年）　十六歲

在天津府立中學堂讀書。

臘月，與聊城縣紳丁理臣之長女丁馥萃女士結婚。

1912年（民國元年）　十七歲

在天津府立中學堂讀書。

1913年（民國二年）　十八歲

夏，考入北京大學預科，分在預科一類甲班。據1913年12月北京大學預科各班成績表記載：國文85分、歷史80分、地理80分、英文95分、英文100分、英文93分、德文80分、德文95分、外史96分、總計804分、平均89.3分、實得89.3分，全班排列第一名。

1914年（民國三年）　十九歲

在北京大學預科攻讀。

1915年（民國四年）　二十歲

在北京大學預科攻讀。據1915年6月預科各班成績表記載：西
洋史90分、英文文學62分、英文作文83分、法學通論99分、心理
92分、論理99分、德文69分、德文75分、歷史98分、地理98分、
文章學100分、文字學98分、操行100分、總計1163分、總平均
89.5分、曠課分1.5分、實得88／81.9、85分，全班徘列第二名。

1916年（民國五年）　二十一歲

6月，卒業於北京大學預料。其畢業考試成績：西洋史93分、
經濟85分、心理94分、英文作文94分、論理96分、英文古文98
分、法學通論80分、英文文學98分、德文文法讀本97分、文章學
99分、地理100分、歷史99分、文字學85分、倫理95分、拉丁文70
分、操行100分、曠課扣分加3分、總計1482分，總平均92.6分，
實得94.6分。全班排列第一名。

秋，升入北京大學文本科國文門。

1917年（民國六年）　二十二歲

在北京大學文本科國文門攻讀。第一學年課業成績：中國文學160分、文字學180分、中國史90分、中國文學史85分、論理學100分、操行140分、總計755分，平均89.9分，扣分1，實得88.9分。

1918年（民國七年）　二十三歲

1月15日，〈文學革新申義〉一文載《新青年》第四卷第一號。

1月17日，《文科國文門研究所報告》載《北京大學日刊》。

2月15日，〈文言合一草議〉一文載《新青年》第四卷第二號。

4月15日，〈中國學術思想界之基本謬誤〉一文載《新青年》第四卷第四號。

4月17-23日〈中國歷史分期之研究〉一文連載《北京大學日刊》。

春、夏，在北京大學文本科國文門攻讀。第二學年課業成績：古代文學史93.5分、近代歐洲文學史80分、日文67分、文字學80分、總計320.5分，平均80.1分。

秋，約集北大同學羅家倫、毛子水、顧頡剛、俞平伯、康白情、徐彥之、張申府等二十人，創立新潮社，是為回應新文化運動的第一個學生社團。

8月9日，作〈傅斯年致蔡校長函〉載10月8日《北京大學日刊》，論哲學門隸屬文科之流弊。

10月15日，〈戲劇改良面面觀〉、〈再論戲劇改良〉兩文載《新青年》第五卷第四號。

12月3日，《北京大學日刊》發佈〈《新潮》雜誌社啟事〉，公佈了新潮社21名社員名單及組織章程。

1919年（民國八年）　二十四歲

是歲上半年，在北京大學文本科國文門攻讀。

1月1日，先生主編之《新潮》雜誌創刊，在創刊號上發表〈《新潮》發刊旨趣書〉、〈中國文學史分斯之研究〉、〈蔣維喬著《論理學講義》〉、〈怎樣做白話文〉、〈清梁玉繩著《史記志疑》〉、〈馬敘倫《莊子札記》〉、〈出版界評〉、〈宋郭茂倩《樂府詩集》〉、〈王國維《宋元戲曲史》〉、〈英國耶方斯之科學原理〉、〈人生問題發端〉、〈萬惡之原〉、〈去兵〉、〈心氣薄弱之中國人〉、〈自知與終身之事業〉多文，幾有包攬之嫌。

2月1日，《新潮》第一卷第二號出版，發表〈社會──群眾〉、〈社會的信條〉、〈破壞〉、〈深秋永定門城上晚景〉、〈中國文藝界之病根〉、〈顧誠吾《對於舊家庭的感想》附識〉，載2月1日《新潮》等文。

3月1日，《新潮》第一卷第三號出版，發表〈傅斯年啟事〉、〈老頭子與小孩子〉、〈漢語改用拼音文字的初步談〉、〈譯書感言〉、〈失勒博士的形式邏輯〉、〈答《時事新報》記者〉、〈致同社同學讀者〉、〈答誠吾〉、〈答余裴山〉、〈答史志元〉等文。

4月1日，《新潮》第一卷第四號出版，發表〈答誠吾〉、〈故書新評〉、〈清代學問的門徑書幾種〉、〈宋朱熹《詩經集傳》和《詩序辯》〉、〈朝鮮獨立運動中的新教訓〉、〈一段瘋話〉等文。

5月1日，《新潮》第一卷第五號出版，發表〈白話文學與心理改革〉、〈對於中國今日談哲學者之感念〉、〈毛子水《國故和科學的精神》識語〉、〈隨感錄〉、〈因明答諍〉、〈對於《新潮》一部分意見〉、〈前倨後恭〉、〈咱們一夥兒〉等文。

5月4日，五四運動發生，當天參加北京學生運動，為北京大學學生遊行總指揮。

夏，畢業於北京大學文科國文門。第三學年課業成績：近代文學史87.5分、文字學85分、語言學96分、詞曲82分、日文C班70分、總計420.5分，平均84.1分。

秋，以優異成績考取山東省官費留學。

7月16日，〈安福部要破壞大學了〉一文載《晨報》。

8月31日，〈新生活是大家都有一份的〉一文載《新生活》第二期。

9月5日，所作〈《新潮》之回顧與前瞻〉一文載10月30日出版《新潮》第二卷第一號。

9月11日，〈美公使與學生代表之談話〉一文載《晨報》。

11月1日，〈中國狗和中國人〉一文載《新青年》第六卷第六號。

11月23日，〈濟南一瞥記〉一文載《晨報》。

11月29-30日，〈討論「的」字的方法〉一文連載《晨報》。

12月5日，〈再申我對於「的」字用法的意見〉一文載《晨報》。

12月1日，所作〈心悸〉、〈心不悸了〉兩首詩載《新潮》第二卷第二號。

12月26日，由北京起身去上海，赴英國留學。

是歲，留有遺稿〈歐遊途中隨感錄〉、〈時代與曙光與危機〉（未完，後經王汎森先生整理，刊載1996年12月出版《中國文化》第14期）。

是歲，所作〈心理分析導引〉（未刊稿），擬收入《新潮叢書》，未果。後收入《傅孟真先生全集》第1冊（台灣大學1952年12月出版）。

1920年（民國九年）　二十五歲

1月1日，〈山東底一部分的農民狀況大略記〉一文載《新青年》第七卷第二號。

4月1日，所作〈陰曆九月十五夜登東昌城〉、《自然》兩首詩刊載《新潮》第二卷第三號。

5月1日，〈寄同社諸友〉一文載《新潮》第二卷第四號。

夏，入倫敦大學大學院（University College）研讀實驗心理及生理，兼治數學。

6月9～12日，所作〈留學問題談〉一文連載《晨報》。

7月3～5日，所作〈青年的兩件事業〉一文連載《晨報》。

7月7～10日，所作〈美感與人生〉一文連載《晨報》。

8月6、7日，所作〈留英紀行〉一文連載《晨報》。

8月12～15日，所作〈要留學英國的人最先要知道的事〉一文連載《晨報》。

是年，《新教育》第三卷第四期刊載《國內與國外求學問題》一文，內收〈傅斯年先生致蔡子民先生書〉和〈吳稚暉先生致蔡子民先生函〉兩信。

是年，英國作家威爾斯（H. G. Wells）所著《世界通史》（*The Outline of History*）出版。先生到倫敦第一年曾幫助威氏撰寫中國中古史部分。

1921年（民國十年） 二十六歲

在倫敦大學攻讀。

1922年（民國十一年） 二十七歲

在倫敦大學攻讀。

6月，祖父傅淦去世，享年七十八歲。

1923年（民國十二年） 二十八歲

1月，為劉復著《四聲實驗錄》作序，劉著於1924年3月由上海群益書店出版。

10月，由英國至德國，入柏林大學哲學院攻讀。

1924年（民國十三年） 二十九歲

在柏林大學攻讀，主修課程人類學。

2月，祖母陳太夫人在家鄉去世，享年八十歲。

1925年（民國十四年） 三十歲

在柏林大學繼續攻讀，選修課程統計、或然率和梵文入門。

1926年（民國十五年） 三十一歲

在柏林大學繼續攻讀，主修課程普通語言學。

9月6日，在柏林大學哲學系肄業。

秋，從德國經巴黎回國。

冬，返回山東聊城省親。

12月，接受廣州中山大學朱家驊邀請，攜弟傅斯岩（孟博）去廣州，任教於中山大學。

1927年（民國十六年） 三十二歲

春，任中山大學教授，兼文科主任（文學院長）及歷史、中文兩系主任。在中大任教期間，先生留有〈中國古代文學史講義〉、〈詩經講義稿〉和〈戰國子家敘論〉等文稿，後經人

整理，收入《傅孟真先生集》第一、二冊（台灣大學，1952年版）。

夏，〈「清黨」中之「五卅」〉一文載《政治訓育》1927年第14期。

〈我對於日本出兵山東的感想〉一文載《政治訓育》1927年第15期。

秋，創設中山大學語言歷史研究所。

11月1日，《語言歷史學研究所週刊》創刊。

11月8日，〈評秦漢統一之由來和戰國人對於世界之想像〉一文載《國立中山大學語言歷史學研究所週刊》第一集第二期。

12月6日，〈論孔子學說所以適應於秦漢以來的社會的緣故〉一文載《國立中山大學語言歷史學研究所週刊》第一集第六期。

12月31日，〈評《春秋時代的孔子和漢代的孔子》〉一文載《國立中山大學語言歷史學研究所週刊》第一集第七期。

1928年（民國十七年）　三十三歲

1月3日，〈評丁文江《歷史人物與地理的關係》〉一文載《國立中山大學語言歷史學研究所週刊》第一集第十期。

1月23、31日，〈與顧頡剛論古史書〉一文載《國立中山大學語言歷史學研究所週刊》第二集第十三、十四期。

春，任國立中央研究院歷史語言研究所籌備委員。

夏，中央研究院成立。

10月，歷史語言研究所正式成立。

同月，《歷史語言研究所集刊》創刊，先生所作〈歷史語言
研究所工作之旨趣〉、〈周頌說〉載《國立中央研究院大學歷史
語言研究所集刊》第一本第一分。

11月，被聘任為歷史語言研究所所長，建議蔡元培院長收購
明清檔案，並且開始調查殷墟以及調查兩廣方言。

是歲，作《中山大學民國十七屆畢業同學錄序》。

1929年（民國十八年）　三十四歲

春，歷史語言研究所從廣州遷至北平，所址設在北海靜心
齋。接收明清檔案並開始整理。

秋，兼任北京大學教授。

11月，赴開封解決中央研究院與河南民族博物館之間有關殷
墟考古發掘糾紛。

12月，事畢返京。

1930年（民國十九年）　三十五歲

是歲，主持史語所所務，歷史語言研究所調查廣東少數民族
語言、河北方言。11月，歷史語言研究所第一次發掘山東龍山鎮
城子崖遺址。

是年，〈戰國文籍中之篇式書體——一個短記〉，載《國立
中央研究院歷史語言研究所集刊》第一本第二分。

同年，在北大兼課。

　　5月，〈論所謂五等爵〉、〈姜原〉、〈大東小東說——兼論魯、燕、齊初封在成周東南後乃東遷〉載《國立中央研究院歷史語言研究所集刊》第二本第一分。

　　9月，《史學雜誌》二卷四期刊載〈中央研究院歷史語言研究所傅斯年君來函〉。

　　9月，〈明清史料發刊例言〉收入《明清史料》甲編第一冊。

　　12月，〈考古學的新方法〉一文載《史學》第一期。

　　12月，〈本所發掘安陽殷墟之經過〉一文載《國立中央研究院歷史語言研究所安陽發掘報告》第二期。

　　12月，〈新獲卜辭寫本後記跋〉一文載《國立中央研究院歷史語言研究所安陽發掘報告》第二期。

1931年（民國二十年）　三十六歲

　　是歲，主持史語所所務。兼任北京大學教授。

　　春，自北平赴安陽小屯，檢查殷墟發掘情形。

1932年（民國二十一年）　三十七歲

　　是歲，主持史語所所務。兼任北京大學教授。

　　5月22日，先生與丁文江，胡適、蔣廷黻等在北平合辦《獨立評論》（週刊）創刊。

　　6月5日，〈郵政罷工感言〉一文載《獨立評論》第三號。

　　6月12日〈監察院與汪精衛〉一文載《獨立評論》第四號。

6月19日〈中國現在要有政府〉一文載《獨立評論》第五號。

7月10日，〈法德問題一勺〉一文載《獨立評論》第八號。

7月17日，〈教育崩潰之原因〉一文載《獨立評論》第九號。

7月31日，〈教育改革中幾個具體事件〉、〈教育崩潰的一個責任問題——答邱椿先生〉兩文載《獨立評論》第十一號。

8月14日，〈日寇與熱河平津〉一文載《獨立評論》第十三號。

8月28日，〈改革高等教育中幾個問題〉一文載《獨立評論》第十四號。

9月18日，〈「九一八」一年了〉一文載《獨立評論》第十八號。

10月2日，〈再談幾件教育問題〉一文載《獨立評論》第二十號。

10月16日，〈國聯調查團報告書一瞥〉載《獨立評論》第二十二號。

10月30日，〈陳獨秀案〉一文載《獨立評論》第二十四號。

秋，自北平赴安陽及浚縣檢查考古發掘。

10月，出版《東北史綱》初稿第一卷，經李濟節譯成英文，送交國聯李頓調查團（Lytton Commission）。

12月11日，〈多言的政府〉一文載《獨立評論》第三十號。

12月18日，〈這次的國聯大會〉一文載《獨立評論》第三十一號。

是年，〈明成祖生年記疑〉收入《國立中央研究院歷史語言研究所集刊》第二本第四分。

1933年（民國二十二年）　三十八歲

是歲，主持史語所所務，歷史語言研究所調查河南及關中方言。

是歲，兼任北京大學教授，本年度所授課程有：史學方法導論（歷史系二年級必修課）。

建議北平圖書館移居延漢簡於北京大學研究所，增加人員整理。

1月，〈夷夏東西說〉收入《國立中央研究院歷史語言研究所集刊外編第一種慶祝蔡元培先生六十五歲論文集》。

1月15日，〈中國人做人的機會到了〉一文載《獨立評論》第三十五號。

2月26日，〈國聯態度轉變之推測〉一文載《獨立評論》第三十九號。

4月，歷史語言研究所由北平遷至上海。

夏，兼任社會科學研究所所長及中央博物院籌備主任。

1934年（民國二十三年）　三十九歲

是歲，主持史語所所務。兼任北京大學教授，所授課程有：中國古代文學史（國文系二、三、四年級選修課）、中國上古史單題研究（歷史系選修課）。

2月4日，〈不懂得日本的情形〉一文載《獨立評論》第八十八號。

2月18日，〈今天和一九一四〉一文載《大公報》星期論文。

3月5日，〈所謂「國醫」〉一文載《大公報》星期論文，對「國醫」作嚴苛之批評，引發爭議。

3月11日，〈溥逆竊號與外部態度〉一文載《獨立評論》第九十一號。

4月，中央研究院社會科學研究所分出，與北平社會調查所合併，傅斯年、李濟辭兼代所長、副所長。

5月，歷史語言研究所調查浙南畬民。

5月，社會科學研究所改組，民族學組併入歷史語言研究所，改為人類學組，兼設人類學實驗室、統計學實驗室，從事西南人種調查。

6月10日，〈政府與對日外交〉一文載《大公報》星期論文。

6月14日，〈大學研究院設置之討論〉一文載《獨立評論》第一〇六號。

6月，歷史語言研究所調查安徽徽州方言。

夏，與原配丁夫人離婚，時丁夫人在濟南。

8月5日，與俞大綵在北平結婚，俞畢業於上海滬江大學，長於文學，英語。

8月19日，〈睡覺與外交〉一文載《獨立評論》第一一四號。

8月26日、9月16日，〈再論所謂國醫〉一文載《獨立評論》第一一五、一一八號。

9月2日，〈日俄衝突之可能〉一文載《獨立評論》第一一六號。

9月30日，〈青年失業問題〉一文載《大公報》星期論文。

10月7日，〈答劉學濬《我對於西醫及所謂國醫的見解》〉一文載《獨立評論》第一二一號。

秋，侯家莊西北岡殷代王陵出土。

10月，遷歷史語言研究所至南京，建立語音實驗室。

11月25日，〈政府與提倡道德〉一文載《大公報》星期論文。

是年，〈周東封與殷遺民〉一文載《國民中央研究院歷史語言研究所集刊》第四本第三分。

〈城子崖序〉收入《國民中央研究院歷史語言研究所中國考古報告集》。

1935年（民國二十四年）　四十歲

是歲，主持史語所所務。兼任北京大學教授，所授課程有：中國文學史（一、二，國文系二、三、四年級）、中國文學史專題研究（與胡適、羅庸合開）、漢魏史擇題研究（與勞幹合開，歷史系選修課）。

1月，成立《明清史料》復刊會。

3月3、10日，〈中日親善??!!〉一文載《獨立評論》第一四〇、一四一號。

4月7日，〈論學校讀經〉一文載《大公報》星期論文。

　　5月，自北平赴安陽檢查殷墟發掘情形，法國漢學家伯希和
（Paul Pelliot）隨先生同行。

　　歷史語言研究所調查江西各縣方言。

　　6月2日，〈中學軍訓感言〉一文載《大公報》星期論文。

　　6月30日，〈醫生看護的職業與道德勇氣〉一文載《獨立評
論》第一五七號。

　　7月14日，中華教育文化基會第九次年會，聘胡適為國立北平
圖書館委員會委員長，傅斯年為副委員長。

　　8月11日，〈一夕雜感〉一文載《大公報》星期論文。

　　9月15日，子仁軌出生。

　　秋，歷史語言研究所開始調查南方及西南少數民族。

　　10月1日，〈閒談歷史教科書〉一文載《教與學》一卷四期。

　　10月7日，〈一喜一懼的國際局面〉一文載《大公報》星期
論文。

　　10月27日，〈國聯與中國〉一文載《獨立評論》第一七四號。

　　11月，修訂〈歷史語言研究所章程〉，增設第四組（人類學
組）。

　　12月15日，〈中華民族是整個的〉、〈北方人民與國難〉兩
文載〈獨立評論〉第一八一號。

　　12月19～21日，〈論伯希和教授〉一文載《大公報》。

　　12月，丁文江在衡陽煤氣中毒，移往長沙救治。先生自北平
趕赴長沙，探視丁文江病情。

　　是年，倫敦中國藝術國際展覽會展出部分殷墟出土古物。

是年，作〈地方制度改革之感想〉（未刊稿），後收入《傅斯年全集》第五冊（台北：聯經出版事業公司，1980年）。

1936年（民國二十五年）　四十一歲

是歲，主持史語所所務。殷墟第十三次發掘，YH127坑出土完整龜腹甲二百餘版。

歷史語言研究所調查湖北方言。

2月9日，〈公務員的苛捐雜稅〉一文載《大公報》星期論文。

2月16日，〈我所認識的丁文江先生〉一文載《獨立評論》第一八八號。

2月23日，〈丁文江一個人物的幾片光彩〉一文載《獨立評論》第一八八號。

3月，〈跋《明成祖生母問題彙證》並答朱希祖先生〉、〈說廣陵之曲江〉兩文收入《國立中央研究院歷史語言研究所集刊》第六本第一分。

是年，〈誰是《齊物論》的作者〉一文收入《國立中央研究院歷史語言研究所集刊》第六本第四分。

春，舉家自北平移居南京。

5月，〈跋陳槃《春秋公矢魚於棠說》〉一文收入《國立中央研究院歷史語言研究所集刊》第七本第二分。

5月3日，〈國聯之淪落和復興〉一文載《大公報》星期論文。

5月15日，〈國聯組織與世界和平〉一文載《中國國際聯盟同志會月刊》第一卷第一期。

6月，〈明清史料復刊志〉收入《明清史料》乙編第一種。

夏，明清史料裝箱，南遷至南京。

7月5日，〈北局危言〉一文載《獨立評論》第二〇八號。

8月23日，〈歐洲兩集團對峙之再起〉一文載《獨立評論》第二一五號。

12月16日，西安事變發生後，作〈論張賊叛變〉一文，載《中央日報》，主張討伐張學良、楊虎城。

12月21日，〈討賊中之大路〉一文載《中央日報》。

1937年（民國二十六年）　四十二歲

是歲，主持史語所所務。

2月8日，〈西安事變之教訓〉一文載《國聞週報》十四卷七期。

4月，洽購嘉業堂所藏《明實錄》鈔本。

6月9日，翻譯〈日本的軍事冒險〉一文，後載《政論旬刊》第一卷第十四期。

6月19日，〈四川與中國〉一文載《統一評論》第3卷第24期。另有《中央週報》第473期、《西北導報》第3卷第1期刊載。此文係據傅斯年在成都軍分校講演錄整理而成。

7月7日，蘆溝橋事變爆發，先生應邀參加政府召集之廬山談話會及國防參議會。

7月，遷移史語所文物於南昌及長沙。

8月，歷史語言研究所遷至長沙。

10月，將南昌之文物再轉運至四川重慶大學。

1938年（民國二十七年）　四十三歲

是歲，主持史語所所務。

春，歷史語言研究所遷至昆明。

7月6～15日，在漢口出席國民參政會第一次大會，被推為國民參政會參政員，向大會提出「請政府加重救濟難民之工作案」。

9月，歷史語言研究所遷往昆明市郊區以避空襲。

10月28日至11月6日，在重慶出席國民參政會第二次大會。

秋，移家昆明。

11月29日，〈波蘭外交方向之直角轉變〉一文載《中央日報》。

12月，作詩〈悼山東省專員范築先戰死聊城〉。

1939年（民國二十八年）　四十四歲

是歲，主持史語所所務。

1月15日，〈英美對日採取經濟報復之希望〉一文載《今日評論》第一卷第三期。

1月29日，〈政治之機構化〉一文載《今日評論》第一卷第五期。

2月12～21日，在重慶參加國民參政會第三次大會，向大會提出「擬請政府制定《公務員回避法》案」。

5月，歷史語言研究所參加莫斯科中國藝術展覽會，展出部分安陽出土古物。

7月9日，〈抗戰兩年之回顧〉一文載《今日評論》第二卷第三期。

7月，開放歷史語言研究所圖書供遷徙於昆明之各學術機關使用。

8月，在昆明作〈《中國音韻學研究》序〉，收入《中國音韻學研究》（商務印書館1940年出版）。

9月9～18日，在重慶參加國民參政會第四次大會。

12月，調查貴州苗族。

是年，作〈地利與勝利〉一文（未刊稿），後收入《傅斯年全集》第五冊（台北：聯經出版事業公司，1980年）。

1940年（民國二十九年）　四十五歲

是歲，主持史語所所務。歷史語言研究所調查雲南方言，少數民族語言。

2月25日，〈汪賊與倭寇——一個心理的分解〉一文載《今日評論》第三卷第八期。

3月24日，〈我所敬仰的蔡先生的風格〉一文載《中央日報》。

4月2～9日，在重慶出席國民參政會第五次大會，向大會提出「為魯省去歲迭遭水旱風雹蝗蝻之害，災情慘重，民不聊生，擬請政府迅撥鉅款從事賑濟案」、「請嚴禁邪教，以免搖動抗戰心理案」、「請屯積二年用之汽油，並購備汽車零件，以維持交通

及軍運案」。

8月，促成寄存於香港之居延漢簡安全運抵美國國會圖書館，免遭戰火。

冬，歷史語言研究所遷至四川南溪縣李莊鎮。

11月，兼任中央研究院總幹事，至第二年9月止。

12月，續任國民參政會第二屆參政員。

是年，《性命古訓辯證》由上海商務印書館出版。

1941年（民國三十年）　四十六歲

是歲，主持史語所所務。歷史語言研究所與中央博物院合作調查岷江沿線遺址。

歷史語言研究所調查四川各縣方言。

3月2～9日，在重慶出席國民參政會第二屆第一次大會。

3月，患高血壓症，在重慶歌樂山中央醫院養病，7月出院。

夏，歷史語言研究所與中央博物院合組「川康民族考察團」，展開川西康東民族調查。

7月16日，〈誰是後出師表之作者〉一文載《文史雜誌》第一卷第八期。

9月，去中央研究院總幹事職。

10月21日，母親李氏病逝於重慶中央醫院，享年七十五歲。

冬，移家南溪李莊。

12月，香港淪陷，歷史語言研究所存於香港九龍之文物悉告損失。

1942年（民國三十一年）　四十七歲

是歲，主持史語所所務。

4月，歷史語言研究所與中央博物院、中國地理研究所合組「西北史地考察團」，展開調查。

8月，成立「歷史語言研究所管理委員會」，以照顧本所同仁的生活。

10月22～31日，在重慶出席國民參政會第三屆第一次大會，向大會提出「魯省災情慘重擬請中央加撥鉅款迅放急賑並實施根本救濟辦法以拯災黎而固國本案」。

12月16日，作〈大明嘉靖三十三年《大統曆》跋〉。

12月16日，〈論性命說之語學及史學的研究〉一文載《讀書通訊》五十六期。

12月27、28日，向達著〈論敦煌千佛洞的管理研究以及其他連帶的幾個問題〉連載重慶《大公報》，文前有先生為該文所作案語。

是年，〈本所刊物淪陷港滬情形及今後出版計畫〉載《國立中央研究院歷史語言研究所集刊》第十本第一分。

1943年（民國三十二年）　四十八歲

是歲，主持史語所所務。歷史語言研究所調查關中、洛陽陵墓與石刻，以及陝西考古遺址。

　　1月1日，〈論李習之在儒家性論發展中之地位〉一文載《讀書通訊》第五十七期。

　　3月1日，〈理學的地位〉一文載《讀書通訊》第六十一期。

　　5月2日，〈盛世危言〉一文載重慶《大公報》星期論文。

　　5月4日，〈「五四」偶談〉一文載重慶《中央日報》。

　　5月，〈作跋《人境廬詩草》〉。

　　9月，赴重慶出席國民參政會第三屆第二次大會。

　　11月29日，〈戰後建都問題〉一文載重慶《大公報》星期論文。

　　12月，在四川南溪李莊作〈史料與史學發刊詞〉，載《國立中央研究院歷史語言研究所集刊》外編第二種《史料與史學》（1945年11月出版）。

　　是年，作〈丁鼎丞先生七十壽序〉。

1944年（民國三十三年）　四十九歲

　　是歲，主持史語所所務。歷史語言研究所調查廣西土語及其他少數民族語言。

　　4月2日，〈天朝──洋奴──萬邦協和〉一文載重慶《大公報》星期論文。

　　5月4日，〈「五四」二十五年〉一文載重慶《大公報》星期論文。

　　5月，歷史語言研究所與中央博物院、北京大學、中國地理研究所合組「西北科學考察團」，發掘敦煌墓葬。

6月，歷史語言研究所在李莊自辦子弟小學。

7月9日，〈我替倭奴占了一卦〉一文載重慶《大公報》星期論文。

7月12日，〈第二戰場前瞻〉一文載重慶《大公報》星期論文。

9月，赴重慶參加國民參政會第三屆第三次大會。

11月19日，〈現實政治〉一文載重慶《大公報》星期論文。

1945年（民國三十四年） 五十歲

是歲，主持史語所所務。

1月，作《〈六同別錄〉編輯者告白》一文，同年收入《國立中央研究院歷史語言研究所集刊外編》第三種《六同別錄》上冊。

4月，續任國民參政會第四屆參政員。

4月，所作《殷曆譜》序收入國立中央研究院歷史語言研究所專刊《殷曆譜》。

4月29日，〈羅斯福與新自由主義〉一文載重慶《大公報》。

7月1～5日，先生與黃炎培、褚輔成、章伯鈞、冷遹、左舜生參政員代表國民參政會訪問延安，商談和平建國問題。

7月7～17日，出席國民參政會第四屆第一次大會，向大會提出「徹查中央信託局歷年積弊，嚴加整頓，懲罰罪人，以重國家之要務而肅官常案」。

7月30日，〈評英國大選〉一文載重慶《大公報》星期論文。

8月9日，〈黃禍〉一文載重慶《大公報》。

8月10日，日本宣佈投降。秋，被任命為北京大學代理校長。

9月20～25日，在重慶參加教育善後復員會議。

11月，昆明西南聯合大學發生學潮。次月，先生以校務委員身份，前往處理。

1946年（民國三十五年）　五十一歲

是歲，主持史語所所務。歷史語言研究所調查川南懸棺葬，及川滇交界之僰人文化。

1月，赴重慶出席政治協商會議。

3月，出席國民參政會第四屆第二次大會。

5月4日，由重慶飛北平，辦理北京大遷校事。

5月12日，〈護士職業與女子理想〉一文載重慶《中央日報》「南丁格爾女士誕辰紀念特刊」。

5月，歷史語言研究所離開李莊。

7月30日，〈中國要與東北共存亡〉一文載重慶《大公報》星期論文。

8月4日，〈漫談辦學〉一文載北平《經世日報》。

8月，在北平接收日偽「東方文化研究所」、「東方文化事業總會」、「近代科學圖書館」圖書，中研院成立「北平圖書史料管理處」，先生兼任主任。11月改由湯用彤接任。

9，胡適正式出任北京大學校長，先生隨即卸去代理北大校長職務。

11月，歷史語言研究所自李莊遷返南京。

11月，出席首屆國民大會。

是年，〈倪約瑟博士歡送辭〉收入倪約瑟（Joseph Needham）原著、張儀尊編譯：《戰時中國的科學》（二）。

1947年（民國三十六年）　五十二歲

上半年，主持史語所所務。

1月25日，〈內蒙自治問題〉一文載《觀察》一卷二十二期。

2月15日，在《世紀評論》第一卷第七期發表〈這個樣子的宋子文非走開不可〉，舉國震撼，宋氏旋即辭職。

2月22日，〈宋子文的失敗〉一文載《世紀評論》一卷八期。

3月1日，〈論豪門資本之必須剷除〉一文載《觀察》二卷一期。

6月，赴美就醫，所務由副研究員夏鼐代理。

攜夫人與子仁軌同往，住波士頓（Boston）白利罕（Peter Bent Bringham）醫院治療，達三四個月之久。然後移居康乃提克州（Connecticut）之紐黑文（New Haven）休養。

1948年（民國三十七年）　五十三歲

3月，當選中央研究院第一屆院士。

夏，離美返國。

8月，抵達上海。繼續主持史語所所務。

9月，〈論美蘇對峙之基本性〉一文載《正論》新十一號。

9月，〈北宋刊南宋補刊十行本《史記集解》跋〉、〈《後漢

書》殘本跋〉兩文收入《國立中央研究院歷史語言研究所集刊》第十八本。

秋，出席首屆立法院會議，當選為立法委員。

11月，國民政府宣佈傅斯年為台灣大學校長。

12月，遷歷史語言研究所至台灣楊梅鎮。

1949年（民國三十八年） 五十四歲

是歲，主持台灣大學校務與史語所所務。

1月20日，在台北就任台灣大學校長。

年初，為台大黃得時教授書一短幅，文曰「歸骨於田橫之島」。

4月20日，所作〈國立台灣大學三十七年度第一次校務會議校長報告〉載《台灣大學校刊》第二十八期。

7月14日，〈傅斯年校長的聲明〉載台北《民族報》。

7月20日，〈傅斯年校長再一聲明〉載台北《民族報》。

7月20日，〈兩件有關台灣大學的事〉一文載《台灣大學校刊》第三十四期。

8月15日，所作〈台灣大學選課制度之商榷〉一文載9月5日《台灣大學校刊》第三十七期。

8月24日，〈台灣大學一年級新生錄取標準之解釋〉一文載台灣《新生報》。

10月24日，〈台灣大學與學術研究〉一文載《台灣大學校刊》第四十一期附送。

10月31日，〈大學宿舍問題〉一文載《台灣大學校刊》第四十二期。

11月20日，〈自由與平等〉載11月20日台北《自由中國》第一卷第一期。

11月，歷史語言研究所發掘台灣埔里大馬璘遺址。

12月20日，〈蘇聯究竟是一個什麼國家？〉一文載台北《自由中國》第一卷第三期。

1950年　五十五歲

是歲，主持台灣大學校務與史語所所務。

台大校內發生弊案，保管股長楊如萍盜竊大量儀器，先生為此事件精神深受打擊。

2月6日，〈幾個教育的理想〉一文載《台灣大學校刊》第五十六期。

2月16日，〈我們為什麼要抗俄反共〉一文載台北《自由中國》第二卷第四期。

4月16日，〈共產黨的吸引力〉一文載台北《自由中國》第二卷第八期。

4月，作〈《台灣大學社會科學論叢》發刊詞〉，載《台大社會科學論叢》第一期。

春，作〈台灣大學國文選擬議〉一文，後收入《傅斯年全集》第六冊（台北：聯經出版事業有限公司，1980年版）。

　　5月1日，〈對辦理本年度中基會資助本校教員出國進修事之報告〉一文載《台灣大學校刊》第六十六期。

　　7月31日，〈台大大失竊案之初步報告〉載《台灣大學校刊》第七十九期。

　　9月7日，所作〈出席參政會駐會委員會對所詢台大開除學生之說明〉一文載9月18日《台灣大學校刊》第八十五期。

　　10月16日，〈致諸同學第一封信〉載《台灣大學校刊》第八十九期。

　　11月6日，〈致諸同學第二封信〉載《台灣大學校刊》第九十二期。

　　11月16日，〈關於台大醫院〉載台北《中央日報》。

　　11月16日，〈我對蕭伯納的看法〉一文載台北《自由中國》第三卷二期。

　　11月29日，〈一個問題——中國的學校制度〉一文載台北《中央日報》。

　　12月15、31日，所作〈中國學校制度之批評〉一文連載台灣《大陸雜誌》第一卷第十一、十二期。

　　是年，作〈台大辦理本屆一年級新生考試之經過〉、〈台灣大學附屬醫院組織章程草案說明〉，後收入《傅斯年全集》第六冊（台北：聯經出版事業有限公司，1980年版）。

　　12月20日，下午十一時二十分，以腦溢血猝逝於台灣省參議會議場。

　　12月21日，先生遺體大殮，送往火葬場火化。

12月31日，治喪委員會及台灣大學假台大法學院大禮堂舉行追悼會，蔣介石親臨主祭，並頒「國失師表」輓聯，各界前往致祭者達五千餘人。

1951年

1月6日，傅故校長籌委會作出決議：一，骨灰安葬於校園。二，建立銅像。三，編印遺著及紀念刊物。

4月8日，在台大本年度第二次校務會議上，洪炎秋、洪耀勳、蘇薌雨三教授提議，以先生在台大第四周年校慶演說詞中所講「敦品勵學，愛國愛人」八字為校訓。

6月15日，台大出版《傅故校長哀輓錄》一冊。

12月20日，台大安葬先生骨灰於台大植物園，後稱之為「傅園」。

1952年

12月，台灣大學出版《傅孟真先生集》，共六冊，胡適為之作序。

讀歷史053　PC0399

傅斯年一生志業研究

作　　者／歐陽哲生
主　　編／蔡登山
責任編輯／唐澄暐
圖文排版／楊家齊
封面設計／陳佩蓉

發 行 人／宋政坤
法律顧問／毛國樑　律師
出版發行／秀威資訊科技股份有限公司
　　　　　114台北市內湖區瑞光路76巷65號1樓
　　　　　電話：+886-2-2796-3638　傳真：+886-2-2796-1377
　　　　　http://www.showwe.com.tw
劃撥帳號／19563868　戶名：秀威資訊科技股份有限公司
　　　　　讀者服務信箱：service@showwe.com.tw
展售門市／國家書店（松江門市）
　　　　　104台北市中山區松江路209號1樓
　　　　　電話：+886-2-2518-0207　傳真：+886-2-2518-0778
網路訂購／秀威網路書店：http://www.bodbooks.com.tw
　　　　　國家網路書店：http://www.govbooks.com.tw

2014年6月　BOD一版
定價：340元
版權所有　翻印必究
本書如有缺頁、破損或裝訂錯誤，請寄回更換

國家圖書館出版品預行編目

傅斯年一生志業研究 / 歐陽哲生作. -- 一版. -- 臺北市：
秀威資訊科技, 2014.06
　　面；　公分. -- (讀歷史；PC0399)
參考書目：面
ISBN 978-986-326-256-5 (平裝)

1. 傅斯年　2. 學術思想　3. 臺灣傳記

783.3886　　　　　　　　　　　　　103008261

讀者回函卡

感謝您購買本書，為提升服務品質，請填妥以下資料，將讀者回函卡直接寄回或傳真本公司，收到您的寶貴意見後，我們會收藏記錄及檢討，謝謝！
如您需要了解本公司最新出版書目、購書優惠或企劃活動，歡迎您上網查詢或下載相關資料：http:// www.showwe.com.tw

您購買的書名：_____

出生日期：_____年_____月_____日

學歷：□高中 (含) 以下　　□大專　　□研究所 (含) 以上

職業：□製造業　□金融業　□資訊業　□軍警　□傳播業　□自由業
　　　□服務業　□公務員　□教職　　□學生　□家管　　□其它_____

購書地點：□網路書店　□實體書店　□書展　□郵購　□贈閱　□其他

您從何得知本書的消息？

　□網路書店　□實體書店　□網路搜尋　□電子報　□書訊　□雜誌
　□傳播媒體　□親友推薦　□網站推薦　□部落格　□其他_____

您對本書的評價：(請填代號　1.非常滿意　2.滿意　3.尚可　4.再改進)

　封面設計____　版面編排____　內容____　文／譯筆____　價格____

讀完書後您覺得：

　□很有收穫　□有收穫　□收穫不多　□沒收穫

對我們的建議：_____

_____

_____

_____

11466
台北市內湖區瑞光路 76 巷 65 號 1 樓

秀威資訊科技股份有限公司　　　收

BOD 數位出版事業部

....

（請沿線對折寄回，謝謝！）

姓　　名：＿＿＿＿＿＿＿＿＿　年齡：＿＿＿＿　性別：□女　□男

郵遞區號：□□□□□

地　　址：＿＿＿＿＿＿＿＿＿＿＿＿＿＿＿＿＿＿＿

聯絡電話：(日)＿＿＿＿＿＿＿＿＿　(夜)＿＿＿＿＿＿＿＿＿

E-mail：＿＿＿＿＿＿＿＿＿＿＿＿＿＿＿＿＿＿＿